법사상, **생각할 의무에 대하여**

MAKING LAW INTELLIGIBLE
: ESSAYS IN LEGAL IDEAS

by Joonseok Park

ACANET, SEOUL KOREA 2015.

법사상, **생각할 의무에 대하여**

MAKING LAW INTELLIGIBLE
: ESSAYS IN LEGAL IDEAS

박준석 지음

대우학술총서
614

아카넷

* 이 저서는 2013년도 전북대학교 저술장려 연구비 지원에 의하여 연구되었음.

몇 해 전부터 법사상에 관해서 조금 색다른 책을 한번 써 보고 싶었다. 법사상을 (해석)법학적 논의나 법실무의 쟁점들과 보다 긴밀하게 연결되어 있는 것으로 그려 볼 수 있으리라 생각했기 때문이다. 마침 필자의 강의에 쓰려 해도 딱히 끌리는 책이 없던 사정도 있었다. 하지만 단지 강의 교재가 필요했을 뿐이라면 아마도 이 책은 세상에 나오지 못했을 것이다. 그에 비해서는 훨씬 사치스러운(?) 어떤 것에 도전했기에, 어려운 고비들을 넘길 수 있었다. 말하자면 '법사상의 실천성에 대해 묻기', '법사상 연구의 학문적 정체성을 돌아보기' 등이 바로 이 책을 써야 할 이유 같은 것이었다.

법이라는 것이 골동품점 한구석에서 먼지나 뒤집어쓰고 있는 게 아닌 한, 실제 법현상이라는 문맥이 반영되지 않은 법사상적 논의란 피상적일 수밖에 없으며, 당장 그 법사상을 생생하게 이해하는 데도 도움이 되지 못할 것이다. 물론 이러한 지적은 법사상이 이른바 실용 학문이라거나,

실용 학문이 되어야 한다는 주장으로 비춰져서는 안 된다. 필자는 그저 법사상이라는 기초 학문과 관련하여 여태껏 우리가 간과하고 있었을지도 모르는 '기초 중의 기초'에 대해 이야기하고 있을 뿐이다.

앞에서도 살짝 내비친 것처럼, 필자는 이 책을 로스쿨이나 법과대학에서 법사상 내지 법철학 관련 과목을 수강하는 학생들만을 위해 쓴 것이 아니다. 개인적인 욕심이 좀 과한 것인지 모르겠지만, 세부 전공이나 주된 활동 분야에 상관없이 널리 (해석)법학자들이나 실무 법조인들과 함께 고민할 수 있는 기회를 이 책이 제공할 수 있으면 좋겠다. 나아가 (우리의 삶을 포획하고 있는) 법이라는 것에 관하여 던져진, 진지하고도 근본적인 물음에 다가가고 싶은 일반 독자들과의 만남도 내심 기대하는 바이다.

필자는 이 책의 초고를 2014년의 안식년 기간 동안에 완성할 수 있었다. 전북대학교가 제공한 안식년이라는 충전의 시간과 저술장려 연구비가 없었다면, 혼자만의 막연한 소망이 이렇게 현실이 되지는 못했을 것이다. 덧붙여서, 초고를 완성한 후에는 대우재단의 지원을 받아 이 책을 대우학술총서의 하나로 출판하게 되는 특별한 행운도 누리게 되었다. 덕분에 실제 출판에 이르기까지 제법 시간이 흘러 버렸지만, 그사이 또 넉넉한 퇴고의 시간을 가질 수 있었음에 감사할 따름이다.

아무것도 모르는 필자를 가르치고 이끌어 주신 은사님들이 아니었다면 오늘 같은 날은 결코 오지 않았을 것이다. 부족한 책을 세상에 내놓으면서 그 성함을 입에 올리기가 민망하다 못해 곤혹스러울 지경이지만, 필자의 지도교수님이신 심헌섭 선생님과 김도균 선생님, 그리고 강의와 일을 통해 큰 가르침을 베푸셨던 최병조 선생님, 불과 며칠 전에도 새로 번역하신 책을 건네주셨던 박은정 선생님께 존경과 감사의 마음을 표하지 않을 수 없다. 대한민국에서 공부하면서 이렇게 부담스러운(?) 선생님

6

들에 둘러싸여 있었다는 것은 정말이지 불가능한 일이다. 게다가 대학원 시절 틈만 나면 대화를 나눴던 선배님들이 지금의 오세혁 교수님, 이재승 교수님 그리고 김현철 교수님이라면, 아무리 미련한 필자라 해도 어설픈 책 한 권 정도는 쓸 수밖에 없는 조건이었던 셈이다. 이 자리를 빌려 모두 감사의 말씀을 올리고 싶다.

개인적으로는 이 책을 가족들의 희생과 사랑에 대한 작은 보답으로 삼고 싶다. 비록 필자가 다 물려받지는 못했지만, 엄청난 지적 능력과 성실성을 갖추신 부모님께 이 책을 바친다. 안타깝게도 이 책이 나오는 것을 보시지 못하고 돌아가신 장인어른께도 아쉽고 또 그리운 마음이 닿을 수 있으면 좋겠다. 안식년 내내 틀어박혀 책과 씨름하는 황당한 남편 탓에 그럴싸한 여행 한 번 제대로 못한 아내에게는 늘 그렇듯이 사랑한다고 말할 수밖에 없다. (혹시나 이 책으로 조금이라도 수입이 생긴다면, 그건 아내에게 바치도록 하겠다!) 희한하게도 필자와 늘 티격태격하는 두 딸, 한비와 한유에게도 자신들이 상상하는 것보다 훨씬 더 소중하게 여기노라 말해 주고 싶다. 특별히 안식년 기간 동안 필자의 가족에게 모든 면에서 최고의 이웃 이상이 되어 준 빅(Vic)과 칼라(Carla) 부부에게도 따뜻한 감사의 마음을 전한다.

마지막으로 까탈스러운 필자의 요청에도 싫은 내색 없이 최고의 완성도를 지닌 책으로 만드는 데 몰입해 주신 아카넷의 모든 구성원들에게도 감사의 말씀을 드린다.

2015. 9. 박준석

이해가능한 법을 위하여

"그 판례, 좀 이상하지 않던가요?"

이것이 통상 법사상 강의 시간에 교수가 던지리라 예상되는 질문이 아니라는 데 이의를 제기할 사람은 많지 않을 것이다. 하지만 이것은 필자가 지난 몇 년간의 법사상 강의에서 매주 학생들에게 던졌던 질문이기도 하다. 물론 필자의 법사상 강의가 처음부터 이런 물음과 함께 진행되었던 것은 아니다. 다른 많은 교수들의 강의에서와 마찬가지로, 필자도 예전에는 시대순으로 법사상이 전개되어 왔던 모습을 스케치하듯 전달하거나, 흥미로워 보이는 원서를 학생들과 함께 읽어 나가는 식의 강의를 하곤 했다.

강의 패턴을 바꾸게 된 이유는 당연히 기존의 방식이 (적어도 필자가 보기에는) 효과적이지 않다고 판단했기 때문이다. 엄청난 강의 스킬을 바탕으로 뭘 가르치더라도 절로 관심이 가게 하는 편은 전혀 아니기 때문에,

그 이름도 고색창연한 '법사상'이라는 것을 가르치면서 본의 아니게 학생들을 해탈의 경지로 이끌지 않기 위해서는 무언가 변화가 필요하다는 생각이 들었다.

로스쿨 체제의 도입은 이러한 변화가 필연적임을 느끼게 하는 계기였다. 머리털 나고 '기하학적 평등'이니 '산술적 평등'이니 하는 말 자체를 처음 듣는다고 주장하는 이공계 출신 학생이 있는가 하면, 법사상 같은 '인문·교양적' 교과가 일정 빠듯한 로스쿨의 전공 과정 중에 개설되어야 하는 것인지 모르겠다고 떠들고 다니는 자칭 예비 법조인도 있었다. 시험 한 방에 인생을 저울질 당하고 있다 느끼는 학생들은 그렇다 치자. 변호사 자격시험의 합격률 관리에 실패하면 (아무리 의미 있는 가치에 헌신했어도) 언감생심 좋은 소리 한 번 기대할 수조차 없는 딱한 처지의 로스쿨 당국마저 "일단 살아남고 보자."며 말이 되건 안 되건 달라진 여건에 적응(?)하려 하면서, 도저히 기존의 강의 방식을 답습할 수 없는 지경에 이르게 된 점도 있다. 가령 과거 학부 체제에서는 법학의 언어에 일정 정도 익숙해진 비교적 고학년의 학생들을 대상으로 '법사상'이나 '법철학' 같은 고민스러운 분야의 교과를 강의했다면, 로스쿨 체제에서는 시험 준비에 전념해야 하는 고학년 학생들을 배려하기 위해 그러한 (변호사 자격시험 과목도 아닌 주제에 골치만 아픈) 교과를 아예 저학년 과목으로 편성하게 되었다고 치자. 이제 어떤 일이 벌어지게 될까? 아직 법학의 언어 자체가 낯선 학생들, 그렇지만 동시에 '전문대학원'의 위상에 걸맞게 차별화된 강의를 기대하고 있는 학생들로 하여금 법에 대한 근원적 문제의식을 앞질러 숙고하게 만든다는, 거의 불가능한 목표에 도전해야 할 심란한 상황이 펼쳐질 것이다.

로스쿨마다 사정이 다르고, '법사상'을 강의하는 교수들도 생각이 한결같지는 않을 것이기 때문에 앞서의 이야기가 보편적 현상을 기술하고 있는 것처럼 이해되어서는 안 되겠지만, 적어도 필자가 강의 방식과 구성을 재고하게 된 정황을 소개하는 데는 크게 어긋남이 없다고 보아도 좋다.

필자가 채택한 새로운 강의 패턴이라는 것은 고전적인 법사상적 논의를 우리 법원의 판결이나 헌법재판소의 결정과 짝지어 소개하는 것이었다. 아무래도 갓 로스쿨에 입학한 학생들이 보다 흥미를 느낄 부분은 당연히 후자일 것이다. 필자가 할 일은 판례에 대한 학생들의 '직업적' 관심을 밑천으로 궁극적으로는 법사상에 대한 그들의 '고유한' 관심을 이끌어 내는 것이었다. 하지만 그러한 일을 할 수 있기 위해서는 먼저 넘어야 할 산들이 있다. 일단 매주 강의의 밑거름이 되어 줄 판례, 그것도 무려 '법사상'의 주제와 짝을 이룰 수 있는 판례를 찾을 수 있어야 한다. 만약 본격적인 '법철학' 강의라면 재판실무를 성찰의 출발점으로 삼고 있는 기존의 연구들로부터 비교적 수월하게 접근할 수 있는 길을 찾을 수도 있겠지만, 다소 애매한(?) '법사상' 강의의 경우에는 딱히 참조할 만한 선행 연구에 대해 아는 바가 없었다. 친분이 있는 선배 교수들께 법사상 강의에 판례를 끌어들이려 한다는 생각을 내비칠 때마다 "할 수 있다면 좋겠지만, 아마 어렵지 않을까?" 하는 반응이 이어지고는 했다.

하지만 일단 생각의 방향이 정해지게 되어서인지 필자 스스로 '법사상적 시각에서 판례를 분석'하는 글들을 한두 편씩 써 나가게 되었고, 자연 부족했던 강의 자료도 차츰 보충할 수 있었다. 이제 와 생각해 보니 어쩌면 필자 자신도 모르는 사이 이미 그와 같은 연구 관심이 무르익고 있었고, 단지 방아쇠를 당겨 줄 계기가 필요했던 것인지도 모르겠다. 이렇게 말할 수 있는 이유는 법사상의 '연구'가 지향해야 할 바에 대한 단순한 의문이 늘 잠복하고 있었기 때문이다. 우리와 다른 시대, 다른 사회를 살다 간 누군가가 법과 정의에 대해서 이러쿵저러쿵 떠들어댄 것을 그토록 힘겹게 이해하려 하는 까닭은 무엇인가? 혹은 그들의 이야기를 잘 정리하면서 흔히 그러하듯 누구누구의 '정치사상'이나 '사회사상'이라 부르는 것과 달리, 굳이 그들의 '법사상'이라 구분해 줘야 할 특별한 무언가가 따로 있는 것인가? 혹시 그들이 했던 이야기 중에 법에 대한 성찰적 언급이 등장하기만 하면 '법사상'이 되고, 이로써 그것의 연구 가치는 자동적으로 확보되는 것인가? 이러한 물음들은 결국 법사상의 연구가 도대체 무엇에 대한 것인지(대상), 또한 어째서 그러한 연구가 필요한 것인지(가치)에 대해 의문을 제기하는 것이라 할 수 있다.

이러한 의문을 품게 된 배경에는 이른바 법사상에 대한 기존의 연구 결과들이 다양한 인접 분과의 연구 결과들과 내용 면에서 별반 다르지 않다는 사실이 놓여 있다. 필자의 말이 의심스럽다면 철학사의 주요 등장인물들에 대한 법사상, 정치사상, 경제사상, 윤리학, 사회철학 등 분야에서의 논의들을 직접 비교해 볼 것을 권한다. 당연한 이야기이지만, 고전이라는 인류의 문화유산을 특정 분과의 연구자들만 관심 가지라는 법은 없다. 하지만 그렇다고 해서 다양한 분과의 연구자들이 서로 비슷한 연구 결과만 반복·재생산하는 것마저 당연시될 수 있는 것은 아니다. 동일한 사상가의 동일한 저작을 읽더라도, 누가 어떠한 연구 관심에서 읽었는지에 따라 서로 다른 함의를 이끌어 낼 수 있다는 점은 그야말로 다양한 학문 분과들의 존재 이유 중 하나일 수 있기 때문이다. 이러한 의미에서 기존의 연구는 법사상이라는 독립된 학문 분과의 존재 이유를 보여 주는 데 썩 성공적이지는 않았던 것 같다.

그렇다면 과연 법사상 연구만의 독특한 가치라는 것이 있을까? 필자는 분명 그렇다고 본다. 필자가 생각하는 그 가치는 법사상의 창을 통해서 볼 때 비로소 법이 '**이해가능한**(intelligible)' 것이 되는 순간들과 관련이 있다. 이러한 순간을 기다리고 있는 피사체에는 단지 실정법의 규정들만 있는 것이 아니라, 그에 대한 해석과 적용을 이루는 판례들도 있다. 법사상의 연구는 다른 인접 분과들의 연구와 달리 과거 누군가의 말과 생각이 현재 우리가 몸담고 있는 (알고 보면 사실 까마득한 내력을 지닌) 법질서의 아주 구체적인 부분들을 비로소 이해가능한 것으로 만들어 주는 과정을 담아 낼 수 있다.

이미 눈치를 챈 독자들도 있겠지만, 필자가 생각하기에 결국 일차적으로 문제가 되는 것은 법사상의 '연구'를 어떻게 할 것인가(**방법**) 하는 부분이다. 만약 특정한 법사상의 연구를 표방하면서 그것이 현재 우리 법질서의 구성 요소들에 대해 어떠한 함의를 지니고 있는지 보여 주지 못한다면, 그러한 연구는 아마도 인접 분과에서 진행되고 있는 연구들과 잘 구별되지 않을 가능성이 클 것이다. 이렇게 되면 굳이 그와 같은 특색 없는 연구를 추가할 필요가 있는 것인지 의구심이 생길 것이고, 나아가 그 연구가 표방했던 이른바 법사상이라는 고찰 대상이 대체 무엇인지에 대해서도 의문이 싹트게 된다. 하지만 이 책에서 모름지기 법사상의 연구를 어떻게 해야 하는지에 대해 주제넘게 왈가왈부하려는 생각은 전혀 없다. 아마도 그러한 이야기를 아무렇지 않게 꺼낼 수 있으려면 한참은 더 고민을 해야 할 듯하다. 생각이 굼뜬 필자가 당장에 할 수 있는 일이란 그저 스스로 가졌던 (법사상 연구의 '대상'이나 '가치'에 대한) 의문에 나름 어떻게 대처했었는지 말해 보는 정도일 것이다.

앞에서 언급했던 바와 같이 필자는 법사상적 시각에서 판례를 분석하는 작업이 하나의 돌파구를 제공해 줄 것으로 기대했다. 법사상이라는 창을 통해서 판례를 들여다볼 때 그것이 담고 있는 의미에 한 걸음 더 다가갈 수 있을 것으로 보았기 때문이다. 결과는 물론 다양한 형태로 펼쳐질 수 있다. 법사상적 논의에 대한 이해가 있을 때 비로소 판례에 의한 법의 해석과 적용을 더 잘 근거 짓거나 정당화할 수 있게 되기도 하고, 혹은 이전에 잘 보이지 않았던 판례의 문제점을 드러내거나 합당한 비판을 제기할 수 있게 되기도 한다. 나아가 어떠한 방향의 결과든 경우에 따라 단번에 얻어질 수도 있지만, 일련의 선결적인 연구들이 쌓인 후에야 비로소 가시적인 결과를 낳는 때도 있다. 한 가지 잊지 말아야 할 점은 이렇게 판례가 담고 있는 의미에 다가갈 수 있게 된다는 것이 새로운 여정의 종착역은 아니라는 사실이다. 그렇게 됨을 통해서 결국에는 (반대로) 법사상적 논의에 담긴 본연의 의미에 대한 이해가 깊어질 수 있다는 것을 체험하는 과정이 남아 있기 때문이다.

이 책은 지난 몇 년간 필자가 법사상과 관련하여 개별적으로 발표했었던 '**연구**' 결과들과 그것들을 바탕으로 진행했었던 '**강의**' 경험을 엮어 낸 것이다. 본론의 모든 장들이 기본적으로 필자의 기존 논문들에 기초한 것이기는 하지만, 그렇다고 단순히 이미 출간된 논문들의 재수록에 불과한 것은 아니다. 가급적 다양한 독자들에게 읽힐 수 있는 책의 형태를 갖추기 위해 절반 이상의 내용을 완전히 새로 쓰고, 논문에 없는 사례와 분석을 거의 모든 장에 걸쳐 추가하였다. 또한 기존의 내용을 살리는 경우에도 표현과 문장은 일일이 다시 다듬었다. 다행스럽게도 그 덕에 기존 논문들의 일부 부정확한 기술들을 바로잡기도 했다. 전체적인 글의 흐름에 비추어 필요한 경우에는 여러 논문들에 걸쳐 있는 관련 내용을 한데 엮는 작업이 진행되기도 했다. 개인적으로는 이러한 종류의 (한 번 탈고한 자신의 글에 사후적으로 다시 손을 대는) 작업이 아예 새로운 글을 쓰는 것보다 몇 배는 더 힘들게 느껴지지만 어쩔 수 없었다. 물론 이와 같은 사정에도 불구하고, 대체로 이 책의 각 장들은 다음의 논문을 토대로 한 것임을 미리 밝혀야만 할 것이다.

(제1장) 「법학에 철학적 상상력의 자리는 있는가?」, 『홍익법학』 제14권 제3호, 홍익대학교 법학연구소, 2013, 127-145면

(제2장) 「구체적 타당성에 대하여」, 『법학논고』 제38집, 경북대학교 법학연구원, 2012, 509-530면

(제3장) 「아리스토텔레스의 호혜성(ἀντιπεπονθός)에 대하여」, 『법사학연구』 제41호, 한국법사학회, 2010, 267-296면

(제4장) 「재산권의 기초와 타인에 대한 배려—헌법 제23조제2항에 대한 법철학적 고찰—」, 『토지법학』 제28권 제2호, 한국토지법학회, 2012, 1-21면

(제5장) 「토마스 아퀴나스의 교환적 정의론」, 『목요철학』 제7호, 계명대학교 논리윤리교육센터, 2010, 101-118면

(제6장) 「토마스 아퀴나스의 이중 효과 논증」, 『법사학연구』 제45호, 한국법사학회, 2012, 101-123면

(제7장) 「"정면으로 위배" 논변의 윤리 신학적 기원」, 『서울대학교 법학』 제54권 제4호, 서울대학교 법학연구소, 2013, 1-23면

(제8장) 「신행정수도법 위헌 결정의 논증 분석적 이해」, 『세계헌법연구』 제19권 제3호, 세계헌법학회 한국학회, 2013, 1-19면

(제9장) 「재판청구권과 법원의 논증의무—대법원 2010. 6. 24. 선고 2010도3358 판결을 중심으로—」, 『법학논총』 제36권 제2호, 단국대학교 법학연구소, 2012, 185-207면

(제10장) 「관행과 법의 지배」, 『법철학연구』 제16권 제3호, 한국법철학회, 2013, 97-116면

이 책이 필자의 강의에서 다루었던 법사상적 논의들을 모두 소개하고 있는 것은 아니다. 몇 가지 평계를 대 볼 수도 있겠지만, 여하튼 가장 근본적인 이유는 (이러저러한 사정으로) 해당 논의들에 관한 개별적인 논문을 미처 쓰지 못했다는 데 있다. 재미있는 주제를 발견하면 가급적 자신의 생각을 정리해 볼 기회를 누리고 싶은 마음에, 다른 연구자들의 논문을 소개하는 수준에서 타협하게 되지는 않는다. 덕분에 사상가를 기준으로 보자면 예컨대 키케로, 홉스, 칸트, 베카리아, 블랙스톤 등에 대한 논의는 다음 기회로 미룰 수밖에 없는 형편이고, 시대별로는 고대·중세·현대의 법사상에 비해 근대 법사상에 할애된 지면이 턱없이 부족하게 되었다. 그나마 위안거리라고 한다면, (결과적으로) 책을 읽는 내내 긴장과 흥미를 유지하기에는 적절한 분량이 된 점 정도일 것이다.

1

숨은그림찾기

뒤집어 보지 않으면 좀체 모습을 드러내지 않는 그림 덕에, 잠시나마 습관을 내려놓을 기회를 얻는다. '경사기(傾瀉器)' 같은 뜻 모를 힌트에 낙심할 때도 있지만, 또 어김없이 미지의 형상을 뒤쫓던 이유가 바로 거기 있었다.

글머리에서 '법사상'과 '법철학'을 대비시키는 듯한 표현을 쓰기도 했지만, 사실 양자가 서로 엄격히 구별되는 것이라고는 말할 수 없을 것이다. 다만 '법철학'의 경우는 근원적인 문제들을 중심으로 논의가 짜여 있다면, '법사상'의 경우는 주요 인물들의 말과 생각을 따라가 보는 경향이 있다. 그래서인지 통상 법사상 강의는 '법사상사'라는 명칭의 강좌를 통해 행해지는 경우가 많다. 어찌되었든 법사상 안에 굽이치고 있는 두 줄기 학문적 관심을 '법학'과 '철학'이라 말하는 데 무리는 없을 것이다.

아래에서는 바로 이 두 학문적 관심 사이의 관계에 관해 잠시 짚고 넘어가려고 한다. 이를 통해서 법사상의 본령에 대해 다시 한 번 생각할 기회를 가지게 될 것이다. 게다가 이 주제는 특히 아리스토텔레스의 정의론과 관련하여 근래 매우 흥미로운 논쟁거리로 떠오르고 있기 때문에, 그의 법사상을 살펴보기 전에 검토해 볼 만한 것이기도 하다.

법학과 철학 사이

법학은 역사적으로 철학과 긴밀한 유대를 형성해 온 학문 영역이다. 현재의 상황도 그러한지에 대해서는 선뜻 말하기 어려워지는 측면이 있지만, 적어도 시간을 거슬러 올라가면 그들 사이가 매우 특별한 것이었다는 점을 확인하기 어렵지 않다. 이와 관련한 구체적인 논의들에 대해서는 차차 소개하도록 하겠지만, 약간의 분석적인 설명을 해 두는 편이 여러모로 좋을 것 같다. 법은 그것에 따른 행위를 '정당화'하는 특성을 지니고 있으며, 법학은 바로 그러한 특성을 지닌 대상으로서의 법을 면밀히 탐구하는 활동을 의미한다. 그런데 정작 왜 법에 따른 행위가 정당화되는지에 대해서는 법 그 자체가 답을 할 수 있는 것도 아니고, 이미 그와 같은 법의 정당화적 특성을 전제해 버리고 있는 법학이 답을 할 수 있는 것도 아니다. 전통적으로 답은 철학을 통해 제공되었는데, 주의해야 할 점은 그러한 과정이 단지 이미 존재하고 있는 법이라는 독립적인 대상에 대하여 철학이 호의적인 평가를 내림으로써 이루어졌던 것이 아니라, (뭐라고 불리었든지 간에) 합당하게 존재할 만한 법의 내용을 철학이 공급해 줌으로써 이루어졌다는 사실이다.[1]

실제로 법학과 철학의 관계에 주목하는 오늘날의 표준적인 연구들은 법철학·법리학·법이론 등의 기치를 내걸고[2] 독자적인 (혹은 심지어 융

---

1) 이와 같은 판단을 하고 있는 연구자로는 대표적으로 고들리(James Gordley)를 들 수 있다. 단적으로 그는 다음과 같이 말하고 있다. "오늘날 수정된 형태로 세계의 대부분을 지배하고 있는 [계약법의] 교설들은 이미 수세기 전에 총애를 상실한 철학 사상에 토대를 둔 것이다.[" James Gordley, *The Philosophical Origins of Modern Contract Doctrine* (Oxford University Press, 1992), p.6

2) '법철학'과 '법리학'의 개념이 구별될 수 있다는 점을 전제하는 것으로 보이는 견해로는 김

합적인) 학문 영역을 구축하는 한편, 아예 본격적으로 법사상사 내지 법철학사를 추적함으로써 양자 사이에 존재했던 특별한 관계를 드러내 보이기도 한다. 하지만 근래 이들이 보여주고 있는 연구 성과들은 동시에 이 주제에 대한 접근이 좀 더 주의깊게 이루어져야 한다는 점을 일깨우는 것이기도 하다. 이들 연구에 따르면 법학은 점진적으로 고립적인 길을 걸어왔다고 할 수 있는데, 만일 이러한 지적이 옳다면 오늘날 우리가 법학과 철학의 관계라는 주제에 다가가는 과정 자체도 그와 같은 추세의 영향 아래 놓일 수밖에 없을 것이기 때문이다. 달리 말하자면 법학은 이미 (철학을 포함한) 다른 학문 분과들에 대하여 상당히 폐쇄적이고 낯선 대상이 된 만큼, 그것과 철학의 관계를 '이해가능한(intelligible)' 방식으로 다루기 위해서는 양자가 조금이라도 더 가까웠을 때를 상정한 기왕의 논의들을 밋밋하게 개관하는 식의 접근은 피해야 한다는 것이다.[3] 어떤 면에서 이 문제는 법철학을 연구하는 학자들이 일상적으로 겪고 있는 고충을 그대로 투영하고 있는 것이라고도 할 수 있다. 강폭이 넓은 곳에 다리를 놓기는 쉽지 않은 법이다.

건우, "라이터(B. Leiter)의 자연화된 법리학의 의의와 사상적 원천", 『법과사회』 제44호(법과사회이론학회, 2013), 144면 이하 참조. 하지만 필자가 보기에는 이러한 구별이 편의적인 제안 이상의 의미를 지니지는 않는 것 같다. 한편 '법철학'과 '법이론'의 개념에 대한 구분 문제에 대해서는 Arthur Kaufmann, 김영환 역, 『법철학』(나남, 2007), 60–61면 참조.

3) 특히 '강의'와 관련해서도 이 같은 상황이 심각하게 고려되어야 하는 이유에 대해서는 이 책의 앞머리를 참조하면 좋을 것이다.

갈림길

법학이 철학과 멀어지게 된 과정에 대해 논의하려 하면서, 양자를 성공적으로 결합시킨 사례로 널리 알려진 홈즈(Oliver Wendell Holmes Jr.) 대법관[4]에 대한 언급으로 이야기를 시작하는 것은 자칫 의아하게 느껴질 수도 있을 것이다. 하지만 그에 대한 최근의 재평가 작업에 비추어 보면, 홈즈 대법관의 경우가 현재의 논의를 이끌기에 가장 적합한 사례일 수 있다는 것을 깨닫게 된다.

주지하는 바와 같이 홈즈 대법관은 미국의 실용주의 법학을 개창한 인물이며, 「법의 길 The Path of the Law」[5]은 그의 대표적인 저술 중 하나이다. 앨슐러(A.W. Alschuler)는 최근의 한 저서에서 홈즈 대법관을 마치 올림포스에서 내려온 인도자나 된 것처럼 신화화했던 기존의 일반적 평가에서 벗어나, 방대한 실증적 연구를 통해 그의 법사상이 지니고 있던 냉혹한 진면목[6]을 폭로하고 있다. 오랜 기간 미국 연방대법원으로부터 홈즈 대법관에 대한 공식 전기의 집필을 의뢰받았던 작가들이 막상 사료 검증에 착수하기만 하면 번번이 집필을 포기할 수밖에 없었던, 말 못할

---

4) 젊은 시절 그는 찰스 퍼스(Charles Peirce), 윌리엄 제임스(William James) 등과 함께 "형이상학 클럽"의 일원이었으며, 이 모임에서 오갔던 논의들이 실용주의(pragmatism) 철학의 근간이 되었다고 한다. Milton K. Munitz, *Contemporary Analytic Philosophy* (Macmillan Publishing Company, 1981), p.20

5) 이에 대한 간략한 해제와 우리말 번역으로는 최봉철, 『현대법철학─영어권 법철학을 중심으로─』(법문사, 2007), 481면 이하 참조.

6) 사코(Nicola Sacco)와 반제티(Bartolomeo Vanzetti)에 대한 사법살인을 외면하면서, 홈즈 대법관은 다음과 같이 말했다고 전해진다: "정신 차리게, 우리는 법을 집행하지 '정의'를 집행하는 게 아니라네." Bruce Watson, 이수영 역, 『사코와 반제티』(삼천리, 2009), 462면 참조.

이유가 있었던 것이다.[7] 앨슐러는 홈즈 대법관이 남긴 유산을 그의 저술에 빗대어 다음과 같이 평가하고 있다: 홈즈 대법관이 인도하는 '법의 길'은 사실 (올림포스로 가는 길이 아닌) "법의 '내리막' 길"이었다. 그가 지적하고 있는 핵심적인 문제는 홈즈 대법관의 이른바 실용주의적 법사상이 미국의 법학이 전통적으로 지니고 있던 가치철학과의 유대를 단절시키며 등장하였지만, 그것이 어떤 새로운 지향점을 제시하는 '혁신'이었다기보다는, 이미 오래 전에 극복되었던 회의주의적 실력설로 '퇴행'하는 것이었다는 점이다.[8] 이와 같은 문맥에서라면 홈즈 대법관의 가장 뚜렷한 '업적'은 다름 아닌 상실과 단절이라 해야 할 것이다.

미국의 법학사에서 홈즈 대법관의 성취라고 하는 것이 그저 건전한 가치철학과의 결별이었다고 하는 앨슐러의 진단은, 법학사 전반을 대상으로 법학과 철학의 관계가 어떻게 변화해 왔는지를 관찰하고 있는 최근의 연구들이 제기하는 지적과도 유사한 면이 있다. 후자의 분석에 대해서는 곧 다시 살펴보도록 하고, 현재로서는 일단 양자의 논의들이 공통적으로 시사하고 있는 바를 다음과 같이 정리할 수 있을 것이라는 점만 언급하고자 한다: 법의 길은 어느 순간 (철학이라는) 옆길과는 드나들 수 없는

---

7) A.W. Alschuler, *Law Without Values: The Life, Work, and Legacy of Justice Holmes* (University of Chicago Press, 2002)[최봉철 역, 『미국법의 사이비 영웅 홈즈 평전』 (청림출판, 2008)], 94면 이하 참조[인용 면수는 번역문의 것임].

8) "홈즈는 우주의 질서를 다원주의적인 투쟁으로 받아들였을 뿐만 아니라 또한 권력, 갈등, 폭력, 죽음, 생존 등을 숭배했다. … 홈즈가 니체주의자, 실존주의자, 사회적 다원주의자, 트라시마쿠스주의자가 아니라면, 그는 정말로 일관성을 가지지 못할 것이다." A.W. Alschuler, 위의 책, 334면 참조. 물론 이 같은 평가에 여전히 동의하지 않을 사람도 많을 것이다. 이는 앨슐러 자신이 정리한, 홈즈 대법관에 대한 우호적인 논평의 목록만 보더라도 잘 알 수 있다. 같은 책, 43면 주 61) 참조. 하지만 필자는 논의의 편의상 일단 앨슐러가 그리고 있는 홈즈 대법관을 전제로 하고 있다.

'고립된' 길이 되어 있었다.

해악의 원리

법의 길이 어느덧 샛길도 없는 외길이 되었다는 것은 단순히 법학이 고도로 전문화됨으로 인해서 비전문가인 철학자들로서는 그것을 이해하기 곤란한 지경에 이르렀음을 의미하는 것만이 아니다. 법학이 벌써 충분히 전문적인 분과로 출범하고 있었음에도 불구하고 여전히 철학과 긴밀한 관계를 유지하던 시절이 있었다는 것을 굳이 입증할 필요는 없을 것이다. 앞에서 언급했던 내용 중에 법의 정당화와 관련한 약간의 분석적 설명이나 홈즈 대법관 이전의 미국 법학의 상황에 대한 기술을 떠올려 보는 것으로 충분할 것이기 때문이다. 지금의 논의 흐름에서 오히려 주목을 요하는 부분은 법학의 전문가들 측에서 철학을 이해하지 못하게 됨으로써 겪게 되는 문제들일 것이다. 한편 여기서 말하는 "법학의 전문가들"이란 기본적으로 법학자들을 가리키는 외에, 사안에 따라서는 이들로부터 (고립적) 법학의 세례를 받고 성장한 실무 법조인들도 포함할 수 있을 것임을 밝혀 두어야 하겠다. (가령 다음 장에서 다루게 될 아리스토텔레스의 형평론과 대법원의 구체적 타당성 개념에 대한 논의는 바로 그러한 사안을 배경으로 하고 있다.) 판례 이론의 형태로 구현된 실무 법조인들의 생각은 다시 법학자들의 연구와 관련을 맺게 되고, 이 같은 상호 영향의 순환적 과정을 거쳐 법학의 영역은 항상 다시 그려지기 때문이다.

"하지만 우리 판례가 철학적 논의를 성실히 검토하여 판단을 내렸던 경우도 있지 않나요? 예를 들자면 안전띠를 매도록 강제하는 법이 합헌이라는 헌법재판소의 결정처럼 말이죠."

맞다. 헌법재판소는 그 결정에서 이른바 **'해악의 원리**(harm principle)'로 알려진 자유주의 정치철학의 논리를 충실히 반영하여 판단한 바 있다. 하지만 필자가 덧붙여 말하고 싶은 것은 역설적이게도 바로 그와 같은 사례가 법학과 철학이 멀어져 있는 현실을 더 잘 보여줄 수도 있다는 점이다.

일찍이 존 스튜어트 밀(John Stuart Mill)은 『자유론 *On Liberty*』에서, 국가가 개인의 의사 결정 과정에 개입하여 그의 의지에 반하는 행위를 강제하는 것이 어떠한 경우에 정당화될 수 있는지를 판단하는 기준으로 이 원리를 제시한 바 있다.[9] 그에 따르면 (조금 단순하게 말해서) 개인의 자유로운 의사에 기한 행위가 다른 사람에게 "해악"을 끼치는 것일 때, 이를 막기 위한 국가의 강제력 행사(대표적으로 '법률의 제정')는 정당화될 수 있다. 뒤집어 말하면, 이러한 기준에 어긋나지 않는 한, 각자의 자유는 최대한 존중되어야 한다는 뜻이다.[10]

---

9) 이와 관련한 밀과 스티븐(J. Stephen)의 견해 대립은 훗날 데블린(P. Devlin)과 하트(H.L.A. Hart)의 '도덕의 법적 강제' 논쟁을 통해 재연되기도 했다. 이에 대한 상세한 논의는 최봉철, 앞의 책, 369면 이하 참조.

10) J.S. Mill, *On Liberty* (Ticknor and Fields, 1863/1859), p.23 참조. 이와 같은 생각은 이미 우리 헌법 제10조 및 제37조 제2항의 구체화를 위한 헌법 이론 중에 반영되어 있는 것으로 보인다. "행복추구권 속에 함축된 일반적인 행동자유권과 개성의 자유로운 발현권은 국가안전보장 · 질서유지 또는 공공복리에 반하지 않는 한 입법 기타 국정상 최대의 존중을 필요로 하는 것이라고 볼 것이다. 보다 구체적으로 본다면 이러한 기본권은 행동이 남의 권리를 침해하거나 합헌적 질서에 위배되거나 또는 선량한 풍속 기타 사회질서에 반하지 않는 한 입법자도 제약해서는 안 되는 기본권인 것으로 표현의 자유도 그 하

질문이 언급하고 있는 헌법재판소의 결정으로 다시 돌아가 보자. 헌법재판소는 자동차 운전자에게 안전띠를 매도록 하고, 이를 위반할 경우 범칙금을 부과하고 있는 구 도로교통법 제118조가 위헌인지 여부를 판단해야 했다.[11] 이 결정에서 헌법재판소는 자동차 운전자가 안전띠를 매지 않고 있다가 사고가 발생할 경우, 동승자와 부딪쳐 그를 다치게 할 수도 있고, 또는 차량 밖으로 튕겨나가 인접 차량이나 보행자와 충돌함으로써 이들을 부서지거나 다치게 할 수도 있다는 점을 강조하면서, (이를 막기 위해) 자동차 운전자의 의사에 반하여 안전띠를 매도록 강제하는 것이 정당하다고 보았다. 헌법재판소는 단순히 안전띠를 매는 것이 자동차 운전자 자신의 생명을 보호하기 위해 필요한 조치이기 때문에, 다시 말해서 운전자 자신에게 결국 이득이 되는 조치를 요구하는 것이기 때문에, 그와 같은 강제가 정당화될 수 있다고 말하지 않는다(가끔 이 대목에서 "설마!"라는 반응이 나오기도 한다).

일반교통에 사용되고 있는 도로는 국가와 지방자치단체가 그 관리책임을 맡고 있는 영역으로 다른 운전자 및 보행자 등의 이익 및 공동체의 이익과 관련된 영역이므로, 도로에서 좌석안전띠를 매지 않고 운전할 자유는 다른 영역에서 이루어지는 위험한 스포츠를 즐기는 행위 등과 똑같게 평가될 수 없다.

좌석안전띠를 매지 않는 행위는 그로 인하여 받을 위험이나 불이익을 운전자 스스로 회피하지 못하고 매우 큰 사회적 부담을 발생시키는 점, 좌석

나의 예시에 속한다." 헌법재판소 1990. 1. 15. 89헌가103 결정("재판관 김진우·이시윤의 한정합헌의견")

11) 헌법재판소 2003. 10. 30. 2002헌마518 결정

안전띠를 매지 않고 운전하는 행위에 익숙해진다고 하여 위험이 감소하지도 않는다는 점, 동승자의 피해를 증가시키는 점 등에 비추어 볼 때, 운전자 자신뿐만이 아니라 사회공동체 전체의 이익에 해를 끼치고 있으므로 국가의 개입이 정당화된다.[12]

헌법재판소가 결정의 논리를 뒷받침하기 위하여 다양한 통계 자료들을 활용하고 있는 점도 (지금보다 몇 배는 더) 주목을 요하는 부분이다.[13] 이를 통해서 헌법재판소는 "안전띠를 매지 않고 운전하게 되면, 타인에게 해악을 끼치게 될 것"이라는 명제가 그저 관념적인 추측과 우려에 불과하다는 반론을 차단할 수 있기 때문이다.

자유 · 강제 · 관용

문제는 안전띠 사례와 성격이 유사한 다른 사례들의 '해악' 판단 과정에서 비슷한 논증 구성을 접하기가 어렵다는 점이다. 이렇게 말하는 까닭은 단순히 몇몇 판례가 빈약한 논리를 드러내는 점을 문제삼기 위함이 아니라, 판례들이 제시하는 '해악' 판단의 기준이 사실상 모호하거나 자의적일 수 있다는 점을 지적하기 위함이다. 어떤 의미에서 안전띠 사례가 유난히 '이질적'이라 할 수 있을 정도이다. 예를 들어 보자. 오토바이에 대해서 (배기량이나 출력과 같은) 주행성능에 상관없이 무조건 자동차전용도

---

12) 헌법재판소 2003. 10. 30. 2002헌마518 결정
13) 홈즈 대법관이 통계학 공부의 중요성을 강조했다는 것은 널리 알려진 사실이다.

로나 고속도로에 진입할 수 없도록 하는 규정이 위헌인지 여부를 판단하면서, 헌법재판소는 다음과 같이 말하고 있다.

이륜차는 운전자가 외부에 노출되는 구조로 인하여 가벼운 충격만 받아도 운전자가 차체로부터 분리되기 쉽다. 그리고 이륜차는 구조의 특수성으로 인하여 일반 자동차에 비하여 급격한 차로변경과 방향전환이 용이하다. 그로 인하여 이륜차는 교통사고 위험성이 매우 높고 사고 발생 시의 치사율도 매우 높다. 이륜차 교통사고의 치사율은 9.3%(6,635건 발생에 618명 사망)로서, 사륜자동차 교통사고의 치사율 2.7%(203,706건 발생에 5,541명 사망)보다 3.4배 가량 높다(2004년 기준).

고속도로 등에 이륜차의 통행을 허용할 경우에는 고속으로 주행하는 이륜차의 사고위험성이 더욱 증가되고 그로 인하여 일반 자동차의 고속 주행과 안전까지 저해할 우려가 있다.

이륜차의 구조적 특성에서 비롯되는 사고위험성과 사고결과의 중대성에 비추어 이륜차 운전자의 안전 및 고속도로 등 교통의 신속과 안전을 위하여 이륜차의 고속도로 등 통행을 금지할 필요성이 크다. … 이 사건 법률조항이 이륜차의 고속도로 등 통행을 전면적으로 금지한 것도 입법목적을 달성하기 위하여 필요하고 적절한 수단이라고 생각된다. … 이륜차의 주행 성능(배기량과 출력)이 사륜자동차에 뒤지지 않는 경우에도 이륜차의 구조적 특수성에서 우러나오는 사고발생 위험성과 사고결과의 중대성이 완화된다고 볼 수 없으므로, 이륜차의 주행 성능(배기량과 출력)을 고려하지 않고 포괄적으로 금지하고 있다고 하여 부당하거나 지나치다고 보기 어렵다.[14]

---

14) 헌법재판소 2007. 1. 17. 2005헌마1111, 2006헌마18(병합) 결정

이 결정에서 헌법재판소는 무엇보다 '오토바이의' 사고 위험이나 '오토바이 운전자의' 사고 치사율에 주목하고 있는 것 같다. 결정의 방향이 올바른 것이었는지를 떠나서, 논증의 초점은 일차적으로 고속주행을 하는 도로에서는 오토바이가 그 주행성능에 상관없이 '자동차 운전자들에게' 과도하게[15] 위협적(해악적)일 수 있는 이유를 제시하는 데 있지만, 헌법재판소는 이 부분에 충분히 주의를 기울이지 않는 모습이다. 비록 사고로 인하여 인접 차량의 주행과 안전을 저해할 우려가 있다는 점을 언급하고는 있지만, 이 점에서 과연 오토바이 사고와 자동차 사고가 다를지에 대하여는 의문이 있다. 물론 일반 도로에 비해 고속주행을 하는 도로에서 오토바이 사고가 현저히 증가할 경우, 그로 말미암아 인접 차량의 주행과 안전에 대한 부담이 커질 것임은 분명하다. 하지만 이 명제로부터 '오토바이 진입 금지'라는 결론에 이르기 위해서는 반드시 거쳐야 할 생각의 단계들이 있다.

고속주행을 하는 도로에서는 정말로 오토바이 사고가 현저히 증가하게 될까? 이에 관한 통계 자료가 있다면 모를까, 현재로서는 추측만 할 뿐이다. 게다가 그 추측이라는 것이 그다지 정교해 보이지도 않는다. 청구인들의 주장이 어디까지나 "주행성능을 갖춘" 오토바이의 진입이 허용되어야 한다는 것인 한, 기술적 원인에 의한 사고 위험은 오히려 낮아질 수도 있을 것이다. 그렇다면 문화적 원인의 경우는 어떠한가? 이른바 "성숙하지 못한 오토바이 운전 문화"[16]가 고속주행 도로에서의 사고 증가로

---

15) 일반 도로에서는 오토바이의 통행이 금지되지 않는 점을 고려해 볼 때, 그 경우에는 오토바이가 자동차 운전자들이 감수해야 할 정도로만 위협적(해악적)이라 말할 수 있을 것이다.

16) 이 결정을 위한 한국도로공사의 의견 중에 이러한 요인이 언급되고 있다.

이어지게 될까? 하지만 '오토바이 일반'에 걸친 단일한 운전 문화라는 것을 예단하는 것은 지나치게 단순한 시각일 것이다. 운전 문화를 적절히 거론하고자 한다면, 주행성능을 갖춘 오토바이를 운전하는 집단이 고속주행 환경에서 보여 주는 행태를 (외국의 사례를 통해서라도) 확인해야 할 것이다. 그들이 실제 위험 운전을 즐기는 집단과 일치하지 않을 수도 있고, 혹은 고속주행이라는 환경 때문에 일반 도로에서보다 신중하게 운전할 수도 있는 것이다.

설령 고속주행을 하는 도로에서 오토바이 사고가 실제로 증가할 경우에도, 그것이 자동차 사고의 증가율과 비슷한 정도일 때는 '오토바이 진입 금지'의 근거로 삼기는 곤란할 것이다. 따라서 이상적으로는 자동차의 경우(x)와 주행성능을 갖춘 오토바이의 경우(y)에 대하여, 일반 도로에서의 사고율(α)과 고속주행 도로에서의 사고율(β)을 각각 확인한 뒤, 사고율의 변화폭을 비교하는 작업이 필요하다고 말할 수 있다: $x(\beta-\alpha)$ / $y(\beta-\alpha)$

안타깝게도 이 결정에서 위와 같은 숙고의 흔적은 보이지 않는다. '오토바이 진입 금지' 문제는 이후에도 몇 차례 더 다투어진 바 있지만, 헌법재판소의 기존 판단이 뒤집어지지는 않았다. 다만, 최근의 결정들에서는 "논증의 초점"에 대한 문제의식이 더 엿보인다고 말할 수 있을 것 같다.

… 현재 일부 이륜자동차 운전자들은 낮은 교통질서 의식과 나쁜 운전 습관을 가지고 있고, 그로 인하여 도로 정체 시 차량 사이의 빈틈운행, 급차선 변경, 무분별한 끼어들기, 중앙차선의 침범, 과속, 과도한 소음발생, 곡예운전 등 다른 운전자들의 주의력을 산만하게 하고 사고위험을 증가시키는 운전행태를 보이고 있다. 물론 이러한 운전습관과 잘못된 질서의식을

가진 이륜자동차 운전자가 일부에 불과하겠지만, 일반자동차 운전자를 포함한 많은 국민들이 이륜자동차 운전자들의 이러한 운전행태로 인한 사고 위험에 대하여 깊은 우려와 많은 경계를 하고 있는 실정이다. … 결국 일반 국민들의 이륜자동차 운전행태에 대한 우려가 상존하는 현재로서는 이륜자동차의 고속도로 등 진입을 제한하는 것이 과잉금지 원칙에 위배하여 이륜자동차 운전자들의 통행의 자유를 제한한다고 볼 수 없다. 그러나 이륜자동차 운전자들의 자율적인 노력 등으로 일부 이륜자동차 운전자들의 잘못된 운전습관이 개선되고, 그 결과 일반 국민의 이륜자동차의 운전행태에 대한 우려와 경계가 해소되는 장래의 일정 시점에서는, 이륜자동차도 그 배기량에 따라 단계적으로 고속도로 등에서 통행할 수 있도록 입법적 개선을 하여 주는 것이 필요하고도 바람직할 것이다.[17]

    … 제정배경에 관한 자료를 살펴보아도 이륜자동차의 고속도로 통행으로 인하여 사고가 급증하였다는 등의 통계나 분석 등은 발견되지 않고, 그렇다고 모든 이륜자동차의 고속도로 등 통행이 금지된 1992년 이후 특별히 교통사고 건수가 줄었다는 자료도 확인되지 않는다. 그 반면, 현재까지 오랜 기간 동안 이륜자동차의 고속도로 등 통행을 허용해 오고 있는 세계 각국의 현황을 살펴보면, 이륜자동차의 고속도로 등 통행을 허용하고 있음으로 인하여 특별히 사고 위험성이 증가하였다거나 또는 다른 자동차의 안전한 교통소통에 방해가 되어 이를 금지하였다는 등의 보고를 찾아볼 수 없다. … 이 사건 심판대상조항은 이륜자동차의 고속도로 등 통행이 우리나라의 도로상황과 교통안전에 어떠한 영향을 미치는 지에 대한 실증적 자료

---

17) 헌법재판소 2008. 7. 31. 2007헌바90 · 133(병합) 결정("보충의견")

와 경험적 증거가 부족한 상황에서, 단지 일부 이륜자동차 운전자들이 변칙적인 운행을 함으로써 고속도로 등의 원활한 교통을 방해하고 대형 사고를 유발시킬 가능성이 있다는 우려와 경계를 이유로 전체 이륜차운전자의 권리를 전면적·일률적으로 제한하고 있는 것이라 할 것이다. … 세계 경제협력개발기구(OECD)에 속한 국가들과 대비하여 볼 때, 배기량에 관계없이 이륜자동차의 고속도로 통행을 전면적으로 금지하고 있는 나라는 우리나라가 유일하고, 대부분의 국가들이 일정 배기량 … 이상의 이륜자동차에 대하여는 제한적으로나마 고속도로 통행을 허용하고 있다. … 예컨대 사륜자동차와 동등한 정도의 주행속도를 낼 수 있는 일정 배기량 이상의 이륜자동차에 대하여 고속도로(고속국도) 노선을 제외한 자동차전용도로의 일부 구간에서부터 통행을 허용하는 등, 이륜자동차 운전자들의 통행의 자유에 대하여 덜 침해적인 방안을 먼저 선택, 시행해 본 후, 그것이 과연 도로상황, 교통소통 및 사고의 발생률 등에 어떠한 영향을 미치는지를 살피고 평가하여, 만약 교통안전과 질서에 부정적 결과를 초래한다는 경험적 자료가 형성된다면 그 때 비로소 전면적·일률적 금지라는 보다 엄격한 규제수단을 선택해도 늦지 않을 것이다.[18)]

'해악' 판단의 기준에 문제가 있는 것으로 보이는 사례들이 헌법재판소의 결정에서만 발견되는 것도 아니다. 예컨대 최근 성전환자의 가족관계등록부상 성별 정정 요청 사례를 보면, 대법원은 마치 사회에 대한 "부

---

18) 헌법재판소 2011. 11. 24. 2011헌바51 결정("반대의견"). 한편 이 결정의 다수의견은 여전히 '오토바이 운전자의' 사고 치사율에 주목하고 있지만, 정작 그 수치는 2004년의 9.3%에서 2010년의 4.2%로 현저하게 줄었다. 더불어 자동차 사고 치사율과의 차이도 3.4배에서 1.75배로 줄어들었다.

정적인 영향"(?)이 우려된다는 막연한 이유로도 개인의 기본적 자유를 제한하는 것이 가능한 것처럼 말하고 있다.[19] 국가가 나서서 막아야 할 정도의 '해악'이라는 것을 이렇게 넓게 이해한다면, 도대체 해악적이지 않은 것이 있을까? 개인적 자유의 최대한 존중이라는 전제는 어디로 간 것일까? 대법원의 다수의견에 반대하는 두 개의 소수의견도 결국 이 문제를 지적할 수밖에 없었을 것이다.

성적 정체성에 관한 태도 결정이나 성적 지향은 개인의 존재 그 자체를 구성하는 것으로서 이를 법적으로 인정받지 못하는 것은 인간의 존엄을 유지하고 스스로 선택한 가치관에 따라 행복을 추구한다는 가장 기본적인 권리를 부정당하는 것이나 다름없다. 따라서 사회적 인식이나 통념 등을 이유로 사회 내의 소수자인 성전환자의 성별 정정을 제약하는 데에는 극히 신중한 태도를 가질 필요가 있다. 성전환자의 성별정정은 우리 사회의 주류로부터 오히려 지지·동의될 수 없는 것을 아마도 그들의 뜻에 반하여 성전환자에게도 이 사회에서 인간으로서 누릴 수 있는 행복의 추구를 가능하게 하기 위한 기반으로서 시인하는 것이다. 따라서 이 맥락에서 윤리적 또는 종교적 신념 등에 기반한 사회적 통념 또는 인식을 앞세워서는 성전환자의 성별정정이 가지는 법적 의미는 현저히 퇴색할 수밖에 없는 것이다.[20]

---

19) 대법원 2011. 9. 2. 자 2009스117 전원합의체 결정. 한편, 사회에 대한 "부정적인 영향"이라는 표현은 이전의 판례(대법원 2006. 6. 22. 자 2004스42 전원합의체 결정)에서도 나타나지만, 그 취지가 동일한 것인지에 대해서는 논란이 있다.
20) 대법원 2011. 9. 2. 자 2009스117 전원합의체 결정("양창수, 이인복의 반대의견")

성전환자의 경우 자신의 성정체성에 따른 법률적 성을 진정한 성으로 확정 또는 확인받는 것 자체로써 다른 사회 구성원들에게 직접 위해를 가할 여지가 있는 것은 아니고, 오히려 자신의 성정체성에 따라 확인된 진정한 성이 있음에도 그 성과 가족관계등록부에 등록된 성이 일치하지 않는 상태가 방치되고 있다면 그로 인하여 다른 사회구성원들 사이에서 혼란과 착오가 발생할 가능성이 더욱 클 것이다. 그럼에도 사회에 대한 부정적 영향이 없어야만 가족관계등록부 정정을 허용하겠다는 다수의견은, 결과적으로 성전환자에 대한 사회구성원 다수의 인식을 궁극적 판단기준으로 설정하는 것일 뿐 아니라 소수자인 성전환자도 성정체성의 문제로 인하여 차별받지 않고 대다수 사람들과 동등한 권리와 행복을 누려야 한다는 기본권적 가치를 외면하고 있는 것이어서 동의할 수 없다.[21]

개인의 기본적 자유에 대한 존중이 '영혼 없는 구호'로 전락하지 않기 위해서는, 이를 제한하는 사유로서 타인에 대한 '해악'은 매우 엄격하게 파악되어야 할 것이다.[22] 법의 길은 다양한 관점을 지닌 채 살아가는 사람들이 각자의 신념을 유지하면서 공존하기 위한 조건을 제시하는 데 있지, 어느 한 관점이나 신념을 편드는 데 있지 않다. 남을 해치는 게 아닌 한, 각자의 삶의 방식은 여론이나 지배적 도덕과 마찰을 일으키더라도 용납될 수 있어야 한다.

---

21) 대법원 2011. 9. 2. 자 2009스117 전원합의체 결정("박시환, 김지형, 전수안의 반대의견")
22) "공익을 해할 목적"이라는 막연한 요건의 형벌 조항으로써 표현의 자유를 제한하는 것이 위헌이라는 헌법재판소의 판단도 비슷한 취지라 할 수 있다. 헌법재판소 2010. 12. 28. 2008헌바157, 2009헌바88(병합) 결정

원리에서 교설로

법학과 철학의 '변함없는' 유대를 과시하는 예로서 법사상적 논의의 무대에 단골로 등장하는 것이 존 스튜어트 밀의 자유주의라는 사실은 기묘한 아이러니를 이룬다. 밀이 (앞에서 상실과 단절의 화신으로 묘사되었던) 홈즈 대법관과 거의 같은 시기를 살았다는 점도 그렇고, 밀 역시 (그의 신념이나, 혹은 그것이 후대에 미친 영향을 이야기할 때면) 종종 '과거와의 결별'을 떠올리게 하는 탓도 있을 것이다(그의 자유주의 사상이 '관습에 대한 비판'을 장려한다는 면에서만이 아니라, 그의 재산권 사상이 '상속되지 않는' 사유재산권의 개념을 제안한다는 면에서도 그러하다!).[23]

밀과 홈즈 대법관이 활동했던 19세기의 상황을 이해하는 것은, 이와 같은 개운찮은 느낌을 떨쳐 내는 데 필요한 단서를 제공해 준다. 특히 19세기를 정점으로 하는 **계약법**상의 변화를 살펴보는 것이 중요한데, 왜냐하면 (홈즈 대법관도 지적했던 바와 같이) 법학과 철학이 상대적으로 더욱 밀접하게 상호 침투해 왔던 지점이 바로 계약법의 영역이기 때문이다. 계약법의 역사에 대한 일련의 연구들은 법학이 어떤 과정을 통해 법의 '고립된' 길로 접어들게 되었는지를 잘 보여주고 있다.[24]

제임스 고들리(James Gordley)에 따르면, 아리스토텔레스와 토마스 아퀴나스로 대표되는 철학 전통은 로마 법학 및 그에 대한 계승이라 할

---

23) 아마도 가장 놀라운 대비는 홈즈 대법관의 이른바 "명백하고 현존하는 위험(clear and present danger)"의 법리가 밀의 해악의 원리를 받아들인 것이라는 교과서적인 설명과 달리, 사실상 정부의 입장에 반대하는 견해 표명을 단죄하기 위한 구실로 둘러댄 것이었다는 점일 듯하다. A.W. Alschuler, 앞의 책, 174면 참조.

24) A.W.B. Simpson, "Innovation in Nineteenth Century Contract Law", *Law Quarterly Review* 91, 1975; James Gordley, *op cit.* 등 참조.

수 있는 중세 법학의 전통과 더불어 현대 계약법의 체계를 만들어 냈던 원천이었다.[25] 전자는 계약법의 내용을 이루는 개별적인 규칙들에 이른 바 **원리적인 정당화**(principled justification)를 제공해 주는 위치에 있었다는 것인데, 이 말은 계약법의 내용을 이루는 개별적인 규칙들이 일단은 후자로부터 안출되었음을 뜻하지 않는다는 점을 주의해야 한다. 그것이 의미하는 바는 오히려 중세 법학의 전통에서 계약법의 규칙들은 애초에 아리스토텔레스와 토마스 아퀴나스의 철학 체계에 비추어 볼 때 비로소 이해가능한 형태로만 고안될 수 있었다는 것이다.

하지만 법학과 철학의 이 같은 관계는 지속되지 않았다. 철학의 영역에서 아리스토텔레스와 토마스 아퀴나스가 지배하던 시대는 저물었고, 덩달아 자연법론의 전통도 변질을 겪어야 했다. 이 같은 변화의 흐름은 결국 아리스토텔레스와 토마스 아퀴나스의 철학이 계약법의 체계에서 탈락하게 되는 사태로 이어졌다. 반면에 "탈락"이라는 말이 암시하듯이, 한번 정립된 계약법의 규칙들은 이 와중에도 살아남았고, 조금 다른 의미의 계약법 체계를 이루게 되었다(법이란 본디 잘 변하지 않는 성질을 가지고 있는 것이다!). "조금 다른 의미의" 계약법 체계가 되었던 까닭은, 더 이상 계약법의 규칙들을 이해가능한 것이 되도록 하는 (공유된) 철학적 문법이 존재하지 않았기 때문이다. 이미 언급한 바와 같이 계약법의 규칙들은 아리스토텔레스와 토마스 아퀴나스의 철학 체계에 비추어 볼 때 비로소 이해가능한 것인 탓에, 이 낡은 사유의 틀에 반기를 들고 새롭게 등장한 철학 사조들은 태생적으로 그것과 어울리지 않았다. 결국 대안적인

---

25) 토마스 아퀴나스의 독특한 지적 위치에 대해서는 박준석, "토마스 아퀴나스의 교환적 정의의론", 『목요철학』 제7호(계명대 논리윤리교육센터, 2010), 102면 이하 및 이 책의 제5장을 참조.

원리적 정당화의 체계는 확보되지 못했다.[26]

어색한 상황이 (어떤 획기적인 철학 체계의 창안을 통해 수습될 기미도 없이) 이어지는 동안, 법학자와 실무 법조인들의 인식도 점차 원리적 정당화에 연연하지 않는 방향으로 고정되어 갔다. 결과적으로, 오늘날까지도 살아남은 계약법의 여러 규칙들은 당대의 (별 도움도 못 되는) 철학 사조들과 단절된 채, 하나의 **교설 체계**(doctrinal system)로서만 존재하게 된 것이다.

17세기와 18세기에 아리스토텔레스의 권위가 붕괴되었을 때, 계약법은 자신의 철학적 토대를 잃어버렸다. 그럼에도 불구하고 오랜 시간 [계약법의] 교설이 거의 변하지 않았음은 이미 살펴본 바와 같다. 체계적이고 전반적인 재공식화는 계약 교설의 아리스토텔레스적 기원이 잊혀진 지 오랜, 그리고 아리스토텔레스의 철학 자체가 거의 이해가능하지 않게 되었던 19세기가 되어서야 이루어졌다. 19세기의 법학자들은 더 이상 자신들의 결론이 보다 거대한 철학적 원리들에서 도출된다고 주장하지 않았다.[27]

19세기는 바로 이러한 시기였다. 홈즈 대법관에 비해서 밀이 현명했던 부분이라면 법을 자유·강제·관용의 방정식으로 보는 시대의 이상을 진정성 있게 껴안았던 점이다. 하지만 그의 철학 역시 계약법의 규칙들을

---

26) 근래 재조명 작업이 한창인 칸트(I. Kant)의 법철학이 (장차) 실질적인 대안이 될 수 있을 것인지는 좀 더 관심을 가지고 살펴볼 필요가 있다. 그럼에도 불구하고, 칸트의 법철학이 등장했을 당시 그 같은 대안으로 인정받거나 영향력을 행사하지는 못했다는 사실에는 변함이 없다.

27) James Gordley, *op cit.*, p.161([ ]는 필자의 보충)

위한 원리적 정당화의 대안이 되기는 어려웠을 것이다. 구체적인 예를 하나 들어 따져 보자.

"왜 계약을 지켜야 하는 것일까요?"
"당사자들 자신이 지키겠다며 스스로 정해서 맺은 것이기 때문이죠."
"그렇군요. 참, 제가 듣기로는 '현저히 불공정한 계약'은 효력이 인정되지 않는다면서요?"
"맞는 말씀입니다. 우리 민법 제104조[28]가 그렇게 정하고 있으니까요."

언뜻 보기에 이 같은 문답은 그다지 특별하게 느껴지지 않을 수 있다. 하지만 잠시 생각해 보자. 첫 번째 질문은 계약의 **구속력**이 어디에서 나오는 것인지를 묻고 있다. 그리고 이어지는 답변은 계약의 구속력이 당사자들의 자유로운 의사의 합치에서 발생한다고 하는, 사비니(F.C. von Savigny) 이래의 근대적 계약론을 요약하고 있다. 계약의 당사자들 스스로가 (누구의 간섭도 없이) 정하는 내용의 계약에 기꺼이 구속될 것을 원했다면, 바로 그 이유로 인하여 계약은 그들에 대해서 구속력을 갖게 된다는 것이다.

그렇다면 이제 현저히 불공정한 것임을 알면서도 스스로 그러한 내용의 계약에 이른 당사자들이 있다면 어떻게 될까? 계약의 구속력은 당사자들의 자유로운 의사의 합치에서 발생하는 것이므로 유효한 계약이라고 해야 할까? 아니면 계약의 구속력에 대한 앞서의 이해 방식을 포기하

---

28) 제104조(불공정한 법률행위) 당사자의 궁박, 경솔 또는 무경험으로 인하여 현저하게 공정을 잃은 법률행위는 무효로 한다.

고, 당사자들이 제아무리 열렬히 원한다 할지라도 법에 위배되는 내용을 실현하려는 계약은 구속력을 가질 수 없다고 봄으로써 계약의 구속력은 결국 법의 규정 여하에 달려 있는 것이라는(따라서 문제의 계약은 유효하지 않다는) 이해 방식을 채택해야 할까? 전자의 이해 방식에 따르자니 법 조항(민법 제104조)이 걸리고, 후자의 이해 방식에 따르자니 계약상 책임의 본질이 '약정책임'이 아니라 '법정책임'이라는 것 같다.[29]

고들리의 문제의식은 바로 이 딜레마에서 출발하고 있다. 밀의 자유주의에 의하면, 당사자들의 자유로운 의사 형성을 요구하는 규칙들[30]과, '당사자들의 의사야 어떠하든' 계약의 내용이 문제라는 규칙들[31]이 하나의 계약법 체계 속에 공존하는 현상은 이해가능한 것이 아니다. 가령 누구의 간섭도 없이 당사자들이 원해서 체결한 계약이, 다른 누구에게도 "해악"을 끼치지 않는 상황에서, 단지 그 내용이 제3자가 보기에 불공정하다는 이유로 무효라고 말할 수는 없을 것이다. 하지만 아리스토텔레스와 토마스 아퀴나스의 철학 체계에서라면 사정이 달라진다. 이제 계약의 개념 자체가 (자유로운 의사의 합치에 의해서가 아니라) 이른바 **교환적 정의**(*iustitia commutativa*)"[32]라는 객관적인 "목적"에 의해서 규정되는 것이다.

---

29) 엄밀히 말하자면, 적어도 우리 민법 제104조의 해석과 관련해서는 이 문제를 걱정할 필요는 없다. "궁박, 경솔 또는 무경험"한 당사자가 상대방과 "자유로운 의사의 합치"에 이르렀다고 말하기는 곤란하기 때문이다. 만일 (본문의 취지를 이해하는 데) 이 같은 사정이 마음에 걸린다면, 민법 제104조 대신 제103조를 놓고 다시 생각해 볼 것을 권한다.
　제103조(반사회질서의 법률행위) 선량한 풍속 기타 사회질서에 위반한 사항을 내용으로 하는 법률행위는 무효로 한다.
30) 예를 들어 민법 제109조(착오로 인한 의사표시), 제110조(사기, 강박에 의한 의사표시)
31) 예를 들어 민법 제103조(반사회질서의 법률행위), 제104조(불공정한 법률행위)
32) "교환적 정의" 개념에 대해서는 할 얘기가 너무나 많다. 따라서 상세한 논의는 이 책의 제3장 이하, 특히 제5장에서 마저 하기로 한다.

따라서 자발성이나 공정성이 결여된 계약은 (이 정의의 규정에 미달하는 점에서) 더 이상 계약이 아닌 것이며, 이 점에 비추어 볼 때 위와 같은 규칙들이 하나의 계약법 체계 속에 공존하는 현상은 이해가능한 것이 된다.

계약법 체계가 겪은 변화의 한복판에서, 법학의 전문가들은 자신들이 물려받은 계약법의 규칙들이 아리스토텔레스와 토마스 아퀴나스의 철학적 문법 안에서만 온전히 통역될 수 있는 것이라는 사실을 알지 못한 채 그 해석에 임해야 했다. 정도 차이는 있을 수 있지만, 계약법이 아닌 다른 법의 영역에서도 비슷한 경험이 있었을 것으로 추측해 본다. (다음 장에서 다루게 될, 법적 안정성의 테두리 내에서 형평을 모색한다는, 대법원의 이른바 구체적 타당성 논의는 이 점을 보여주는 예일 수 있다.)

2

숨바꼭질

어렸을 적 숨바꼭질을 그렇게나 하면서, 매번 잘 숨을 궁리만 했지, 술래를 열심히 해 보겠다는 욕심(?)은 없었던 것 같다. 술래는 탐구자이다. 나이가 들어 항상 술래 노릇을 하며 살게 될 줄 미리 알았더라면, 이 놀이를 조금은 달리 즐기지 않았을까?

앞에서 필자는 법사상이라는 창을 통해서 들여다 볼 때 특정 판례의 의미가 보다 선명하게 다가올 수 있다고 지적했다. 다시 말해서 법사상적 논의를 통하여 비로소 판례의 논리를 더 잘 정당화할 수 있거나, 혹은 그것에 숨겨진 문제점을 드러내고 비판할 수 있게 된다는 것이다. 이제 이와 같은 견해를 뒷받침해 줄 수 있는 구체적인 사례들에 대해 알아보기로 하자.

법사상에 관한 통시적인 서술치고 아리스토텔레스의 정의론과 형평론을 언급하지 않는 것은 아마 없을 것이다. 비록 그러한 서술 체계를 따르고 있지는 않지만, 필자도 이 책을 그에 대한 논의로 (본격적으로) 시작하려고 한다. 누구나 한번쯤 접해 보았을 법하지만, 의외로 정확히 알고 있는 사람은 드문 주제일 뿐만 아니라, 판례 분석이라는 문맥에서는 여전히 낯설게 느껴지기도 하는 대상인 만큼 새로운 논의 방식의 장단을 살피기에는 더없이 적합해 보이기 때문이다.

목수와 판사

아리스토텔레스의 정의론과 형평론은 『니코마코스 윤리학 *Nicoma-chean Ethics*』[1] 제5권에 등장한다. 서술 순서상으로는 정의론이 먼저이지만, 이에 대해서는 좀 복잡한 얘기를 해야 할 것 같아 뒤에서 차차 다루기로 하고 여기서는 일단 형평론에 관해 잠시 생각해 보자. 널리 알려진 바와 같이, 그는 이 책에서 **형평**(ἐπιείκεια)을 "납으로 만든 자"에 비유하고 있다. 이는 보편성을 지향하는 법이 바로 그 보편적 성질로 인하여 특수하고 예외적인 상황들을 규율하는 데는 적합하지 않을 수밖에 없는 한계를 보완하는 것으로, 이른바 법적 정의의 시정 또는 교정이라 할 수 있다고 한다.[2] 형평이 사실상 법적 정의의 시정이면서도 그에 대한 자의적인 변경이 아니라 어디까지나 "보완"인 까닭은 그것이 예외적 상황의 규율을 위해 "만일 입법자가 그런 경우를 당했더라면 그 자신도 그것을 그 규정 속에 포함시켰을"[3] 바로 그러한 기준을 발견해 내는 작업이기 때문이다.[4] 형평은 정의를 파기하지만, 정의에 이르는 길은 형평과 함께만 걸을 수 있다.

---

1) 이하 반복적으로 등장하는 지점에서는 『윤리학』 또는 *N.E.*로 줄여 쓰기로 한다.
2) *N.E.*, 1137b.
3) *N.E.*, 1137b. 인용문의 번역은 최명관 역, 『니코마코스 윤리학』(서광사, 1986), 169면을 참조.
4) 이 같은 논리는 최근 우리 대법원의 판결에서도 발견된다. "호적법은 1960. 1. 1. 법률 제535호로 제정된 후 … 근본적인 변화 없이 현재에 이르렀으며, … 성의 결정 기준이나 성전환증에 관한 의학적 연구 성과의 집적으로 성염색체를 출발점으로 하는 성의 이분법과 불가변성의 기본 전제가 수정의 필요성을 맞게 되었다는 점에 비추어 볼 때, 호적법이 성전환자의 호적상 성별란 기재를 수정하는 절차규정을 두지 않은 이유는 입법자가 이를 허용하지 않기 때문이 아니라 입법 당시에는 미처 그 가능성과 필요성을 상정하지 못하였기 때문이라고 할 것이다." 대법원 2006. 6. 22. 자 2004스42 전원합의체 결정

『수사학 *Rhetoric*』에서 그가 형평에 관해 언급한 개소들을 분석한 학설은 "판결은, 주어진 상황에 비추어서 그리고 입법의도를 고려하며, 구체적 타당성을 지녀야 한다[.]"[5]는 것이 그 주요한 함의 중 하나임을 밝히고 있다. 그리고 형평은 그것의 적용을 통해서 문제된 사안에 가장 적합한 결과를 도출함으로써 구체적 타당성을 달성해야 하기 때문에 필연적으로 불명확한 것일 수밖에 없다는 점도 지적하고 있다.[6]

이렇듯 정의와 형평, 강철로 만든 자와 납으로 만든 자, **법적 안정성**(stability or security)과 **구체적 타당성**(appropriateness)은 서로 다른 방향의 표적을 겨누고 있다. 문제는 인간 사회의 숱한 난제들이 어느 한 방향의 사고만으로는 온전히 이해되거나 해결될 수 없다는 데 있다. 따라서 직선과 굴곡을 모두 가지는 물체를 측정하려면 목수에게 두 종류의 자가 있어야 하듯, 법을 해석하고 적용하는 사람에게도 양 방향의 사고가 있어야 한다. 두말할 것도 없이 법의 해석과 적용은 판사들의 일상사이다. 따라서 우리 대법원이 당사자로서 이 문제를 어떻게 받아들이고 있는지 살펴보는 것은 무척 흥미로운 일이다.

누가 임차인일까?

구 임대주택법(2005. 7. 13. 법률 제7598호로 개정되기 전의 것) 제15조 제

---

5) 남궁술, "형평에 대하여—그 역사적 조명과 아리스토텔레스적 정리—",『법철학연구』제8권 제2호(한국법철학회, 2005), 141면.
6) 남궁술, 위의 글, 168면.

1항[7]에 관한 2009년 4월 23일자 대법원 판결은 법해석의 목표와 방법에 대한 우리 대법원의 견해를 명시하고 있다는 점에서 매우 중요한 의의를 갖는다. 판결의 전제가 된 사건은 건설임대주택을 분양전환할 경우 무주택세대주인 임차인에게 우선적으로 분양해야 한다고 규정하고 있는 위 조항의 해석에 있어서 "임차인"의 의미를 어떻게 새겨야 하는지에 대한 견해 대립과 관련된 것으로, 원심 판결[8]은 이른바 "실질적 의미의 임차인"도 위 조항이 규정하고 있는 임차인에 해당한다고 본 반면에, 대법원은 임차인이란 오로지 임대차 계약의 일방 당사자인 "형식적 의미의 임차인"만을 의미한다는 상반된 해석을 제시하고 있다.[9]

원심 법원과 대법원의 견해가 갈린 이유는 사실관계를 이루고 있는 특수한 사정이 판결에 미치는 영향에 대하여 상이한 판단을 내리고 있기 때문이다. 원심 판결은 그와 같은 특수한 사정을 구제하는 것이 입법 목적에 비추어 볼 때 법률의 보호 범위 내에 있는 것이라면 관련 법문의 문언상의 의미에 구속되지 않는 해석이 허용될 수 있다고 보지만, 대법원의 판결은 그러한 특수한 사정을 고려하는 경우에도 어디까지나 법적 안정성을 해치지 않는 범위 내에서 그렇게 해야 하기 때문에, 문언 자체가 비교적 명확한 개념으로 구성되어 있다면 그에 구속되지 않는 해석은 허용될 수 없다고 본다.

이 판결을 통해서 대법원이 제시하고 있는 올바른 법해석의 기준은 다

---

7) 제15조(건설임대주택의 무주택세대주에의 우선분양전환) ①임대사업자는 임대의무기간이 경과된 후 대통령령이 정하는 건설임대주택을 분양전환하는 경우에는 대통령령이 정하는 무주택세대주인 임차인에게 우선 분양전환하여야 한다.
8) 대전고등법원 2006. 11. 1. 선고 2006나1846 판결
9) 대법원 2009. 4. 23. 선고 2006다81035 판결

양한 사례들에 보편적으로 적용될 수 있는 판례 이론의 성격을 지니는 것으로 평가할 수 있다.[10)]

법은 원칙적으로 불특정 다수인에 대하여 동일한 구속력을 갖는 사회의 보편타당한 규범이므로 이를 해석함에 있어서는 법의 표준적 의미를 밝혀 객관적 타당성이 있도록 하여야 하고, 가급적 모든 사람이 수긍할 수 있는 일관성을 유지함으로써 법적 안정성이 손상되지 않도록 하여야 한다. 그리고 실정법이란 보편적이고 전형적인 사안을 염두에 두고 규정되기 마련이므로 사회현실에서 일어나는 다양한 사안에서 그 법을 적용함에 있어서는 구체적 사안에 맞는 가장 타당한 해결이 될 수 있도록, 즉 구체적 타당성을 가지도록 해석할 것도 또한 요구된다. 요컨대, 법해석의 목표는 어디까지나 법적 안정성을 저해하지 않는 범위 내에서 구체적 타당성을 찾는 데 두어야 할 것이다. 그리고 그 과정에서 가능한 한 법률에 사용된 문언의 통상적인 의미에 충실하게 해석하는 것을 원칙으로 하고, 나아가 법률의 입법 취지와 목적, 그 제·개정 연혁, 법질서 전체와의 조화, 다른 법령과의 관계 등을 고려하는 체계적·논리적 해석방법을 추가적으로 동원함으로써, 앞서 본 법해석의 요청에 부응하는 타당한 해석이 되도록 하여야 할 것이다.[11)]

대법원의 판단은 물 흐르듯 막힘이 없고, 명석하기가 이를 데 없어 보인다. 혹시 모를 흠이나 군더더기라도 있을까 눈을 씻고 다시 보아도 구구절절 옳은 말뿐이다. 심지어 정의와 형평, 강철로 만든 자와 납으로 만

---

10) 이 판결에서 대법원이 제시한 법해석의 기준은 이후 대법원 2010. 12. 23. 선고 2010다 81254 판결, 대법원 2011. 7. 14. 선고 2011우19 판결 등에도 그대로 적용되고 있다.
11) 대법원 2009. 4. 23. 선고 2006다81035 판결

든 자, 법적 안정성과 구체적 타당성의 겸비를 역설했던 아리스토텔레스 사상의 향기마저 느껴지는 것 같지 않나? 그런데 문제가 그렇게 간단하지 않다.

대법원이 생각하는 올바른 법해석이란 한마디로 '법적 안정성을 해치지 않는 범위 내에서 구체적 타당성을 담보해 내는 해석'이라 할 수 있다. 한편 앞에서 살펴본 바와 같이 아리스토텔레스의 형평 개념은 "보편성을 지향하는 법이 바로 그 보편성으로 말미암아 예외적 상황의 규율에 취약하게 되는 점을 보완하는 역할을 담당하는 것으로, 이른바 법적 정의의 시정 또는 교정"[12]에 해당하는 것이었다. 얼핏 비슷한 말을 하고 있는 것 같지만, 엄밀히 따져 보면 무척 다른 이야기라는 것을 알 수 있다.

아리스토텔레스에게 형평의 추구는 예외적으로나마 법적 정의의 경직된 틀을 뛰어넘을 수 있는 동력이었다. 그러나 대법원은 오로지 법적 안정성이라는 테두리 내에서만 형평을 모색함으로써,[13] 예외적 상황의 합리적 규율을 위해 (최소한 당해 사안에서는 명백히 불합리한 것으로 보이는) 법적 안정성의 테두리를 벗어날 수 있는 가능성을 원천적으로 거부하고 있다. 대법원이 제시하고 있는 "구체적 타당성"의 수사(rhetoric) 안에는 아리스토텔레스의 사상 체계에서 형평 개념이 지니고 있던 '존재 이유'가 제거되어 있는 것이다. 필자는 이에 관해 대법원이 "형평 개념이 놓여 있는 문맥을 제대로 이해하지 못한 채, 그것의 실천적 의미를 전도시키고 있다."고 말한 적이 있다.[14]

---

12) 박준석, "구체적 타당성에 대하여", 『법학논고』 제38집(경북대 법학연구원, 2012), 524면
13) 사실 근본적으로는 이를 두고 "형평"을 모색한다고 부를 수 있는지조차 불분명하다고 말해야 할 것이다.
14) 필자는 이 점이 우리 대법원의 법적 보수주의의 한 단면을 보여주는 증거라고 생각하지

"글쎄요, 그저 형평과 구체적 타당성이 원래 별개의 개념이어서 그런 것 아닐까요? 다르니까 다르게 얘기한 것을 두고 '의미 전도' 운운하는 것은 잘못이지 않나요?"

있을 수 있는 반론이다. 목수는 언제 강철로 만든 자를 써야 하고, 언제 납으로 만든 자를 써야 할지 갈등하지 않을 것이다. 하지만 판사의 경우는 꼭 그렇지만은 않다. 언제까지 법적 안정성에 무게를 두어야 하고, 언제부터 구체적 타당성을 부각시켜야 할 것인지 확실히 선을 긋기가 곤란하다. 앞서 대법원 판결을 소개하며 언급했던 바와 같이, 하나의 사건을 놓고 원심 법원의 견해와 대법원의 견해가 다른 것을 봐도 알 수 있다. 하지만 정작 이 같은 반론이 가능하게 된 원인을 생각해 보면 느낌이 조금 달라질 수도 있다. 사실 우리는 대법원이 말하는 "구체적 타당성"이 정확히 무엇을 의미하는지 알지 못한다! 이 같은 상황에서는 이러저러한 추측이 다 제기될 수 있고, 오히려 반론이 나오지 않는 것이 더 이상하다. 요컨대 제대로 된 논의는 먼저 "구체적 타당성"의 개념을 살펴본 후에나 가능한 것이다. 반론이 결정적으로 놓치고 있는 것은 이와 같은 사정이 아니라, '이와 같은 사정에도 불구하고' 다음과 같이 말할 수 있다는 점이다: "아리스토텔레스와 대법원은 거의 동일한 문제를 고민하고 있으며, 전자의 대안이 후자의 그것보다 훨씬 의미 있어 보인다."

만, 이 주제에 관한 본격적인 논의를 여기서 함께 다루기는 적절하지 않은 것 같다. 현재로서는 미국 연방대법원에서의 진보주의와 보수주의의 투쟁이 어떠한 '법적' 사례들을 통해 표출되는지 살펴보는 것이 이 주제에 더 흥미롭게 접근하는 한 가지 방법이 될 것이라는 언급 정도에 만족하고자 한다. 이에 대한 생생한 보고로는 Jeffrey Toobin, 강건우 역, 『더 나인(the nine), 미국을 움직이는 아홉 법신의 이야기』(라이프맵, 2010) 참조.

다시 말하지만, 대법원이 생각하는 올바른 법해석이란 '법적 안정성을 해치지 않는 범위 내에서 구체적 타당성을 담보해 내는 해석'이다. 엄밀히 말하자면, 이러한 규정을 따를 경우 올바른 법해석의 기준은 구체적 타당성의 개념만이 아니라 법적 안정성의 개념 또한 제대로 해명될 것을 전제로만 비로소 실질을 지닐 수 있을 것이다. 하지만 후자에 대해서는 이미 다수의 연구자들에 의해 깊이 있는 분석이 이루어진 바 있으므로,[15] 이 책에서 군이 길게 논의할 필요는 없을 것 같다. 따라서 그에 대해서는 논리 전개에 필요한 최소한의 언급만 하기로 하고, 아래에서는 주로 전자의 개념에 대하여 (최근 판례의 분석을 통해) 살펴보고자 한다.

구체적 타당성?

앞에서 인용한 판례의 경우를 보아도 알 수 있듯이 구체적 타당성은 법적 안정성과 더불어 올바른 법해석이 달성해야 할 모순적인 가치 지향의 의미를 지닌다. 그리고 법적 안정성의 개념이 통상 "법이 내용적으로 확정되어 있을 것"을 요하고, 그러한 "법의 보장 또한 안정적으로 이루어질 것"을 요하며, 나아가 이러한 "전반적인 법상태가 계속적으로 유지될 것"을 요한다는 의미로 분석되는 점[16]을 고려해 볼 때, 구체적 타당성의

---

15) 국내의 대표적인 연구로는 다음을 참조. 심헌섭, "법적 안정성에 관한 연구", 『서울대학교 법학』 제25권 제2·3호(서울대 법학연구소, 1984), 133면 이하; 이재승, "라드브루흐 공식", 『법철학의 도색과 탐구』(심헌섭 박사 75세 기념논문집)(법문사, 2011), 203면 이하.

16) 심헌섭, 위의 글, 141–144면 참조. 카우프만(Arthur Kaufmann)은 법적 안정성의 세 가지 측면을 실정성, 실용성, 그리고 불가변성의 요구로 요약하고 있다. Arthur Kaufmann, 김영환 역, 『법철학』(나남, 2007), 406–409면.

개념이 지향하는 바가 무엇인지 대체로 짐작하는 일은 크게 어렵지 않아 보인다. 하지만 법적 안정성이 기본적인 법이념의 하나로 인식되고 그에 대하여 정치한 이론적 연구가 수행되고 있는 점과 달리, 구체적 타당성에 대해서는 이를 명시적으로 언급하고 있는 다수의 판례들에도 불구하고 별다른 논의의 진전을 이루지는 못하고 있다.

이러한 결과는 일차적으로 구체적 타당성을 직접 대상으로 하는 연구가 많지 않다는 점[17]에 기인하는 것이지만, 근본적으로는 구체적 타당성이라는 개념 자체가 지니고 있는 비정형적, 개별화적 본질 때문일 것이다.[18] 즉 애초에 구체적 타당성이 요청되는 배경이 추상적 규범의 일반적인 적용으로는 잘 파악되지 않는, 개별 사안들의 특수성을 고려해야 한다는 점에 있는 이상, 판례가 보여주고 있는 것처럼 각 사안별로 존재하는 고유한 사정들을 그때그때 비정형적으로 지시하는 수준을 넘어서 개별 사안들의 특수성을 보편적으로 해명하는 하나의 원리를 제시한다는 것 자체가 언어도단일 수 있는 것이다. 따라서 구체적 타당성이란 본질적으로 '개별 사안들 속에 비정형적으로 분포하면서 당해 사안을 규율하는 규범의 해석과 적용에 있어 마땅히 고려되어야 하는 특수한 사정들'이 있음을 포괄적으로 환기시키는 개념일 뿐, 그 자체 이러한 개별화적 사정들에 대한 '종합적' 이해를 가능케 하는 원리의 진술로 볼 수는 없다.

이와 같은 지적은 적어도 다음과 같은 두 가지 측면에서 실천적 의의

---

17) 필자가 조사한 범위 내에서 그러한 예로 볼 수 있는 글은 다음의 논문 한 편 정도이다. 임건묵, "법률해석에 있어서의 법적 안정성과 구체적 타당성", 『청주대학교 논문집』 제4권 제1호(청주대, 1963), 99면 이하.

18) "법률의 해석에 있어서는 일방에 있어서 법적 안정성의 요구에서 기계적인 영역이 있음과 동시에 타방에 있어서는 이에 반하여 구체적 타당성의 요구에서 개별화의 경향을 존중하는 영역이 있다." 임건묵, 위의 글, 99면.

를 갖는다고 말할 수 있다. 첫째, 구체적 타당성을 위한다는 핑계로 법적 안정성을 해칠 수 있는 자의적인 판단에 기대는 것을 예방할 수 있다. 구체적 타당성의 언급은 문제의 사안을 일반적인 경우와 달리 취급하도록 하는 실질적인 이유의 제시가 수반되지 않으면 **완결된 논거**(complete reason)로서의 자격을 인정받을 수 없다는 점을 분명히 하기 때문이다. 어떤 의미에서 구체적 타당성이란 논거가 아니라 논거의 이름에 불과한 것이라 할 수 있다.[19] 둘째, 구체적 타당성 개념이 포괄적으로 지시하고 있는 개별화적 사정들에 대한 분석과 유형화를 촉구할 수 있다. 비록 개별 사안들의 특수성에 대한 보편적·원리적 해명이 불가능한 일이라 하더라도, 어느 정도 유형화된 인식의 가능성마저 단념해야 하는 것은 아니다. 또한 앞에서 구체적 타당성의 언급이 하나의 완결된 논거가 되기 위해서는 실질적인 이유의 제시가 있어야 한다고 했는데, 이 말이 곧 여하한 형태의 이유라도 모두 구체적 타당성의 개념과 결합될 수 있음을

---

19) 구체적 타당성의 언급이 당해 사안을 일반적인 경우와 달리 취급해야 하는 실질적인 이유의 제시를 요구하며 그러한 요구가 충족되지 않을 경우 의미를 지닐 수 없는 점과 달리, 법적 안정성의 언급은 당해 사안을 일반적인 경우와 같이 취급할 것을 요구한다는 점에서 추가적인 이유의 제시를 요하지 않는다. 기왕에 존재하는 일반적인 사례 해결 방식이 과연 어떤 것인지에 대한 관심은 다른 차원의 문제를 제기할 경우에만 절실한 것이 된다. 그러한 문제 제기란 곧 전반적인 사례 해결 방식 자체가 합당하지 않다는 취지의 것이다. 이 경우 구체적인 사안의 특수성에 대한 고려가 요구되는 것이 아니라 추상적인 규범 자체의 이해 방식에 대한 변화가 요구된다. 논자에 따라서는 기왕의 일반적인 사례 해결 방식이라는 것이 존재하지 않는 상황도 있을 수 있다는 점을 들어 적어도 그러한 경우에는 법적 안정성의 언급 역시 추가적인 이유의 제시를 요한다고 말할지도 모르겠다. 하지만 법적 안정성의 언급은 일차적으로 문언의 통상적인 의미에 따라 이해되는 방식대로 규범을 해석하고 적용할 것을 요구하는 언급이라는 점에서, 당해 규범의 적용 선례가 존재하지 않는 경우라 할지라도 특단의 추가적인 이유 제시 내지 논거 구성을 반드시 요하지는 않는 것으로 보인다.

의미하는 것은 아니기 때문에, 과연 어떠한 이유들이 적절한 개별화적 사정을 이루게 되는지 살펴볼 필요도 있다. 대법원 역시 단순한 '이면적 사정' 내지 '방식상의 차이'에 불과한 것은 여기서 말하는 실질적 이유를 구성하는 **개별화적 사정**에 해당하지 않는다는 점을 분명히 하고 있다.

따라서 임대주택법에서 말하는 '임차인'이란 임대주택법에 따라 임대차계약을 체결하고, 그 법의 규율을 받으면서 권리를 행사하고 의무를 이행하여야 할 당사자로서의 임차인이라고 하여야 한다. 그런데 이와 달리 원심과 같이, 임대차를 통하여 달성하려는 목적, 재정적 부담 또는 실제 거주자와 같은 실질적 측면에서 사회통념상 임차인으로 여겨지는 자를 '실질적 의미의 임차인'이라 하여 위 법상 임차인의 의미를 확대하거나 변경하여 해석하는 것은, 우선 '실질적 의미의 임차인'이라는 개념 자체가 모호한데다가, 그 판단 기준으로 거론되는 것들이 임대차계약 이면의 사정 또는 임대주택에 대한 다양한 사용·수익의 방식 등에 불과하다는 점, 그러한 해석은 위에서 본 임대주택법의 취지와 전체 법체계, 법률용어의 일반적 의미에 반할 뿐만 아니라 상대방 당사자인 임대사업자측의 의사와 신뢰에 반하는 것인 점, 나아가 임대주택법에 따른 임대주택의 공급 및 관리에도 혼란을 초래할 우려가 있다는 점에서 그대로 받아들일 수 없다. … 피고측이 주장하는 특수한 사정들이란 모두 그들 내부의 문제에 불과할 뿐이고 … 특별한 사정에 관한 증거자료는 전혀 보이지 않는[다.]"[20]

이와 같은 논의를 배경으로 아래에서는 먼저 구체적 타당성의 요구가

---

20) 대법원 2009. 4. 23. 선고 2006다81035 판결

실제 어떠한 문맥에서 제기되고 있는지를 최근의 판례들에 대한 분석을 통해 살펴보고, 이를 기본으로 하여 구체적 타당성의 언급을 완결된 논거로 만들어 주는 개별화적 사정들에 대한 유형화를 시도해 보고자 한다. 구체적 타당성을 언급하고 있는 판례들을 분석해 보면 무엇보다 각각의 판례가 구체적 타당성의 개념을 조금씩 다른 문맥에서 사용하고 있음을 알 수 있다. 따라서 여기서 수행하고자 하는 판례의 분석 작업은 첫째, 판례에 나타난 구체적 타당성 개념의 다양한 사용 문맥을 확인하고 둘째, 그러한 문맥들을 일정한 범주로 분류한 뒤 셋째, 만에 하나 명백히 이질적인 문맥에서 사용되어 다른 개념으로 대체하는 것이 바람직하다고 생각되는 경우가 있다면 이를 제거하는 순서에 따라 진행될 필요가 있다.

문맥 1. 같은 것을 같게!

먼저 헌법재판소의 위헌결정의 효력에 관하여 정하고 있는 구 헌법재판소법(2014. 5. 20. 법률 제12597호로 개정되기 전의 것) 제47조 제2항[21]의 해석과 관련하여 대법원이 구체적 타당성이라는 말의 의미를 어떻게 새기고 있는지 살펴보도록 하자.

이러한 입법적 결단에도 불구하고 그 효력이 다양할 수밖에 없는 위헌

---

21) 제47조(위헌결정의 효력) ②위헌으로 결정된 법률 또는 법률의 조항은 그 결정이 있는 날로부터 효력을 상실한다. 다만, 형벌에 관한 법률 또는 법률의 조항은 소급하여 그 효력을 상실한다.

결정의 특수성 때문에 예외적으로 부분적인 소급효의 인정 또는 소급효의 제한 가능성을 부정할 수는 없다. 따라서 당사자의 소급적 권리구제를 위한 구체적 타당성의 요청, 소급효 인정에 따른 법적 안정성 또는 신뢰보호의 침해 우려, 구법에 의하여 형성된 법적 질서 혹은 기득권과 위헌결정에 따른 새로운 법적 질서의 조화 등 제반 이익을 종합적으로 고려하여 맹목적인 소급효의 인정이나 부인이 오히려 정의와 형평 등 헌법적 이념에 심히 배치되는 것으로 인정될 때에는, 법문의 규정에도 불구하고 그 소급효의 범위를 달리 정할 필요성이 인정된다고 할 것이다.[22]

위 2003. 9. 25.자 위헌결정 이후 제소된 일반사건에 대해서까지 위헌결정의 소급효를 인정함으로써 보호되는 퇴역연금수급자들의 권리구제라는 구체적 타당성 등의 요청에 비하여 종래의 법령에 의하여 형성된 군인연금제도에 관한 법적 안정성의 유지와 신뢰보호의 요청이 현저하게 우월하므로 위 2003. 9. 25.자 위헌결정의 소급효는 제한되어 일반사건에는 미치지 아니한다.]"[23]

위의 판결들이 직면하고 있는 문제는 (각각 입법적 선택에 의하거나 해석에 의하여) 소급효가 인정되는 위헌결정이 있는 경우이면서 동시에 그러한 소급효를 일정한 범위로 제한할 사회적 필요성도 있는 것으로 보이는 사안이라 할 수 있다. 여기서 판례가 위헌결정의 소급효를 통해 달성할 수 있을 것으로 본 구체적 타당성이란 과연 어떤 것일까? 우선 문제의 배

---

22) 대법원 2011. 4. 14. 선고 2010도5605 판결
23) 대법원 2010. 10. 14. 선고 2010두11016 판결

경이 되고 있는 구 헌법재판소법 제47조 제2항에 주목할 필요가 있다. 만약 이 규정을 문자 그대로 가감 없이 적용하면 무슨 일이 벌어지게 될지 상상해 보자.

분쟁에 휘말린 사람이 법정 공방을 벌이다 보니, 자신의 사건에 적용될 어떤 법조항에 문제가 있어 보였다. 당연히 그것이 위헌인지 여부를 먼저 판단해야 한다고 주장했고, 법원도 이를 받아들여 헌법재판소에 위헌법률심판을 제청했다. 그리고 마침내 헌법재판소는 문제의 법조항이 위헌임을 선언했다. 위헌법률심판의 결과가 나올 때까지 중단되었던 소송 절차가 재개되면서, 그는 조만간 승소 판결문을 받게 되리라 생각했다. 그런데 헌법재판소법에 따르면 위헌결정이 내려진 법조항은 "그 결정이 있는 날로부터" 효력을 상실하게 된다. 뒤집어 말하자면, 이전에 분쟁이 발생했을 당시에는 여전히 유효하다는 뜻이다! 그는 결국 소송에서 지고 말았다. 위헌결정을 이끌어 내려 온갖 노력을 기울인 자신에게는 정작 위헌결정의 혜택이 미칠 수 없었기 때문이다.

법적 절차의 이용 조건이 이와 같다면, 선량한 이타주의자들의 사회에서라면 또 모를까, 보통의 사회에서는 어느 누구도 먼저 나서서 문제를 해결하려 들지 않을 것이다. 확실히 이러한 상황은 '구체적 규범통제'의 방식으로 위헌법률심판 제도를 운영하고 있는 것과도 양립하기 어려울 만큼 불합리한(absurd) 것이다.[24] 대법원 역시 이러한 문제점을 인식하

---

24) 박철, "법률의 문언을 넘은 해석과 법률의 문언에 반하는 해석", 『법철학연구』 제6권 제1호(한국법철학회, 2003), 208–211면 참조.

여, 명문의 규정에도 불구하고 위헌결정의 효력이 위헌제청을 한 "**당해사건**"에 소급하여 미치는 것으로 보고 있었다. 다만 앞서 인용한 대법원 판결[25]에서는, 이러한 소급적 권리구제를 통해 애써 위헌결정을 이끌어 낸 본인과 그 덕에 장차 위헌결정의 혜택을 입게 될 사람들을 동등하게 처우하는 것이 바로 구체적 타당성의 요청이라는 점을 추가로 밝히고 있는 것이다.

대법원이 말하는 구체적 타당성의 의미가 더욱 뚜렷해지는 지점은 위와 같은 인식을 "동종사건", "병행사건", 심지어 "일반사건"에 대해서까지 확장하고 있는 부분이다. (**동종사건**이란 위헌결정이 있기 전에 그와 동일한 종류의 위헌 여부를 다투기 위해 위헌제청 또는 위헌제청신청을 한 사건을 말하고, **병행사건**이란 아직 위헌제청신청은 하지 않았지만 동일한 법조항이 재판의 전제가 되어 법원에 계속 중인 사건을 말하며, **일반사건**이란 위헌결정이 있은 후에 같은 이유로 제소된 사건을 말한다.)[26] 대법원은 특정한 법조항에 대해 위헌결정이 내려진 이상, 위헌결정의 효력은 위헌제청을 했던 당해사건에만 미치도록 할 것이 아니라 그와 동일한 실질을 지니는 다른 사건들에 대해서도 미치도록 하는 요구를 다시 구체적 타당성이라는 말로 표현하고 있다. 이는 결국 '같은 것을 같게(또는 다른 것을 다르게)' 취급하라는 요청과 다르지 않아 보인다. 동시에 대법원은 이상의 사건 유형에 해당한다고 하여 이 같은 요청이 일률적으로 승인되는 것은 아니라고 한다. 판례는 구체적 타당성의 요청을 무제약적으로 수용할 수 없는 현실적 한계가 존재할 때, 특히 일반사건의 경우[27] 그것이 당해사건과 동일한 실

---

25) 대법원 2011. 4. 14. 선고 2010도5605 판결
26) 대법원 2010. 10. 14. 선고 2010두11016 판결 참조.
27) 대법원 2010. 10. 14. 선고 2010두11016 판결 참조.

질을 지니고 있음에도 불구하고 다르게 취급될 수 있음을 시사하고 있는 것이다. 물론 실제 어느 선에서 그러한 한계가 그어질지는 예측하기 힘든 상태로 남아 있게 된다.

일반적으로 "같은 것을 같게!"라는 말은 정의의 개념을 구체화하는 것으로 이해되고 있다.[28] 만일 어떤 법이 노골적으로 '같은 것을 다르게' 취급하도록 정하고 있다면, 특별한 사정이 없는 한, 이는 곧 정의롭지 못한 법으로 여겨질 것이다. 이와는 달리 법이 '같은 것을 같게' 취급하기 위한 기준을 제공하고 있어도, 예외적으로 그러한 기준에 따르지 않는 편이 실제로는 그러한 취급에 보다 충실한 것이 되는 사례가 있다면, 그와 같은 사례에서 "같은 것을 같게!"라는 말은 단순한 정의가 아닌, 정의를 파기함으로써 비로소 도달하게 되는 정의를 표현하는 것이라 할 수 있다. 구체적 타당성이라는 말의 이면에 형평 개념이 작동하고 있는 것으로 보이는 까닭이 바로 여기에 있다.[29]

문맥 2. 같지 않은 것을 같게!

한편 이와 달리 '같지 않은 것을 같게' 취급하도록 하는 문맥에서 구체

---

28) 이에 대해서는 H.L.A. Hart, *The Concept of Law* (Oxford University Press, 1961), p.155; Ronald Dworkin, *Law's Empire* (Harvard University Press, 1986), p.180; 심헌섭, "정의에 관한 연구",『서울대학교 법학』제29권 제2호(서울대 법학연구소, 1988), 88면 참조.

29) 판례는 간혹 "형평과 구체적 타당성"이라는 표현을 사용함으로써 양자를 구별하는 것처럼 보이기도 한다. 하지만 그와 같은 언급이 이루어지는 맥락을 분석해 보면 "형평과 구체적 타당성"이란 '형평'을 반복적으로 강조하는 의미에 불과함을 알 수 있다. 대법원 2008. 6. 19. 선고 2005다37154 전원합의체 판결 중 대법관 고현철 등 5인의 반대의견.

적 타당성을 언급하고 있는 경우도 있다.

종래 대법원 판례들도 부가가치세법시행령 제60조 제2항 제3호가 1999. 12. 31. 대통령령 제16661호로 신설 … 되기 이전부터 세금계산서의 작성일자가 실제의 공급일자와 다르다고 하더라도 일정한 경우에는 매입세액의 공제가 허용된다고 해석하여 왔고 그 근거로서 같은 법 시행령 제60조 제2항 제2호를 들고 있었다. 그러나 위 규정은 '세금계산서의 필요적 기재사항 중 일부가 착오로 기재'된 경우에 관한 것이므로 '착오'로 기재된 경우가 아닌 때에는 위 규정을 적용할 수 없었음에도 대법원은 구체적 타당성을 확보하고 국민의 권익을 보호하기 위하여 위 규정의 적용 범위를 확대함으로써 세금계산서의 작성일과 실제 거래시기가 다른 경우에도 동일 과세기간 내에서든, 또는 과세기간이 다른 경우이든 매입세액의 공제를 인정하여 왔고 그러한 대법원 판례가 집적되어 위에서 본 바와 같이 시행령 제60조 제2항 제3호가 신설되기에 이른 것이다.[30]

판례는 착오에 관한 규정을 착오와 무관한 경우에 적용함으로써 구체적 타당성이 확보되는 경우에 대하여 말하고 있다. 또한 판례는 세금계산서의 착오 기재 사례(C-1)와 세금계산서 작성일과 실제 거래시기의 불일치 사례(C-2)가 법적으로 동일한 실질을 지니고 있기 때문이 아니라, 법적으로 전혀 다른 사안들임에도 불구하고 구체적 타당성의 이름으로 동일하게 취급했음을 알 수 있다. 따라서 이 경우 구체적 타당성이 언급되

---

30) 대법원 2004. 11. 18. 선고 2002두5771 전원합의체 판결 중 대법관 강신욱 등 3인의 별개의견.

고 있는 문맥은 앞에서 살펴본 형평 개념의 작동 문맥과는 일견 구별될 수 있다. 그리고 여기서 실질적으로 '같지 않은 것을 같게' 취급하도록 하는 법적 장치는 이른바 **법적 의제**(legal fiction)'에 해당한다고 말할 수 있을 것이다.[31]

이에 대하여 법적 의제를 통해 동일한 취급을 꾀하고 있다는 점이야말로 두 사례가 이미 법적으로 동일한 실질을 지니고 있음을 나타내는 것이라는 반론이 있을 수 있다. 하지만 법적 의제가 형평의 요청과는 전혀 무관한 취지에서 채택될 수 있다는 것은 여러 판례들을 통해서도 알 수 있으며,[32] 나아가 법적 의제의 채택이 형평으로서의 구체적 타당성을 확보하는 데 오히려 방해가 될 수 있음을 지적하기도 하는 판례의 어법을 고려할 때[33] 그와 같은 반론은 적절치 않은 것으로 보인다.

---

31) 한편 '같은 것을 같지 않게' 취급하는 것은 위헌결정의 소급효에 관한 앞의 판례에서 보았듯이 대부분 법적 안정성 내지 신뢰보호의 요구에 따른 결과라 할 수 있을 것이다.

32) 예를 들어 대법원 2011. 1. 20. 선고 2010두14954 전원합의체 판결의 다수의견에 대한 대법관 양승태 등 2인의 보충의견은 다음과 같이 적고 있다. "건축허가에서의 인 · 허가 의제 조항은 바로 이러한 점에서 허가를 받아야 하는 건축행위와 이에 수반하는 여러 인 · 허가 등의 절차를 건축허가를 관할하는 행정청이라는 창구로 단일화하고 그 절차의 간소화 및 비용과 시간 절감의 효과를 거두려 한 것에 그 근본적인 취지가 있는 것으로 이해된다."

33) 대법원 2003. 12. 18. 선고 98다43601 전원합의체 판결 중 대법관 조무제 등 4인의 반대의견은 다음과 같이 적고 있다. "공동저당권자에게 나대지의 담보가치를 확보해 주기 위하여 다수의견과 같이 법정지상권의 성립을 부정한다고 하더라도, 토지 위에 신건물이 현실적으로 존재하고 있는 이상, 그 토지의 담보가치가 순수한 나대지(최대한의 활용이 가능하다)의 경우와 결코 같을 수는 없으므로, 공동저당권자가 나대지로서 담보가치를 실현할 것으로 기대한다거나 그 기대에 맞는 결과가 실현된다는 것도 일종의 의제에 불과하다. … 저당권자가 담보가치에 관하여 가지는 '기대'의 내용은 저당권이 토지에만 설정된 것인지 아니면 토지와 건물에 설정된 것인지라고 하는 외형만에 의하여 단정할 수 없다. … 그럼에도 불구하고 다수의견은 일률적으로 … 저당권의 외형에만 의존하여 법정지상권의 성립 여부를 판단하고 있으니 … 구체적 타당성에서 벗어나게 될

헨리 메인(Henry S. Maine)은 『고대법 *Ancient Law*』에서 법적 의제가 법률과 사회를 조화시키는 매개적 장치(agency)[34]의 하나로서, 형평이나 입법과 같은 여타의 장치들보다 먼저 출현했던 것이라 기술한 바 있다. 그는 법적 의제를 "어떤 법적 규칙의 문언은 유지하면서 그 운용만 변경토록 함으로써, 그 규칙이 변질을 겪었다는 사실을 감추거나 또는 감추도록 영향을 끼치는 가정"[35]으로 규정하면서, 그것의 의의에 대하여 다음과 같이 적고 있다.

사실 … 법은 전체적으로 변화를 겪었지만, 그것이 언제나처럼 그대로라고 의제된다. 어째서 모든 형태의 의제들이 걸음마 단계의 사회와 유독 궁합이 잘 맞는지 이해하는 것은 그리 어렵지 않다. 그것들은 결코 미미하지 않은 개선에의 요구를 만족시키며, 동시에 그것들은 상존하는 변화에 대한 미신적 혐오를 거스르지 않는다. 사회 발달의 특정 단계에서 그것들은 법의 경직성을 극복하기 위한 소중한 방편이 되며, 실로 그것들 중 하나로서 가족 관계를 인위적으로 창설해 주는 입양의 의제가 없었다면, 어떻게 사회가 요람을 벗어나 문명을 향한 첫발을 내딛었을지 이해하기 힘들 것이다. 그러므로 우리는 벤담(Bentham)이 법적 의제들과 마주칠 때마다 쏟아 냈던 비웃음에 동요되어서는 안 된다. 그것들이 단지 사기에 지나지 않는다고 폄훼하는 것은, 법의 역사적 발전에서 그것들이 담당했던 특유의 임무에 대해 무지함을 드러내는 것이다.[36]

위험이 많은 이론이라고 아니할 수 없다."

34) Henry Sumner Maine, *Ancient Law* (John Murray, 1908/1861), p.22
35) *Ibid.*, pp.23−24
36) *Ibid.*, p.24

이와 같이 법적 의제가 안정에 대한 욕구를 만족시키면서도 법적인 경직성의 극복에 기여하며, 제도 개선에 대한 요청에 부응하면서도 급격한 변화를 방지하는 측면이 있음을 긍정하는 한, 메인의 법적 의제에 대한 규정도 파이잉어(Hans Vaihinger)나 풀러(Lon L. Fuller)의 규정과 마찬가지로 법적 의제의 유용성 기준을 배제하는 것은 아닐 것이다.[37] 다만 풀러는 법적 의제가 법의 병리(the pathology of the law)를 반영하는 것임을 강조한다는 점에서,[38] 법적 의제를 주로 사회 발전의 맥락에서 기술하고 있는 메인의 입장과는 다소 차이가 있을 수 있다.[39]

요컨대 법적 의제는 법적 안정성과 구체적 타당성의 균형을 실현하기 위해 고안된 가장 오래된 법적 장치의 하나라고 할 수 있다.[40] 그리고 세부적으로는 비단 앞에서 살펴본 바와 같이 '같지 않은 것을 같게' 취급하는 방식만이 아니라 (그에 결합하거나 혹은 독립하여) '존재하지 않는 것을 존재하는 것으로' 취급하는 방식으로 작동하기도 한다. 예컨대 과수원 실화 사건[41]에서 "법규정의 가능한 의미"(다수의견) 또는 "문언상 해석 가능한 의미의 범위"(소수의견)로 지칭된 해석과 유추의 경계선, 김 할머니 사건[42]에서

---

37) 메인, 파이잉어, 그리고 풀러의 법적 의제 이론에 대해서는 최봉철, 『현대법철학—영어권 법철학을 중심으로—』(법문사, 2007), 144–148면; 양선숙, "법적 허구(Legal Fiction)의 의의—헌법재판소의 5.18특별법 합헌 결정과 관련하여", 『법학논고』 제34집(경북대 법학연구원, 2010), 185면 이하.

38) Lon L. Fuller, *Legal Fictions* (Stanford University Press, 1986/1967), viii.

39) 풀러의 법적 의제 개념이 메인의 그것보다 광범위하고, 보다 다양한 것을 아우르는 것이라는 지적은 최봉철, 앞의 책, 148면 참조.

40) 이와 관련하여 법적 안정성의 가치를 강력히 옹호하고 있는 벤담(Bentham)이 법적 의제에 대한 공공연한 혐오를 표출하고 있다는 점을 상기할 필요가 있을 것이다.

41) 대법원 1994. 12. 20. 자 94모32 전원합의체 결정

42) 대법원 2009. 5. 21. 선고 2009다17417 전원합의체 판결

"회복불가능한 사망의 단계"로 표현된 연명치료 중단의 허용 기준선 등은 판례가 가상의 경계선들을 존재하는 것으로 의제함으로써 일정한 법적 유용성을 도모하고 있음을 보여준다.[43]

문맥 3. 원리를 살펴서!

판례에 의하면 법적인 문제의 해결에 있어 구체적 타당성을 확보하기 위해서는 경우에 따라 전형적인 실증주의적 규범에는 속하지 않는 규범적 기준을 발견하고자 하는 개방적 자세와 노력이 필요할 수도 있다고 한다.

민법 제1008조의 3[44]의 신설이 제사용 재산의 승계를 호주제와는 분리하고자 하는 입법자의 의도가 반영된 것이고, 같은 취지에서 그 승계의 주체를 종전의 '호주상속인' 대신 '제사를 주재하는 자'라고 하는 가치중립적이면서 개방적 해석이 가능한 불확정개념으로 대체하였음 … 이는 근본적으로 제사상속제도가 도덕과 관습의 범주에 속하는 것으로서, 종래 기준이 되었던 호주제가 지도적 원리로서의 가치를 잃은 이상 이에 관한 사회 일반에 유효한 지배적 규범과 관습, 인식 등의 내용과 그 변화를 탐구하여 구체적 타당성 있는 해결책을 모색해 나갈 수밖에 없는 현실을 반영하기 위한

---

43) 이러한 가상의 경계선 설정의 유용성을 인정하는 김영환의 주장에 대해서는 신동운 외 4인,『법률해석의 한계』(법문사, 2000), 31면 및 94-98면 참조.

44) 제1008조의 3(분묘등의 승계) 분묘에 속한 1정보이내의 금양임야와 600평이내의 묘토인 농지, 족보와 제구의 소유권은 제사를 주재하는 자가 이를 승계한다.

것으로 보아야 할 것이다.[45)]

판례에 따르면 본질적으로 도덕적·관습적인 범주의 제도라 할 수 있는 제사상속제도에 대하여 법률은 실질적으로 아무런 규정도 마련하고 있지 않다.[46)] 그럼에도 불구하고 그러한 제도의 영역에서 발생한 다툼이 법적인 분쟁으로 이어질 경우에는, 그것을 해결하기 위한 규범적 기준이 필요하게 될 것이다. 문제는 이 같은 상황에서 규범적 기준을 마련하는 일이 쉽지 않다는 사실이다. (1) 입법에 의해 해결하는 것은 제도의 도덕적·관습적 본질에 비추어 적절치 않을 수 있고,[47)] (2) 헌법에 합치되지 않아서 폐지된 관습적 제도를 대체할 수 있는 새로운 관습이 정착되지 않은 상황에서는 당장 관습을 원용할 수도 없기 때문이다.[48)] 나아가 (3) 전혀 이질적인 제도에 관한 규범을 섣불리 유추하는 것은 외려 구체적

---

45) 대법원 2008. 11. 20. 선고 2007다27670 전원합의체 판결 중 대법관 김영란 등 2인의 반대의견.

46) 민법 제1008조의 3 자체는 제사용 재산의 소유권을 "제사를 주재하는 자"가 승계한다고 정할 뿐, 누가 그에 해당하는지에 대해서는 말하지 않고 있다.

47) 마찬가지로 **조리**에 의한 해결을 기대하는 것도 적절치 않을 수 있다. 가족법의 영역에서 특정한 사안의 규율을 관습에 맡기고 있는 경우, 이는 달리 마땅한 이유가 있어서라기보다는 오랜 세월을 거쳐 공동체 스스로 만들어 낸 삶의 방식이 (당해 사안에서) 존중되어야 한다고 믿기 때문일 것이다. 반면 조리 내지 사물의 본성을 추구한다는 것은 당해 사안에 내재해 있는 본연의 논리를 밝힌다는 것을 의미한다. 따라서 관습의 규율에 맡기고 있던 사안을 갑자기 조리로 규율한다는 것은 (단순한 규율 형식의 변경에 그치는 것이 아니라) 공동체적 가치관 자체의 변경을 요하는 일일 수 있다. 이와 유사한 지적으로는 위의 전원합의체 판결 중 대법관 안대희의 보충의견을 참조.

48) 위의 전원합의체 판결의 다수의견은 기존 관습에 기초한 종래의 판례들이 (기존 관습의 위헌·폐지로 말미암아) 더는 유지될 수 없음을 이야기하면서 이른바 "**판례법**"도 없는 상황이라 말하고 있다.

타당성의 결핍만 초래할지도 모른다.[49]

이와 같이 엄밀한 실증주의적 규범을 제시하기 곤란한 상황에서는 다소 명확성과 안정성을 희생하게 되더라도[50] 이른바 불확정 개념을 매개로 하여 유연한 규범화 내지 일반조항의 정립을 시도하거나, 해석적 차원에서는 법의 영역 내에 비실증주의적(non-positivist) 규범의 서식지를 합당하게 마련하는 것이 구체적 타당성을 잃지 않으면서 문제를 해결하기 위한 현실적 수단일 수 있다.[51]

주지하는 바와 같이, 전통적으로 자연법론이 수행해 온 실천적 기능은 실정법에 대한 비판의 기능이라고 할 수 있다.[52] 이러한 의미에서 학설은 자연법을 "법의 자기수정이념" 내지 "법비판학"이라는 말로 표현하기도

---

49) 관습의 규율에 맡기고 있던 사안을 갑자기 (다른 규범의) **유추**로써 규율한다는 것은 위의 주 47)에서 살펴본 것과 마찬가지의 문제를 안고 있다. 나아가, 관습법의 개념을 관행이 계속·반복되다가 마침내 법적 확신이 주어지기에 이른 것으로 보는 전제에서는, 관습이 작동하는 영역에 유추의 방법을 도입하는 것 자체가 논리적으로 부담스럽다. 관행이라는 것은 그 본질상 특정 사안에 극히 민감한 것이어서, 어떤 사안에 있어서 존재하는 관행이 이론적인 관점에서 보면 그와 비슷하다고 생각되는 인접 사안에 있어서는 아예 존재하지 않을 수도 있는 것이다. 요컨대 관행은 어디까지나 특정 사안에서 현상적으로 존재하는 것일 뿐이며, 통상 그에 대한 경험적 인식 외에 추론에 의한 확장이 모색되지는 않는다.

50) 카우프만은 불확정 개념과 일반조항의 사용이 법적 안정성을 위협하는 요소라고 한다. Arthur Kaufmann, 앞의 책, 407면.

51) 최병조, "로마법률가들의 정의관", 『서울대학교 법학』 제31권 제3·4호(서울대 법학연구소, 1990), 171면. 최병조는 로마의 법률가들에 있어 정의논변은 현행법의 적용과 관련하여 실정법에 선재하거나 실정법을 초월한 가치로서의 정의를 지시함으로써 법이념으로서의 정의를 실정법과 접목시키는 기능을 수행하기도 했음을 밝히면서, 이러한 기능이 오늘날 일반조항이 수행하는 기능에 해당한다고 말하고 있다.

52) 김영환, "법의 계수의 결과현상들: 개념법학적인 사유형태와 일반조항에로의 도피", 『법철학연구』 제4권 제1호(한국법철학회, 2001), 151-152면.

한다.[53] 이러한 기능을 수행하기 위해서는 무엇보다 법의 영역에서 작동할 수 있는 비실정적(non-posited) 또는 비실증주의적 근거 규범을 확보하는 것이 필요한데, '자연'이나 '이성'의 개념을 통한 규범의 가능성을 근거 짓는 자연법론은 이 같은 규범 확보의 전략 중 가장 고전적인 것이라 할 수 있다. 상대적으로 자연법론의 호소력이 약해진 오늘날에도 그와 같은 규범 또는 규범의 공간을 확보해야 할 필요성을 완전히 부정하기 힘들다는 사실은, 앞서 살펴본 판례의 고충을 통해서도 읽을 수 있다. 따라서 라드브루흐(G. Radbruch)의 **불법 공식**이나, 드워킨(R. Dworkin)의 **원리**(principle) 개념에 대한 호소 등이 자연법론적 전략의 현대적 구성물로 등장하고 있는 것이다.

생각건대 이러한 문맥에서 이루어지는 구체적 타당성의 요구는 섣부른 실증주의적 규범의 월권을 막고 비실증주의적 대안의 여지를 확보하는 역할, 나아가 그러한 대안의 모색을 촉구하는 역할을 담당한다고 말할 수 있다. 만일 구체적 타당성을 다소 희생시키고 법적 안정성을 우선적으로 추구하고자 한다면, 다소 다른 각도의 노력이 필요하게 될 것이다.

문맥 4. 진실을 좇아서!

마지막으로 검토해 보아야 할 사례는 판례가 구체적 타당성이라는 말의 의미를 사실상 **진실의 발견**과 유사한 의미로 사용하고 있는 경우이다.

---

53) 박은정, "사법적 법실천과 법개념", 『법철학연구』 제3권 제1호(한국법철학회, 2000), 61면

민사집행법 제23조 제1항에 의하여 이 사건에 준용되는 민사소송법 제442조에는 재항고는 재판에 영향을 미친 헌법·법률·명령·규칙 위반만을 사유로 할 수 있다고 규정하여, 재항고심을 법률심으로 정하고 있다. 따라서 … 가사 원심결정 이후에 제출된 자료까지 포함하여 판단해 보면 원심의 사실인정이 잘못된 것으로 판단될 여지가 있는 경우라 하더라도, 원심결정 단계까지 제출된 자료만에 근거하여 판단해 볼 때 그 사실인정에 자유심증주의의 한계를 벗어나는 등의 위법 사유가 있다고 인정되지 아니하는 경우에는 사후심·법률심인 재항고심으로서는 원심결정에 법령 위반에 해당하는 재항고 이유가 없는 것으로 보아 재항고를 기각할 수밖에 없다. 이는 현행 3심제의 심급구조에서 대법원의 재판을 사후심·법률심으로 규정한 심급제도상 어쩔 수 없는 일이며, 사실심으로는 최종심인 제2심의 종국재판에 이르기까지 필요한 증거를 제때에 제출하지 못한 당사자 본인이 감수할 수밖에 없는 일이다. 이는 또한 재판제도, 그 중에서도 심급제도의 운영에 관한 여러 가지 선택가능한 형태 중에서 현행 제도와 같은 방식을 선택한 입법적 결단에 따른 것으로서, 개개 사건 결론의 구체적 타당성을 일부 희생시켜가면서도 심급제도의 효율적인 운영을 도모하고자 하는 실정법상의 한계임을 이해하여야 할 것이다.[54]

앞에서 살펴본 바와 같이 구체적 타당성의 개념은 문제의 사안을 일반적인 경우와 달리 취급하도록 하는 실질적인 이유의 제시를 통해 개별 사안들 속에 존재하는 특수한 사정(개별화적 사정)에 주목하도록 만든다. 따라서 이 판례에서 구체적 타당성이 언급되는 문맥 역시 그러한 특수한

---

54) 대법원 2010. 4. 30. 자 2010마66 결정

사정의 확인을 통해 파악될 것이다.

이 판례의 재항고자는 분명 "원심결정 이후에 제출된 자료까지 포함하여 판단해 보면 원심의 사실 인정이 잘못된 것으로 판단될 여지가 있는 경우"에 해당한다는 점을 특수한 사정으로 고려해 주기를 바랄 것이다. 그리고 만일 그러한 주장이 받아들여진다면 이 사안에서 확보하게 되는 구체적 타당성 역시 형평을 의미하는 것으로 보게 될 것이다. 단지 원심 결정 이전에 필요한 자료가 제출되었는가, 그렇지 않은가라고 하는 우연적 사실에 따라 사실 인정 자체를 달리하는 것은 '같은 것을 같게' 취급해야 한다는 형평의 정신에 비추어 볼 때 받아들일 수 없는 것으로 보이기 때문이다.

그러나 판례는 그러한 사정을 마땅히 고려되어야 할 특수한 사정으로 인정할 수 없음을 분명히 하고 있다. 심급제도를 도입함으로 인해 진실의 발견에 미진하게 될 위험성은 법체계의 모든 구성원들이 공통적으로 부담하게 되는 **현실적 제약 조건**에 불과하기 때문에, 특수한 사정으로 인정받을 수 있기 위해서는 예컨대 법적으로 동일한 실질을 지니고 있음에도 불구하고 특정 사안의 경우에만 다른 사안들에 있어서와 다른 조건의 심급제도가 적용되고 있다든지, 심급제도의 운영에 필요한 법원조직 및 소송제도가 극히 부실하여 (말하자면) 산간벽지에 살고 있는 당사자로서는 막대한 기회비용을 들이지 않고서는 심급제도를 정상적으로 활용하는 것 자체가 불가능하다는 사정이 있었다든지, 우리말을 전혀 모르는 당사자에게 심급제도를 제대로 활용할 수 있도록 하는 외국어 정보 서비스가 전혀 제공되지 않은 사정이 있었다는 등의 추가적인 이유 제시가 필요하다. 나아가 이러한 추가적인 이유 제시가 받아들여진 결과, 일반적인 경우와 달리 취급됨으로써 비로소 실질적으로 동등한 제도 활용의 기회를 누리게 되었다면, 이 또한 형평의 요청을 만족시키는 것이라 할 수 있다.

그런데 이 판례에서는 그와 같은 추가적인 이유 제시의 문맥은 보이지 않는다. 그렇다면 결국 판례가 심급제도의 효율적 운영을 위해 일부 희생시킬 수밖에 없다고 말하고 있는 "개개 사건 결론의 구체적 타당성"이란 바로 개별 사안에서의 '진실의 발견'을 의미한다고 볼 수 있을 뿐이다.

문제는 '진실의 발견'이 구체적 타당성의 언급을 완결된 논거로 만들어 주는 개별화적 문맥의 하나로 분류되기에 적합한가에 있다. 필자의 견해로는 '진실의 발견'은 그 자체로 하나의 보편적 가치와 이념을 나타낼지 언정, 구체적 타당성의 언급을 완결된 논거로 만들어 주는 개별화적 사정으로 간주되기는 힘들 것 같다. 요컨대 '진실의 발견'이라는 문맥 속에서 구체적 타당성을 언급하는 것은 판례에 의한 용어의 부적절한 사용례에 해당한다고 말할 수 있을 것이다.

개별적 사안에서의 정의

이상에서 살펴본 바와 같이 판례가 구체적 타당성의 개념을 언급하고 있는 문맥은 대체로 네 가지 유형으로 정리해 볼 수 있다. (1) 구체적 타당성을 언급하면서 '같은 것을 같게(또는 다른 것을 다르게)' 취급하도록 요구함으로써 일반적으로 '형평'이라고 알려진 가치의 확보를 요청하고 있는 경우, (2) 구체적 타당성을 언급하면서 실질적으로 '같지 않은 것을 같게' 취급하도록 만드는 법적 장치라 할 수 있는 '법적 의제'를 정당화하고 있는 경우, (3) 엄밀한 실증주의적 규범을 제시하기 어려운 문제 상황(이른바 hard cases)에서 구체적 타당성을 희생시키며 무리한 유추를 시도하기보다는 '비실증주의적 원리 규범'을 발굴하도록 장려하는 경우, (4) 구체적 타당성의 확보라는 말을 개별 사안에서의 '진실의 발견'이라는 의미로 사용하는 경우 등.[55]

이에 더하여 이 글의 도입부에서 인용한 바 있는 2009년 4월 23일자 판결에서 대법원이 제시하고 있는 올바른 법해석의 기준, 즉 법해석은 항상 법적 안정성을 해치지 않는 범위 내에서 구체적 타당성을 담보해 내야 한다는 기준에 반영되어 있는 법적 안정성과 구체적 타당성의 근원적 모순성을 고려하게 되면, 판례가 사용하는 구체적 타당성의 개념은 로저 커터렐(R. Cotterrell)이 말하는 "정의" 개념과 닮아 있다는 점을 알게 된다.

> 법에 있어서 '정의의 실행'과 안정성 내지 예측가능성 유지 사이의 긴장은 사법의 역할상 고유한 것으로 보이는데 선택이 내려져야만 할 때에는 대개 안정성과 예측가능성을 해치지 않는 쪽으로 해결된다. 형평개념의 발전과 법적 의제의 사용, 자연법관념의 발동 등이 종종 이러한 긴장을 완화시키는 수단으로 쓰여 왔지만 그것이 존재함으로써 정의에 관한 기본가치를 사회화하는 데 있어서 법의 기여는 문제시되게 된다.[56]

커터렐은 여기서 파슨스(T. Parsons)의 법사회학적 분석틀을 이용하여 브리드마이어(H. Bredemeier)가 수행한 분석, 즉 사회의 하위 체계들의 "상호의존을 보장하는 교환의 체계가 존재한다."는 것을 보여 주는 분석

---

55) 그리고 이 네 번째 문맥이란 사실 판례가 구체적 타당성이라는 용어를 부적절하게 사용하고 있는 경우라는 것이 필자의 생각임은 위에서 적시한 바와 같다.
56) Roger Cotterrell, 김광수 외 7인 역, 『법사회학입문』(터, 1992), 120면

을 소개하면서, 법체계와 패턴유지체계 사이에서 발생하는 긴장과 갈등의 문제를 지적하고 있다. 그의 지적에 따르면 정의와 법적 안정성은 상호 긴장과 갈등의 관계에 놓여 있는데, 그러한 긴장과 갈등은 전통적으로 "형평" 개념을 발전시키거나, "법적 의제"를 채택하거나, 또는 "자연법" 관념을 동원함으로써 완화될 수 있었다는 것이다. 이는 우리 판례가 법적 안정성과 구체적 타당성 사이의 근원적 모순성을 인정하면서도 형평의 요청, 법적 의제의 채택, (비실증주의적) 원리 규범의 모색, 그리고 진실의 발견이라는 문맥 속에서 법적 안정성과 구체적 타당성 사이의 균형을 이루고자 한다는 분석과 무척 유사하다.[57]

흥미롭게도 로스코 파운드(Roscoe Pound) 또한 비슷한 분석을 제시하고 있다. 그에 따르면 앞서 우리 판례의 분석을 통해 파악한 구체적 타당성 확보의 세 문맥들은 법적 의제라는 하나의 포괄적 상위 개념 아래 놓이게 된다. 그는 특히 자연법을 통한 실정법의 교정과 보충의 의의를 논하면서, 자연법(비실증주의적 원리 규범)적 사고나 형평적 사고를 (심지어 법의 해석이라는 것마저) 법적 의제 장치의 일환으로 보는 자신의 시각을 드러내고 있다.

창조적인 법형성, 즉 새로운 제도를 고안하고, 새로운 준칙을 공급하며 또한 새로운 원리를 발견하는 창의적 활동은 절차상 의제들(procedural fictions)의 창실이라는 형식을 취하다가, 나중에는 해석, 형평 그리고 자연

---

57) 커터렐이 명시적으로 언급하지 않은 요소 중에서 우리 판례의 문맥에 등장하고 있는 것이 바로 개별 사안에서의 진실의 발견이다. 그런데 필자의 견해에 따르면 이는 판례가 구체적 타당성이라는 용어를 부적절하게 사용하고 있는 경우에 해당하므로 결국 커터렐의 지적과 우리 판례의 분석은 거의 동일한 내적 구조를 보여주는 것으로 볼 수 있다.

법이라고 하는 광범위하고 보다 일반적인 의제들의 사용이라는 형식을 취하게 된다. … 메인(Maine)은 이를 형평 일반과 관련하여 보여 주었으며 … 자연법은 법이 법학적으로 발전하도록 이끈 위대한 매개적 장치로서, 어떤 상위의 법적 원리들이 이성에 깃들어 있다는 하나의 의제인 것으로, 실제의 법이란 그의 불완전한 반영에 불과하고, 따라서 실제의 법은 그에 의해 교정되고 보충될 수 있다고 한다.[58]

약간의 지엽적인 차이를 제외하고 본다면, 위에서 언급한 학설들은 대체로 다음과 같은 공통의 인식을 보여주는 것 같다: "자연법(비실증주의적 원리 규범), 형평, 그리고 법적 의제는 규범적 상상력이나 창의성의 발휘를 통해 보다 진전된 정의를 모색하기 위한 법적 사고의 기술 또는 장치이다." 이러한 논의를 배경으로 할 때, 우리는 판례가 언급하고 있는 구체적 타당성의 개념이 한마디로 **개별적 사안에서의 정의**(individualized justice)[59]를 의미하는 것이라는 하나의 가설을 제안해 볼 수 있다. 이는 앞에서 소개했던 우리 판례가 다음과 같이 말하고 있는 것을 통해서도 충분히 떠올려 볼 수 있는 것이다.

위헌결정에 소급효를 인정하는 것은 개별 사건에 있어서의 정의 내지 평등의 원칙을 구현하는 측면이 있는 반면, 법적 안정성 내지 신뢰보호의 원

---

58) Roscoe Pound, *Interpretations of Legal History* (Cambridge University Press, 2013/1923), pp. 130–133

59) 'individualized justice'라는 표현을 이 글과 거의 동일한 문맥에서, 즉 법적 안정성과 구체적 타당성이라는 모순적 가치 지향 중 후자의 의미로 사용하고 있는 예는 Frederick Schauer, *Playing by the Rules – A Philosophical Examination of Rule-Based Decision-Making in Law and in Life* (Clarendon Press, 1991), p. 124 n. 18.

칙에는 배치되는 측면도 있어 그 중 어느 원칙을 보다 중시할 것인지는 원칙적으로 입법적 선택의 문제라 할 수 있고 … 당사자의 소급적 권리구제를 위한 구체적 타당성의 요청, 소급효 인정에 따른 법적 안정성 또는 신뢰보호의 침해 우려 … 등 제반 이익을 종합적으로 고려하여 맹목적인 소급효의 인정이나 부인이 오히려 정의와 형평 등 헌법적 이념에 심히 배치되는 것으로 인정될 때에는, 법문의 규정에도 불구하고 그 소급효의 범위를 달리 정할 필요성이 인정된다고 할 것이다.[60]

---

60) 대법원 2011. 4. 14. 선고 2010도5605 판결

3

스무고개

스무고개를 하다 보면 질문이 얼마나 중요한지를 깨닫게 된다. 적절한 질문이 이어지면 대개 스무 차례까지 갈 일도 없을 뿐더러, 무엇보다 어떤 것에 대해 스무 가지 다른 질문을 제대로 던지기란 정말 어려운 일이기 때문이다.

아리스토텔레스의 형평론에 대해서는 방금 전에 살펴보았고, 이보다 앞서 제1장에서는 아리스토텔레스와 토마스 아퀴나스의 철학 체계를 언급하면서 이른바 "교환적 정의(*iustitia commutativa*)"라는 개념이 법사상적 논의에서 쟁점이 될 수 있다는 점도 알게 되었다. 이와 같은 지식을 배경으로, 이제 본격적으로 아리스토텔레스의 정의론을 살펴볼 차례이다.

사실 우리 법의 해석에 있어서도 종종 그의 정의 개념을 끌어다 쓰는 경우를 볼 수 있다. 하지만 그와 같은 원용이 얼마나 정확한 것인지는 확인해 볼 필요가 있다. 더구나 그의 정의론으로 잘못 알려진 내용도 있어서 이참에 함께 짚고 넘어가면 좋을 듯하다. 이러한 잘못의 대부분은 그가 정의론의 말미에 언급하고 있는 "호혜성" 개념에 대한 논란과 연결되어 있다. 따라서 그의 정의론을 제대로 이해하려면 이 논란의 씨앗부터 반드시 헤집어 봐야 할 것이다. 아래에서도 이 같은 문제의식의 결을 따라 아리스토텔레스 정의론의 구석구석을 누벼 보기로 한다.

정의의 두 차원

아리스토텔레스는 『니코마코스 윤리학』[1] 제5권에서 그의 유명한 정의론을 기술하고 있다. 그는 먼저 일반적 정의(universal justice) 내지 "덕 전체"로서의 정의[2]와 특수적 정의(particular justice) 내지 "덕의 일부"로서의 정의[3]를 구별하고, 후자를 다시 "분배적 정의(διανεμητικὸν δίκαιον, distributive justice)"[4]와 "시정적 정의(διορθωτικόν δίκαιον, rectificatory or corrective justice)"[5]로 나누어 차례로 설명하고 있다. 흔히 아리스토텔레스의 정의론이라 하면 바로 특수적 정의의 두 형태에 대한 그의 이론을 가리킨다.

정의론의 얼개와 관련하여 눈길을 끄는 것은 아리스토텔레스가 유독 '정의'라는 덕(virtue)에 대해서만 두 가지 상이한 차원에서 접근하고 있는 점이다. 첫째로, 그는 정의를 이른바 최선의 인간 상태에 도달하기 위

---

1) 『윤리학』의 영문 번역으로는 주로 W.D. Ross, *Ethica Nicomachea in The Works of Aristotle Translated into English* Vol. 9 (Oxford University Press, 1925)과 H. Rackham, *The Nicomachean Ethics: with an English Translation* (Harvard University Press, 1934)을 참조했으며, Sarah Broadie & Christopher Rowe, *Aristotle: Nicomachean Ethics* (Oxford University Press, 2002)도 긴요하게 참조했다. 또한 국문 번역으로는 최명관, 『니코마코스 윤리학』(서광사, 1986)을 참조했다. 그러나 이하에서 인용하고 있는 『윤리학』의 개소들은 이상의 네 번역문을 기초로 하되, 필자의 수정이 다소 가미된 것임을 밝혀 둔다. 주로 참조한 두 편의 영문 번역은 모두 인터넷을 통해서도 얻을 수 있다. 가령 로스(W.D. Ross)의 번역은 The Internet Classics Archive (http://classics.mit.edu/index.html)에서, 그리고 래컴(H. Rackham)의 번역은 바이워터(J. Bywater)판 희랍어 원문과 함께 Perseus Digital Library (http://www.perseus.tufts.edu/hopper/)에서 확인할 수 있다.

2) *N.E.*, 1129a1-1130a14.

3) *N.E.*, 1130a15-1131a9.

4) *N.E.*, 1131a10-1131b24.

5) *N.E.*, 1131b25-1132b20.

해 습득하여야 할 훌륭한 성품들의 하나로 다루고 있다. 이 경우의 정의에 군이 이름을 붙인다면 '일차적 덕(first-order virtue or primary virtue)'의 차원에서 본 정의라 할 수 있을 것이다. 그 자신은 이를 "덕의 일부"로서의 정의라 부르지만, 보통은 간략히 **특수적 정의**라고 부른다.

특수적 정의의 두 형태를 이해하기 위해서는, 그것들이 요청되는 문맥을 살펴볼 필요가 있다. 우선, **분배적 정의**는 말 그대로 "**분배**(διανομή, distribution)"에 있어서의 정의[6]라는 의미이다. 이는 공동체의 재산이나 명예를 구성원들 사이에서 나누게 될 경우에 요청되는 덕이라고 한다. 구체적으로 어떤 기준을 세워 분배할 것인지는 공동체가 어떤 정치적 입장을 취하느냐에 따라 달라질 수 있지만, 적어도 기준에 따라 "**비례적으로**" 분배한다는 점은 유지되어야 한다.[7] 다음으로, **시정적 정의**는 "시정"하는 구실을 하는 정의[8]라는 의미인데, 아리스토텔레스는 이를 분배적 정의의 경우와 나란히 재규정하면서 "**거래**(συνάλλαγμα, transaction)"에 있어서의 정의[9]라 명하고 있다. 그의 "거래" 개념은 널리 사람과 사람이 엮이는 활동을 의미하며, 따라서 계약과 같은 법률행위만이 아니라, 불법행위나 범죄도 포괄한다. 아리스토텔레스 자신의 분류에 따르자면, 사람과 사람이 자발적으로[ἑκούσια συνάλλαγμα] 또는 비자발적으로[ἀκούσια συνάλλαγμα] 엮이게 되는 경우들이 다 거래에 속하는 것이다. 요컨대

---

6) *N.E.*, 1130b30 이하 ("특수적 정의 중에 한 종류는 … 분배에 있어서 행사되는 것이며 …"), 1131a25 ("… 분배에 있어서의 정의는 모종의 가치에 따라야 한다. …"), 1131b10 ("그리하여 A항을 C항에 결합시키고 B항을 D항에 결합시키는 것이 분배에 있어서의 올바름이고, …")

7) *N.E.*, 1131a24–1131a30 참조.

8) *N.E.*, 1131a1 ("다른 하나는 사람과 사람 간의 거래에서 시정하는 구실을 하는 것이다.")

9) *N.E.*, 1131b30–1132a1 ("하지만 사람과 사람 사이의 거래에 있어서의 정의는 …")

시정적 정의는 거래가 생기면서 기울게 된 균형추를 바로잡을 경우에 요청되는 덕으로, "**산술적으로**" 꼭 기울어진 만큼만 바로잡는 것을 목표로 한다.[10] 여기서 주목해야 할 것은 아리스토텔레스가 두 가지 정의를 모두 "**분쟁**"과 관련이 있다고 명시하고 있는 점이다.[11] 다시 말하면 특수적 정의는 "분쟁"의 우려가 있는 지점에서 비로소 요청되는 것이며, 아리스토텔레스는 가장 대표적인 두 "분쟁" 우려 지점을 '분배 상황'과 '거래 상황'이라 생각한 것이다.[12] 특수적 정의는 결국 분쟁의 예방이나 그것의 공정한 해결을 지향하는 성품(ἕξις, disposition)[13]이라 할 수 있다.

둘째로, 아리스토텔레스는 여느 일차적 덕들에서 찾아볼 수 없는, 독특한 정의의 차원이 존재한다는 점을 지적하고 있다. 이 경우의 정의는 이른바 '메타 덕(second-order virtue or meta-virtue)'의 차원에서 본 정의라 이름 붙일 수 있을 텐데, 그것의 핵심은 (밑에서 설명하는 바와 같이) "**준법성**"이라는 말로 이해되고 있다. 그 자신은 이를 "덕 전체"로서의 정의라

---

10) 사실 아리스토텔레스는 분배적 정의와 시정적 정의를 논하면서, 각각 "기하학적 비례"와 "산술적 비례"라는 표현을 소개하고 있다. 하지만, 필자는 현재 이들을 단순히 "비례"와 "산술"로 새기고 있는데, 이는 "비례"라는 말의 현대적인 개념에 비추어 혼동이 발생하는 것을 막기 위함이다.

11) 분배적 정의에 관해서는 N.E., 1131a20−1131a24 ("동등한 사람들이 균등하지 않은 몫을 갖거나 받게 될 때, 또는 동등하지 못한 사람들이 균등한 몫을 갖거나 받게 될 때 분쟁과 불평이 발생한다."), 시정적 정의에 관해서는 N.E., 1132a20 ("이런 연유로 사람들은 분쟁이 발생하면 디카스테스를 의지하게 되는 것이다. 디카스테스에게 가서 묻는 것은 정의에게 가서 묻는 것과 같다.")

12) 필자는 아리스토텔레스의 정의론의 보편성이 바로 이 점에서 비롯한다고 생각한다. 그는 '정의의 문제가 다름 아닌 분쟁의 문제이며, 이는 곧 분배와 재분배를 둘러싼 문제'라고 하는 지형도 자체를 완성한 것으로 평가될 수 있을 것이다.

13) N.E., 1105b20 이하 및 N.E., 1106a10 이하 참조.

부르고 있고, 보통은 '**일반적 정의**'라 일컫는다.[14]

이처럼 정의가 여타의 덕들과 달리 (준법성이라는) '메타 덕'의 차원을 가지게 되는 까닭은, 법의 역할에 대한 아리스토텔레스의 믿음 때문일 것이다. 그에 의하면 법은 다양한 행위 상황에서 (일차적) 덕을 지닌 사람이라면 행하였음 직한 바를 하게끔 정하고 있다. 따라서 단순히 법을 준수함으로써 결과적으로 각자는 '만약 (일차적) 덕이 발휘되었다면 택하게 되었을 행위'를 수행하게 되며, 이러한 실천의 반복을 거치면서 어느덧 (일차적) 덕 그 자체가 각자에게 배양될 수 있다고 한다. 이러한 발상의 근저에는, '사람은 덕을 타고나는 것이 아니라, 오직 부단한 실천의 결과로만 그것을 체득하게 된다.'[15]고 하는 보다 근원적인 인식이 깔려 있다. 아리스토텔레스에게 법이란 그러한 실천의 강제적 매뉴얼인 셈이다.[16]

일반적 정의에 대해서는 아리스토텔레스 자신도 더 깊게는 이야기하지 않는다. 이와 달리 특수적 정의에 대해서는 풍부하고 매우 정교하게 논의를 이어가고 있다. 그 탓인지 '아리스토텔레스 정의론'의 정수를 맛보려면 특수적 정의에 관한 그의 논의를 곱씹으라는 말이 생겼다.

---

14) 아리스토텔레스가 이를 "덕 전체로서의 정의" 혹은 "완전한 덕으로서의 정의"로 부르는 까닭을 스스로 밝힌 바에 따르면, 정의는 다른 덕들과는 달리 **포괄성**과 **사회성**을 반영하고 있다.

15) *N.E.*, 1103b1 이하 참조.

16) 반면에 동기의 요소가 행위의 도덕성을 지배하는 것으로 보는 칸트의 의무론적 시각에서 보면, 어디까지나 타율 규범에 불과한 법이 강제하고 있는 바를 부단히 실천하고 있다는 외적 사실만으로 장차 '도덕적으로 의미 있는' 동기 형성을 기대할 수 있다고 보는 것은 근거가 없거나, 지나치게 낙관적인 기대일 수 있다.

왜 호혜성인가?

아리스토텔레스는 시정적 정의에 관한 설명에 뒤이어 이른바 **호혜성** (ἀντιπεπονθὸς, reciprocity)[17]에 대한 논의에 들어간다. 그런데 바로 이 호혜성에 대한 언급 부분이 그의 정의론 체계와 어떠한 관계에 있는지에 대해서는 아직 정설이 존재하지 않는다. 여러 학설들이 이 문제에 대한 합리적인 설명을 시도했었지만, 여전히 해소되지 않은 의문점들이 산적해 있다.[18]

이러한 사정은 일차적으로 호혜성에 대한 아리스토텔레스의 언급이 개시되는 정황과 관련이 있다. 호혜성은 먼저 피타고라스학파에 의해 하나의 정의 개념으로 제시되고 있었는데, 아리스토텔레스는 그러한 견해에 동의하지 않는다는 점에서부터 출발하고 있으므로[19] 일견 호혜성을 정의의 범주로 구성하지는 않을 것 같으면서도, "공동체에서 이러한 종류의 정의는 사람들을 결속시키는 역할을 한다."[20]고 말함으로써 이른바 '호혜적 정의(reciprocal justice)'라고 하는 개념을 인정하는 것처럼

---

17) *N.E.*, 1132b21-1134a15.
18) 대표적인 학자들의 견해들은 다음의 몇 가지 문헌들에 잘 정리되어 있다. 정태욱, "Aristoteles의 정의론에 관한 고찰"(서울대 석사학위 논문, 1989), 36-57면 및 97-111면; 손병석, "아리스토텔레스의 정의관—보원·보은정의(to antipeponthos dikaion)를 중심으로—", 『철학연구』 제15권(고려대 철학연구소, 1991), 281-282면 및 298-301면; Gabriel Danzig, "The Political Character of Aristotelian Reciprocity", *Classical Philosophy* 95(4), 2000, pp.399-404. 따라서 굳이 이 책에서 다시 정리할 필요성이 있어 보이지는 않는다. 다만, 이하의 논의와 관련하여 그것들에 대한 간략한 분류 정도는 제공할 수 있을 것이다.
19) *N.E.*, 1132b21 이하.
20) *N.E.*, 1132b30 이하. 강조점은 필자의 것임.

보이기도 하는 탓이다.[21] 물론 피타고라스학파의 호혜성(Pythagorean reciprocity) 개념은 '**산술적 호혜성**'이지만 아리스토텔레스가 지지하고 있는 호혜성(Aristotelian reciprocity) 개념은 '**비례적 호혜성**'이라는 점에서[22] 그가 전자를 정의의 범주로 받아들이지 않는 것과 후자를 정의의 범주로 받아들이는 것은 전혀 모순적이지 않다고 생각할 수도 있다. 하지만 그가 피타고라스학파의 호혜성 개념을 거부하면서 동원한 논리는 그것이 "분배적 정의와 시정적 정의 그 어느 것에도 들어맞지 않는다."[23]는 것이었음을 고려한다면, 이 두 종류의 특수적 정의 이외에 제3의 정의 개념을 인정하는 것은 애초에 불가능해 보인다. 우선 비례적 호혜성이 제3의 정의 개념이 될 수 있으려면 당연히 분배적 정의나 시정적 정의와는 '들어맞지 않는' 것이어야 할 텐데 그 점에 있어서라면 산술적 호혜성의 경우도 마찬가지이며, 역으로 산술적 호혜성과 달리 비례적 호혜성은 분배적 정의 또는 시정적 정의와 '들어맞는' 것이라고 한다면 이를 굳이 제3의 정의 개념이라고 해야 할 이유가 없어 보이기 때문이다.[24] 그렇다면 호혜

---

21) 가령 로스는 다음과 같이 말하고 있다. "아리스토텔레스는 이제 또 다른 형태의 정의로 나아간다. … '특수적 정의'의 제3의 유형 즉 교환(exchange)에 있어서의 정의 또는 상거래의(commercial) 정의가 존재한다." W.D. Ross, "Introduction", *The Nicomachean Ethics of Aristotle* (Oxford University Press, 1954), xiii 참조. 한편 아이케마 홈즈(H.J. van Eikema Hommes)와 같이 호혜성을 "응보적(retributive) 정의"로 명명하고, 아리스토텔레스의 특수적 정의를 분배적 정의, 배상적(restitutive) 정의, 응보적 정의로 삼분하는 견해도 (명칭의 차이에도 불구하고) 대동소이한 입장이라 할 수 있다. H.J. van Eikema Hommes, *Major Trends in the History of Legal Philosophy* (North-Holland Publishing Company, 1979), p.23 이하 참조.

22) *N.E.*, 1132b30 이하.

23) *N.E.*, 1132b24.

24) 따라서 호혜성을 이른바 제3의 정의 형태로 보고자 하는 견해는 이러한 논리적 딜레마를 먼저 해소해야 할 것이다.

성은 단순히 분배적 정의나 시정적 정의의 연장선상에 있는 것일까? 그런데 왜 하필 그것을 "이러한 종류의 정의"라고 했을까? 아니면 호혜성은 (앞에서와 같은 표현에도 불구하고) 아예 정의 개념의 차원이 아닌 다른 차원의 문제로서 다뤄지고 있는 것일까?

결국 호혜성에 대한 논의는 호혜성의 본질 자체에 대한 개방적 입장에서 출발할 수밖에 없어 보인다. 사실 이 책에서 ἀντιπεπονθός를 그냥 호혜성(reciprocity)이라 새기고 있는 것은 바로 이러한 사정 때문이다. 학설들에 따라서는 ἀντιπεπονθός를 둘러싼 논의 주제를 "보원·보은 정의",[25] "응징정의"[26] 등으로 규정하기도 하지만 이는 자칫 다른 해석의 가능성을 차단하는 것일 수도 있다.[27]

이하에서는 먼저 호혜성에 관한 아리스토텔레스의 논의를 기존의 학설들이 어떻게 해석하고 있는지를 알아보고, 그러한 해석들이 텍스트와의 관계에서 불러일으키는 의문점들을 점검함으로써, 가장 설득력 있는 해석이 무엇인지 그리고 그러한 해석에 의할 경우 위에서 제기된 질문들에 대해 어떻게 답할 수 있을지 등을 살펴보고자 한다.

---

25) 손병석, 앞의 글, 281면 및 291면 참조.
26) 권창은, "아리스토텔레스의 정의관—응징정의관을 중심으로—",『서양고전학연구』제10집(한국서양고전학회, 1996), 21–22면 참조.
27) 물론 그렇다고 해서 ἀντιπεπονθός 자체에 대한 보다 적절한 번역어로서 가령 "되갚음" 등의 용어를 따르지 않는 점에 대한 변명이 되지는 않는다. 필자는 다만 "호혜성"으로 번역하는 것이 나름 여러모로 편리할 뿐만 아니라 어의 전달에도 크게 무리는 없다고 생각할 뿐이다. "호혜성"이라는 번역어에 반대하는 학설들이 지적하듯이 "호혜성"의 사전적 의미에는 '상호 혜택'만 있고, '상호 침해' 같은 것은 없지만, 일상적으로는 반어적으로도 사용할 수 있을 것이기 때문이다. 마치 억울한 일을 당하고서, '이 (원수가 아니라) 은혜는 잊지 않겠다.'거나 '이 빚은 꼭 (받아 내겠다가 아니라) 갚겠다.'고 말하는 경우처럼.

호혜성은 정의인가?

단치히(G. Danzig)는 자신의 논문에서 호혜성의 문제를 이해하기 위해 반드시 확인해야 할 문제를 다음과 같은 두 가지 연관된 질문의 형태로 제시하고 있다. 첫째, 호혜성은 정의의 한 형태(a form of justice)인가 아니면 하나의 경제 법칙(a law of economics)에 불과한 것인가? 둘째, 만약 호혜성이 정의의 한 형태라면 그것은 정의의 제3의 형태인가 아니면 분배적 정의나 시정적 정의의 일종인가?[28] 이러한(특히 첫 번째의) 문제 제기는 이 글의 논의를 위해서도 적절한 출발점이 될 수 있다고 생각한다. 따라서 우선 첫 번째 질문에 관하여 기존의 학설들이 어떠한 결론과 논거를 제시하고 있는지 정리해 보도록 하자.

먼저 호혜성을 **정의**의 한 형태로 보는 견해는, 서술체계상의 위치[29]로 보아 정의에 관한 서술 부분인 『윤리학』 제5권 중에, 그것도 정의론의 핵심이라 할 수 있는 분배적 정의와 시정적 정의에 관한 논의 바로 다음에 호혜성에 관한 논의가 이루어지고 있다는 점에 주목하고 있다. 이 견해

---

28) Gabriel Danzig, *op. cit.*, p.399 참조. 사실 단치히의 분류 체계에는 한 가지 문제점이 있다. 그에 따르면 호혜성을 '정의'의 한 형태로 보는 입장을 첫째, 두 가지 특수적 정의 중 어느 하나에 속하는 것으로 보는 견해와 둘째, 제3의 정의 유형으로 보는 견해로 나누게 되지만, 앞서 이 장의 주 21)에서 보았듯이 호혜성을 '제3의 특수적 정의'로 보는 견해도 있기 때문이다. 다만 이 견해는 아래에서 살펴보게 되듯이 아리스토텔레스가 특수적 정의의 유형을 단 두 가지만 인정하고 있다는 사실에 명백히 반하는 해석이기 때문에 가장 먼저 배제된 것이 아닌가 생각한다. 한편 브로디(Sarah Broadie)와 같이 만일 호혜성을 특수적 정의의 한 형태로 볼 수 있다면, 기존의 두 정의 중 어느 하나의 하위 유형으로 보는 것보다는 '제3의 특수적 정의'로 보는 것이 수월할 것이라는 견해를 제시하는 경우도 있지만, 일반적으로 받아들여지기는 어려운 견해라 할 수 있다. Sarah Broadie & Christopher Rowe, *op. cit.*, p.339 참조.

29) Gabriel Danzig, *op. cit.*, p.399

를 뒷받침하는 텍스트적 근거로는 첫째, 아리스토텔레스가 명시적으로 호혜성을 정의의 한 종류로 언급하고 있다는 점,[30] 둘째, 아리스토텔레스가 덕은 실천함으로써 습득되는 것이라고 말하면서, 다른 덕과 마찬가지로 정의의 덕 역시 타인과의 거래에서 우리가 정의를 실천하는 행위를 함으로써 습득되는 것이라고 밝히고 있지만[31] 분배적 정의나 시정적 정의를 실천하는 것은 아르콘(ἄρχων)이나 디카스테스(δικαστὴς)[32]의 지위에서나 가능한 것이지[33] 일반 시민(πολίτης)의 지위에서 가능한 것이 아닌 반면, 이후에 언급되고 있는 호혜성이야말로 일반 시민이 타인과의 일상적인 거래 속에서 실천할 수 있는 대상이라는 점[34] 등을 들 수 있다. 그 밖에 이 견해는 "그리스인들이 경제 활동의 영역을 정치적인 삶과 구별되는 독자적인 것으로 보지 않았으며, 경제 활동이 인간 행태의 분석을 위한 독자적인 [이론적] 기초를 제공해 줄 수 있다고 보지도 않았다.[ ]"[35]는

---

30) *N.E.*, 1132b30 이하("공동체에서 이러한 종류의 정의는 사람들을 결속시키는 역할을 한다."), 1134a24 ("앞서 우리는 호혜적인 것이 어떻게 정의로운 것에 관계하는지에 대해 논한 바 있다.")

31) *N.E.*, 1103b1-1103b15 ("덕은 우리가 먼저 그것을 실천함으로써 습득하게 된다. … 마찬가지로 우리는 정의로운 행위를 함으로써 정의롭게 된다. … 우리가 타인과의 거래에서 하는 행위를 함으로써 우리는 정의롭거나 정의롭지 않게 된다.")

32) 이에 대해서는 박종현, "고대 아테네 후기 민주정의 사법기관―디카스테리아(δικαστηρια)를 중심으로―", 『법사학연구』 제30호(한국법사학회, 2004), 259면 이하 참조.

33) 아르콘은 최고행정관 내지 입법자로서 폴리스의 공유 재산을 시민들에게 분배하는 일은 그의 소관 업무라 할 수 있다. 한편 디카스테스는 아테네의 사법기관인 디카스테리아의 구성원으로서 사법적 판단의 주체라 할 수 있다. 이와 관련하여 켈젠(Hans Kelsen)은 다음과 같이 말하고 있다. "분배적 정의는 … 입법자(legislator)에 의해 발휘된다. … 시정적 정의는 심판인(judge)에 의해 발휘된다." H. Kelsen, "Aristotle's Doctrine of Justice", *What Is Justice?* (University of California Press, 1957), p.126

34) Gabriel Danzig, *op. cit.*, p.403

35) *Ibid.*, p.402

역사적 사실을 근거로 제시하기도 한다.[36]

반면 호혜성을 하나의 **경제 법칙**으로 새기는 견해는 서술체계상의 '위치'보다는 서술되고 있는 '내용' 자체로 볼 때 호혜성에 관한 아리스토텔레스의 논의 부분은 '윤리 문제'라기보다는 차라리 '경제 문제'를 다루는 것으로 인정해야 한다고 본다.[37] 이 견해를 뒷받침하는 텍스트적 근거는 무엇보다 "호혜성은 분배적 정의와 시정적 정의 그 어느 것에도 들어맞지 않는다."[38]고 말하고 있는 부분이다. 이러한 언급과 아리스토텔레스가 특수적 정의의 유형을 단 두 가지만 인정하고 있다는 사실[39]을 함께 고려하면 결국 호혜성은 특수적 정의와는 다른 차원의 논제라 할 수 있다는 것이다. 즉 서비스 교환의 조건이나 화폐의 가치 척도적·교환 매개적 기능 등을 집중적으로 다루고 있는 이 부분 아리스토텔레스의 작업은 "생활 필요 충족을 위한 공동체적 질서"(K. Polanyi, M.I. Finley)[40]에 대

---

36) 호혜성이 정의의 한 형태라는 입장을 취하는 학자는 리치(D.G. Ritchie), 고티에 & 졸리(Gautier & Jolif), 로스(W.D. Ross), 스튜어트(J. Stewart), 버넷(J. Burnet) 등이다. 이에 대해서는 정태욱, 앞의 글, 40–57면; 손병석, 앞의 글, 281–282면 및 298–301면; *Ibid.*, pp.402–403 n.18 참조. 다만, 여기서 단치히(G. Danzig)는 리치와 고티에 & 졸리의 견해를 호혜성이 정의의 한 형태가 아니라는 입장으로 분류하고 있는 것 같다. 하지만 이들이 말하는 '시민 사회의 구성 원리로서의 정의'가 분명 특수적 정의와 같은 수준에서의 정의는 아니지만, 굳이 정의의 한 형태로 보지 말아야 할 이유도 없는 것 같다. 한편, 리치는 호혜성을 특히 "Catallactic Justice"라고 즐겨 부르면서, 이는 이상적인(ideal) 정의라기보다는 초보적인(rudimentary) 정의라고 말한다. D.G. Ritchie, "Aristotle's Subdivisions of 'Particular Justice'", *The Classical Review* 8(5), 1894, pp.191–192 참조.

37) Gabriel Danzig, *op. cit.*, p.399 및 p.402

38) *N.E.*, 1132b24.

39) *N.E.*, 1131b25 ("분배적 정의 … 그리하여 이것이 정의의 한 종류인 것이다. 남은 한 종류는 시정적 정의이다."). 강조점은 필자의 것임.

40) 정태욱, "아리스토텔레스의 정의에 관한 소고", 『서양고전학연구』 제3집(한국서양고전학회, 1989), 45–46면.

한 것이거나, 혹은 더 나아가 "이질적인 상품들 사이의 상대적 가치를 계산할 수 있게 해주는 이론적 기초를 확보하기 위한 형이상학적 시론"(S. Meikle)[41]에 해당할 수는 있어도, 엄격히 말해서 정의 개념의 연장선상에 있는 논의를 펴고 있는 것은 아니라고 한다.[42]

생각건대, 호혜성을 단지 하나의 경제 법칙일 뿐이라고 보는 견해의 텍스트적 근거인 "호혜성은 분배적 정의와 시정적 정의 그 어느 것에도 들어맞지 않는다."는 부분은 앞에서도 언급한 바와 같이 피타고라스학파의 호혜성 개념, 즉 산술적 호혜성에 대한 아리스토텔레스의 거부 논리이다. 따라서 아리스토텔레스적 호혜성 개념, 즉 비례적 호혜성도 분배적 정의나 시정적 정의와 들어맞지 않는다고 단정할 근거가 되지는 못한다.[43] 나아가 그가 명시적으로 비례적 호혜성을 정의의 범주에 포함시켜 언급했다는 점 또한 가볍게 볼 수 없다. 다만, 그 경우 왜 "이러한 종류의 정의"라는 표현을 사용했는지에 대해서는 추가적인 해명이 필요할 것이

---

41) Gabriel Danzig, *op. cit.*, p.401

42) 호혜성이 정의의 한 형태라는 주장에 반대하는 학자는 하디(W.F.R. Hardie), 요아킴 (H.H. Joachim) 등이다. 이에 대해서는 정태욱, 앞의 글(주 18), 47-48면; 손병석, 앞의 글, 281-282면 및 298-301면; *Ibid.*, p.402 n.18 참조.

43) 이에 반대하는 견해로는 D.G. Ritchie, *op. cit.*, pp.185-186. 리치는 아리스토텔레스의 이 말이 호혜성 전반을 겨냥한 것이라 한다. 산술적 호혜성과 비례적 호혜성의 구분은 이 말 다음에야 비로소 나온다는 점이 그 근거라고 한다. 하지만 양자의 구분이 언급되기 이전에도(1132b21-1132b7) 아리스토텔레스가 (비판을 위해) 거론했던 호혜성은 "피타고라스 학파가 주장하는" 호혜성이고, "라다만튀스(Rhadamanthys)의 정의"라 일컬어지는 호혜성임이 이미 드러나 있다는 점에서 그와 같이 단정 짓기는 어려워 보인다. 리치 스스로도 (아리스토텔레스가 산술적 호혜성과 비례적 호혜성의 구분을 언급하기 이전에 말했던) 호혜성이 시정적 정의와 들어맞지 않는다는 대목을 해설하면서 "exact Retaliation"은 정의롭지 않기 때문이라고 적고 있는데, 이는 그 시점에 이미 산술적 호혜성만을 전제로 논의가 이루어졌던 것임을 긍정하는 것과 다르지 않다. D.G. Ritchie, *op. cit.*, p.190 참조.

다. 한 가지 분명한 사실은 다음과 같은 세 전제와 양립할 수 있는 해명이 불가능하지는 않다는 것이다: 첫째, 이른바 제3의 정의 형태를 인정하려는 시도는 논리적 딜레마에 빠진다는 점,[44] 둘째, 아리스토텔레스가 인정하는 특수적 정의의 유형은 분배적 정의와 시정적 정의 단 두 가지밖에 없다는 점, 셋째, 비례적 호혜성이 두 가지 특수적 정의 중 어느 하나 혹은 둘 다에 대해서 들어맞을 가능성은 열려 있다는 점.

가령 아리스토텔레스가 거래를 **자발적 거래**(ἑκούσια συνάλλαγμα)와 **비자발적 거래**(ἀκούσια συνάλλαγμα)로 나누고 있는 점과 (시정적 정의를 설명하는 대목에서) 이러한 "두 종류의 거래 유형에 대응하여 시정적 정의도 두 개의 하위 부분(μέρη δύο, two divisions)으로 나뉜다."[45]고 말하고 있는 점에 주목한다면, 아리스토텔레스가 비례적 호혜성을 "이러한 종류의 정의"라고 불렀던 이유는 그것이 전반적으로는 시정적 정의에 들어맞지만, 세부적으로는 구별이 필요한[46] 어떤 하위 범주의 것이라 생각했기 때문으로 해석할 여지가 있다. 예컨대, 예방이나 공정한 해결이 필요한 각종 분쟁들 중 유독 특정한 지점(이는 특정한 유형의 분쟁일 수도 있고, 분쟁의 특정한 국면일 수도 있을 것이다)에만 관련이 있는 성품(ἕξις)으로서 호

---

44) 앞의 주 24) 참조. 위의 주 43)에서 설명한 리치의 견해도 바로 이러한 논리적 딜레마를 해소하기 위한 시도였다고 볼 수 있을 것이다.

45) *N.E.*, 1131a1 이하. 단치히는 여기서 아리스토텔레스가 단순히 시정적 정의는 "두 종류의 거래에 관계한다."고 말하지 않고, "두 개의 하위 부분으로 나뉜다."고 말하고 있다는 점에 주목할 필요가 있다고 한다. 물론 이하에서 살펴보겠지만, 단치히의 의도는 시정적 정의의 두 하위 부분에 각각 협의의 시정적 정의[비자발적 거래에 대응하는 하위 부분]와 호혜성[자발적 거래에 대응하는 하위 부분]을 대응시키고, 이로써 호혜성의 적용 범위를 자발적 거래의 경우에 한정시키려는 것이다. Gabriel Danzig, *op. cit.*, p.404 참조.

46) 생각건대 이것이 바로 "호혜적인 것이 정의로운 것에 관계하는"(*N.E.*, 1131a24) 방식이라 할 수 있을 것이다.

혜성을 생각하고 있던 것일지 모른다.

호혜성은 어떤 정의인가?

위에서의 논의를 통해 우리는 일단 단치히의 두 번째 질문 즉 "만약 호혜성이 정의의 한 형태라면 그것은 정의의 제3의 형태인가 아니면 분배적 정의나 시정적 정의의 일종인가?"라는 질문에 대한 답이 무엇인지도 알 수 있게 되었다. 아리스토텔레스 정의론의 체계적 해석에 따르면 그가 인정하고 있는 두 종류의 특수적 정의 이외에 제3의 정의 개념을 인정하는 것은 불가능해 보이기 때문에 그의 호혜성 개념은 일견 분배적 정의나 시정적 정의의 일종으로 볼 수밖에 없는 것 같다.[47] 필자의 생각으로는 『윤리학』텍스트의 정합적인 해석을 위해 고려되어야 할 가장 확실한 전제는 (1) 호혜성이 정의의 범주로 이해되어야 한다는 점과, (2) 동시에 호혜성은 특수적 정의의 두 종류 이외의 것으로 이해되기는 어렵다는 점이다. 그 외에 호혜성이 특수적 정의의 어느 것과도 들어맞지 않는다는 점은 단지 산술적 호혜성에 국한된 언급이라 할 수 있고, 호혜성이 "한 종류의 정의"로 언급되고 있다는 점은 그것이 특수적 정의 외의 제3의 정의 유형이라는 의미는 아니라 할 수 있기 때문이다.

---

47) 앞에서 분류한 여러 견해들 중에 가령 리치, 고티에 & 졸리, 그리고 정태욱 등의 견해에 따르면 호혜성은 Polis를 전제로 하는 특수적 정의의 한 형태인 것이 아니라 오히려 Polis의 존립근거가 되는 근본적 규범 원리(로서의 정의)라고 한다. 이에 비해 손병석은 이러한 견해를 일부 수정을 거쳐 받아들임으로써 근본적 규범 원리인 호혜성이 또한 특수적 정의(특히 시정적 정의)의 일종이라는 입장을 취하고 있다. 따라서 필자의 관점에서 보자면 리치 등의 견해보다는 손병석의 견해가 더 타당해 보인다고 말할 수 있다.

그렇지만 호혜성이 (두 종류의) 특수적 정의의 일종이라는 결론은 여전히 잠정적인 것일 수밖에 없다. 구체적으로 비례적 호혜성이 분배적 정의의 일종인지, 혹은 시정적 정의의 일종이면서 자발적 거래와 비자발적 거래에 모두 관계되는지, 아니면 시정적 정의의 일종이면서 자발적 거래에만 관계되는지[48] 등에 관해 생각해 보아야 하기 때문이다.

우선 호혜성은 분배적 정의의 일종이라는 견해를 먼저 살펴보자. 현재 이러한 입장을 지지하고 있는 사람은 거의 없으며, 스튜어트(J. Stewart) 정도만이 이러한 입장을 취하고 있는 것으로 알려져 있다.[49] 리치(D.G. Ritchie)는 이 견해에 대해 전반적으로 텍스트적 근거가 박약하다는 평가를 내리고 있다.[50] 하지만 이 견해를 뒷받침하는 텍스트적 근거로 생각해 볼 수 있는 것이 전혀 없는 것은 아니다. 아리스토텔레스는 비례적 호혜성에 관한 논의를 정의의 맥락에서 정리하며 다음과 같이 말하고 있기 때문이다.

또한 정의란 그에 의하여 어떤 사람이 선택을 통해 정의로움을 행하게 된다고 일컬어지는 그런 덕이다. 즉 자신과 타인 간에 혹은 두 타인들 간에 무엇을 분배할 경우에, 좋은 것이라면 자신에게는 과다하게 그리고 타인에게는 과소하게, 나쁜 것이라면 자신에게는 과소하게 그리고 타인에게는 과

---

48) 반면 호혜성이 시정적 정의의 일종이면서 비자발적 거래에만 관계되는 것일 가능성은 거의 없다. 왜냐하면 호혜성에 관한 논의(*N.E.*, 1132b21-1134a15)의 거의 전부를 채우고 있는 내용이 바로 서비스 교환이나 화폐를 사용하는 매매와 같은 자발적 거래들이기 때문이다.

49) 정태욱, 앞의 글(주 18), 47면; 손병석, 앞의 글, 298면; Gabriel Danzig, *op. cit.*, p.404 n.20 참조.

50) D.G. Ritchie, *op. cit.*, pp.188-189 참조.

다하게 주는 것이 아니라, 각자에게 비례적으로 균등하게 준다는 것이다. 마찬가지로 두 타인들 간에 분배를 할 경우에도 그렇다고 한다.[51]

만일 호혜성이 시정적 정의의 일종이라면 아리스토텔레스가 군이 '거래 상황'이 아니라 '분배 상황'을 예로 들어 정의를 논할 이유가 없다는 것이다. 그 밖에 그의 호혜성과 분배적 정의는 일견 모두 '비례적'이라는 공통점[52]을 지니고 있다는 점도 하나의 지지 근거가 될 수 있을 것이다.

다음으로 호혜성은 시정적 정의의 일종이라는 견해에 대해 살펴보도록 하자. 대체로 이 견해는 '시정적 정의에 대한 서술의 체계와 내용을 검토해 보면 결국 호혜성에 관한 논의는 시정적 정의에 관한 논의의 일부'라고 주장한다. 물론 호혜성과 시정적 정의의 개념적 상호 관계를 긍정하는 견해들 중에는 역으로 시정적 정의에 관한 논의를 호혜성에 관한 논의의 일부로 봄으로써 사실상 "시정적 정의를 호혜성 속에 흡수시키는"[53] 입장도 있는 것이 사실이지만, 그것은 설령 아리스토텔레스의 정의론을 나름의 방식으로 재구성한 것일 수는 있어도, 아리스토텔레스의 정

---

51) *N.E.*, 1134a1-1134a7 전후[강조점은 필자의 것임].
52) 호혜성의 비례적 특성에 관해서는 *N.E.*, 1132b30 이하, 분배적 정의의 비례적 특성에 관해서는 *N.E.*, 1131a30 이하 참조. 실로 이 두 개소는 (산술적인) 시정적 정의와 (비례적인) 호혜성을 이른바 교환적 정의(*iustitia commutativa*, commutative justice) 개념으로 통합하고자 했던 토마스 아퀴나스로서는 반드시 해명을 해야 하는 과제였을 것 같다. 그는 『윤리학』에 대한 자신의 주석집인 *Sententia libri Ethicorum*의 972번 주석에서 이 문제를 다루고 있다. 토마스 아퀴나스의 주석이 지니는 방법론적 특징이나 역사적 의의 등에 대해서는 손은실, "토마스 아퀴나스의 아리스토텔레스 주석—『니코마코스 윤리학 주석』을 중심으로—", 『서양고전학연구』 제28집(한국서양고전학회, 2007) 참조.
53) 정태욱, 앞의 글(주 18), 44면. 정태욱은 토마스 아퀴나스의 교환적 정의 개념이 그 대표적인 예라고 한다.

의론 그 자체에 대한 이해라고 할 수는 없다.[54] 따라서 현 시점에서는 일단 호혜성을 시정적 정의의 일종으로 보는 견해만으로 검토의 범위를 좁힐 필요가 있다. 한편 이 견해는 호혜성의 적용 범위와 관련하여 다시 아래와 같은 두 가지 견해로 나뉘게 된다.

우선 단치히는 아리스토텔레스가 『윤리학』 제5권 제2장에서 특수적 정의에 관한 논의를 시작하면서 분배적 정의와 시정적 정의를 구별하고, 후자를 다시 자발적 거래와 비자발적 거래에 대한 두 가지 하위 부분으로 나누고 있음에도 불구하고, 제5권 제3장에서 분배적 정의를 논한 뒤, 제5권 제4장에서는 거의 전적으로 비자발적 거래에 있어서의 시정적 정의만을 논하고 있기 때문에, 이어지는 제5권 제5장의 논의[55]는 자발적 거래에 있어서의 시정적 정의를 논하고 있는 것으로 봐야 한다고 말한다.[56] 사실 학설들의 일반적인 평가도 『윤리학』 제5권 제4장은 비자발적 유형의 거래에 관한 논의에, 제5권 제5장은 자발적 유형의 거래에 관한 논의에 각각 할애되어 있는 점 자체는 인정하는 것이라 할 수 있다.[57]

하지만 ἀντιπεπονθὸς란 자발적 거래 유형과 비자발적 거래 유형에

---

54) D.G. Ritchie, *op. cit.*, p.188; 정태욱, 위의 글, 41면 주 71) 참조.

55) 호혜성에 관한 논의 부분이다.

56) Gabriel Danzig, *op. cit.*, pp.407-408 참조. 여기까지는 버넷의 견해와 기본적으로 같다고 할 수 있다. 하지만 버넷은 디카스테스(δικαστὴς)에 의한 "시정"을 당사자들에 의한 "조정"으로 변질시키는 오류를 범하고 있는 반면, 단치히는 넓은 의미의 시정적 정의가 (1) 비자발적 거래로 인한 불균형을 좁은 의미의(proper) 시정적 정의로 바로잡는 경우와, (2) 일방적인(one-sided, 반대급부의 만족이 없는) 자발적 거래로 인한 불균형을 호혜성이 바로잡는 경우를 포괄하는 것으로 설명할 뿐 개념 변질의 오류를 범하는 것 같지는 않다. 버넷의 견해에 대해서는 손병석, 앞의 글, 300면; Gabriel Danzig, *op. cit.*, p.404 n.21 참조.

57) D.G. Ritchie, *op. cit.*, pp.186-187 및 191 참조; 권창은, 앞의 글, 21면 참조.

모두 적용되는, 혹은 다시 말해서 '거래 개시의 순간에'[58] 호의를 입은 경우와 불의를 당한 경우 모두에 적용되는, "되갚음(ἀντιποιεῖν)에서의 정의"[59]라는 입장에서는 단치히의 구성과는 달리 호혜성을 시정적 정의 전반에 걸쳐 의미를 갖는 것으로 해석한다. 곧 살펴보겠지만, **되갚음** 행위는 모든 유형의 거래들에서 발생한 불공정한 상태를 종국적으로 '시정'하는 것일 수 있기 때문이다. 나아가 호혜성이란 이렇듯 '시정' 결과의 맥락보다는, '되갚음' 행위의 맥락과 관련되는 것이라는 점에서[60] 널리 시정적 정의의 일종이면서도 동시에 독특한 개성을 갖는 정의라 할 수 있다는 것이다.

생각건대, 호혜성을 분배적 정의의 일종으로 보는 견해의 텍스트적 근거로 보이는, '분배 상황'을 예로 든 정의 논의[61]는 글의 흐름으로 보아 특수적 정의에 관한 앞서의 모든 논의를 정리하는 단계에서 이루어진 것으로 보인다. 따라서 논의의 위치가 특수적 정의에 관한 설명의 말미에 자리하게 되다보니 호혜성에 관한 논의와 맞닿게 된 것이지, 오로지 호혜성에 관한 논의에만 부속되어 있는 것은 아니라 할 수 있다. 이는 호혜성에 관한 논의와 '분배 상황'을 예로 든 정의 논의 사이에 특수적 정의에 관한 결론적 규정[62]이 놓여 있는 점을 통해서도 알 수 있다. 그 지점에서 아리

---

58) *N.E.*, 1131a5 ("거래들이 자발적으로 개시되기 때문에 '자발적'이라 부른다.") 참조.

59) 권창은, 앞의 글, 21–39면; 손병석, 앞의 글, 291–301면 참조. "되갚음(ἀντιποιεῖν)"에 관한 아리스토텔레스의 언급으로는 다음의 개소를 참조. *N.E.*, 1132b33–1133a3 ("…사람들은 악을 악으로 되갚고자 하며, … 그들은 선을 선으로 되갚고자 한다. …")

60) 달리 표현하자면, 호혜성이란 '시정' 전반의 맥락보다는, '자율적인 되갚음'에 의한 시정의 맥락과 관련되는 것이라 할 수 있다. '시정'이란 '자율적인 되갚음'에 의하거나, 또는 '강제된 되갚음'에 의하여 얻어질 것이기 때문이다.

61) *N.E.*, 1134a1–1134a7 전후.

62) *N.E.*, 1133b29–1134a1 전후.

스토텔레스는 결국 특수적 정의도 덕의 하나인 이상[63] "일종의 **중용**(μεσό της τίς, a kind of mean)"[64]이라는 점을 분명히 하고 넘어갈 필요가 있었던 것이다.[65]

이밖에, 리치가 지적한 바와 같이, '시장 가격에 따른 분배'[비례적 호혜성]와 '(정치적 입장에 따라 달라지는) 가치에 따른 분배'[분배적 정의]는 같은 "분배"라는 말을 쓰고 있어도 근본적으로 전혀 다른 종류의 것이라는 점[66]도 고려해야만 할 것이다.

이렇게 본다면 결국 호혜성은 시정적 정의의 일종으로 이해하는 것이 타당한 것 같다. 여기서 한 가지 언급하고 넘어가야 할 사항이 있다. 그 것은 (비록 호혜성을 분배적 정의의 일종으로 이해하는 견해를 지지해 주지는 않지만) 호혜성을 시정적 정의의 일종으로 이해하는 견해를 논박하는 데 도움을 주는 학설에 관한 문제이다. 이 학설에 따르면, 널리 호혜성과 시정적 정의의 개념적 상호 관계를 긍정하는 견해들의 배후에는 아리스토텔레스 당시의 그리스 세계에서 통용되던 '약정 채권이 (동 채무의 불이행으로 인한) 손해배상채권과 독립적'이라는 법리를 보지 못하고, 그 자리에 '약정 채권이 (동 채무의 불이행으로 인해) 손해배상채권으로 전환'된다는 현대 사법의 법리를 투사시키는 몰역사적 인식이 자리잡고 있으며, 이

---

63) *N.E.*, 1106b24–1106b34 ("…그러므로 덕은 일종의 중용이다. …. 지나침과 부족함은 악덕에 속하는 반면, 중용은 덕에 속한다.") 참조.

64) *N.E.*, 1133b30–1134a1 참조.

65) 아리스토텔레스가 특수적 정의를 덕의 하나로 정리하는 데 성공적이었는지, 혹은 보다 근본적으로 덕을 중용으로 정리하고자 하는 그의 시도(켈젠은 이를 "μεσότης doctrine"이라 부르고 있다)가 성공적이었는지에 대해서는 다소 회의적이다. 이에 관해서는 한석환, "법, 정의, 덕—아리스토텔레스의 정의론—", 『서양고전학연구』 제4집(한국서양고전학회, 1990), 171면 이하; H. Kelsen, *op. cit.*, p.117 이하 참조.

66) D.G. Ritchie, *op. cit.*, p.189 참조.

는 결과적으로 손해배상의 원리에만 관계되는 시정적 정의를 자꾸만 계약체결의 원리에 관계되는 호혜성과 연계시켜 생각하는 오류를 낳았다는 것이다.[67] 그러나 이러한 비판은 최소한 시대착오적 편견 때문이 아니라, 텍스트 해석의 결과로부터 호혜성을 ('거래 상황'을 지배하는) 시정적 정의와 연계된 것으로 파악하는 견해에 대해서는 적절치 못하다. 그리고 이미 언급하였듯이, 필자는 "덕은 실천함으로써 습득되는 것이며, 다른 덕과 마찬가지로 정의의 덕 역시 타인과의 거래에서 정의의 덕을 실천함으로써 습득되는 것"이라고 한 아리스토텔레스의 견해가 유지될 수 있으려면, 아르콘(ἄρχων)이나 디카스테스(δικαστὴς)가 아닌 일반 시민(πολίτης)이 '타인과의 거래에서' 실천할 수 있는 정의의 덕이 존재해야 한다는 해석적 관점에서 출발하여, 호혜성이 바로 그러한 정의의 덕이며 동시에 그것은 '거래 상황'을 지배하는 시정적 정의와 연계될 수밖에 없다는 결론에 이른 것이다.

호혜성은 비자발적 거래와 무관한가?

앞에서 언급한 바와 같이 분배적 정의는 "분배 상황"을 지배하는 덕이고, 시정적 정의는 "거래 상황"을 지배하는 덕이다. 다만 전자의 경우에는 분배받는 사람들 사이에 (동료 시민이라는 기초 사실 외에) 어떤 특별한 관계가 전제되지는 않는 반면, 후자의 경우에는 우선적으로 거래 당사자들의 내적 관계라는 것이 형성된다. 또한 전자의 경우에는 반드시 처음부

---

67) 정태욱, 앞의 글(주 18), 40-46면 및 84-85면; 정태욱, 앞의 글(주 40), 42-43면 참조.

터 아르콘과 같은 공직자가 개입하게 되지만, 후자의 경우에는 분쟁으로 번진 뒤라야 디카스테스가 개입하게 된다. 그렇다면 분배적 정의에서는 '올바른 분배'의 기준에 관한 언급이, 시정적 정의에서는 '올바른 거래'의 기준에 관한 언급이 필수적이다. (한편 '올바른 시정'의 기준은 후자로부터 거의 자동적으로 확보된다고 보아야 할 것이다.)

문제는 거래가 비자발적 거래와 자발적 거래로 구분된다는 점에 있다. 비자발적 거래의 경우, 거래 상황을 지배하는 덕은 일견 '(이미 발생한) **거래에 대한 사후적 처리의 기준**'이 될 것이다. 그러나 자발적 거래의 경우, 거래 상황을 지배하는 덕이란 종국적으로는 분쟁으로 번진 거래에 대한 사후적 처리의 기준이 되겠지만,[68] 일차적으로는 '**거래의 수행 기준**' 그 자체가 될 것이다. 이렇게 본다면 호혜성이 "자발적 거래"에 있어서의 이 같은 특수한 사정에 대한 논의 필요성을 배경으로 등장한 것으로 볼 수 있지 않을까? 또한 이렇게 본다면 아리스토텔레스가 호혜성을 논하는 부분[69]에서 왜 서비스 교환의 조건이나 가치 척도로서의 화폐에 대한 논의를 장황하게 펴고 있는지도 설명이 되는 듯하다. 서비스 교환과 같은 자발적 거래의 수행 과정에서 적정한 '되갚음' 즉 반대급부의 이행이란 자연히 이종의 서비스 간의 등가 계산을 전제로 하기 때문이다.[70]

다른 한편으로 아리스토텔레스가 호혜성과 시정적 정의가 일치하지 않는 상황의 예로 든 것이 비자발적 거래의 경우인 '공직자 폭행 사례'[71]

---

68) 이 경우는 사실상 비자발적 거래로 전환된다고 볼 수 있다. 이 점에 대해서는 *N.E.*, 1136b5 이하 ("정의롭지 못한 방식으로 취급당하는 것은 자발적인 것이 아니다.") 참조.
69) 『윤리학』 제5권 5장에 해당하는 *N.E.*, 1132b21-1134a15.
70) Gabriel Danzig, *op. cit.*, p.410 참조.
71) *N.E.*, 1132b25-1132b30. 이에 대해서는 제5장에서 자세히 살펴보게 될 것이다.

였다는 점에서 일견 호혜성이 "비자발적 거래"의 경우에도 논의될 수 있는 것처럼 보이지만, 그러한 불일치 상황에서 아리스토텔레스가 지지하고 있는 것은 호혜성이 아니라 시정적 정의일 뿐이며, 아리스토텔레스 자신이 수용하고자 하는 정의로서의 호혜성에 대해서는 그것이 "자발적 거래"인 서비스 교환에 있어서 공동체의 결속 원리가 된다고 말하고 있을 뿐인 것 같다.[72] 나아가 이 경우 호혜성은 산술적인 방식이 아니라 비례적인 방식으로 거래의 조건이 결정되는 '시장적 메커니즘'과 관련될 수밖에 없다.

결국 아리스토텔레스에게 있어 비자발적 거래의 경우를 위한 호혜성이란 의미가 없는 것처럼 보인다. 그리고 이렇게 보면 "두 종류의 거래 유형에 대응하여 시정적 정의도 두 개의 하위 부분으로 나뉜다."[73]고 한 언급과도 자연스레 맞아떨어지는 것 같다. 이른바 넓은 의미의 시정적 정의가 (1) 비자발적 거래에 대응하는 좁은 의미의 시정적 정의와, (2) 자발적 거래에 대응하는 호혜성으로 나뉜다고 볼 수 있기 때문이다.

그러나 정말로 호혜성은 비자발적 거래의 규율과는 무관한 것일까? 보통의 경우 범죄의 형태로 개시될 비자발적 거래에 있어서는, 가해자가 범죄를 수행하는 데 지침이 되는 기준이 있을 리 없고, 피해자가 침해를 당함에 있어 준수해야 할 기준이 있다고 말하기도 어려울 것이다. 하지만, 피해자가 가해자에게 **복수**하려는(ἀνταποδίδωμι, revenge) 상황을 생각한다면 꼭 그렇게 말할 수만은 없지 않을까? 이 문제에 관해 제대로 판단하기 위해서는 아리스토텔레스의 다음과 같은 언급들을 상기할 필요가 있다.

---

72) *N.E.*, 1132b30 이하 ("서비스 교환이 필요한 공동체에서 이러한 종류의 정의는 사람들을 결속시키는 역할을 한다.")[강조점은 필자의 것임].

73) *N.E.*, 1131a1 이하.

[자신이] 모욕을 당하고도 참거나, 친구가 모욕당하는 데도 참는 것은 노예적인 일이다. … 복수하는 것이 더 인간적인 반응이다.[74]

누군가가 법을 어긴 채로(그렇지 않다면 [적법한] 복수가 될 것이므로) 자발적으로 타인에게 해악을 가한다면, 그는 정의롭지 못하게 행동하는 것이다. … 자신이 당했기 때문에 당한 대로 되갚는 사람은 정의롭지 못하게 행동하는 것이라 여겨지지 않는다.[75]

비록 가해자가 원천적으로(즉 '도발'되었기 때문이 아니라) 침해를 개시하는 데 있어서는 지침이 되는 어떤 '거래의 수행 기준'이 있다고 말할 수 있는 상황은 존재하지 않는다 하더라도, 가해자에게 복수하는 피해자 즉 불의를 당하여 되갚음(ἀντιποιεῖν)을 시도하는 사람에게는 지켜야 할 일정한 '거래의 수행 기준'이 있다고 말할 수 있다. 무엇보다도 그의 "되갚음" 행위가 정당하고 적법한 행위로 취급되는 "복수"에 해당하기 위해서는 첫째, 자신이나 가까운 사람이 '원천적으로 침해를 당했기 때문에' 되갚음을 시도하는 것이어야 하고[76] 둘째, "당한 대로" 되갚아야 하기 때문이다. 비록 아리스토텔레스 자신이 이른바 **정당방위**와 같은 경우를 고려하고 있었는지는 모르겠지만, 그러한 경우를 생각해 볼 때도 사정은 비슷하다고 말할 수 있다. 즉 피해자는 '터무니없이 과도한 반격'을 시도해서는 안 된다는 방어 지침을 준수해야 한다고 말할 수 있는 것이다.

요컨대 비자발적 거래가 침해 행위와 이를 되갚는 행위가 교환되는 형

---

74) *N.E.*, 1126a5-1126a30[강조점 및 [ ] 속의 글은 필자의 것임].
75) *N.E.*, 1138a5-1138a24[강조점 및 [ ] 속의 글은 필자의 것임].
76) 따라서 이른바 도발된 침해의 경우여서는 안 된다.

태로 이루어진다면, 그러한 비자발적 거래에 대한 '사후적 처리의 기준'만 이 아니라 '(비자발적) 거래의 수행 기준' 그 자체도 필요하다. 더구나 아리 스토텔레스가 언급하고 있는 바와 같이 복수를 하려는 것이 인지상정인 만큼, 이러한 형태로 이루어지는 비자발적 거래를 단순히 예외적인 현상 으로 간주할 수는 없기 때문에 더욱 그러하다.

문제는 과연 어떻게 하는 것이 "당한 대로" 되갚는 것이며, 혹은 '과 도하지 않게' 방어하는 것인가 하는 점이다. 아리스토텔레스는 이미 '산 술적' 호혜성을 거부하고 있기 때문에 이른바 '동해 보복'의 기준(lex talionis)을 채택할 수는 없는 노릇이다. 현실적으로도 그렇다. 만일 누군 가가 타인의 자식을 살해했는데,[77] 죽은 자식의 아버지가 복수[78]하려고 보니 살인자에게는 자식이 없었다고 한다면, 엄격히 말해 '산술적' 호혜 성에 근거한 '동해 보복'이란 처음부터 불가능하기 때문이다. 추측건대 아리스토텔레스가 이른바 '비례적' 호혜성을 지지하고 있는 까닭도 '산 술적' 호혜성의 현실적 한계를 직시했기 때문일 수 있다. 결국 "당한 대 로" 되갚는 것은 '비례에 따라' 되갚는 것이며, '과도하지 않게' 방어하는 것은 '비례를 넘어서지 않는 범위 내에서' 방어하는 것이라 말할 수 있을 것이다.

이렇게 본다면 아리스토텔레스가 자신의 비례적 호혜성 개념을 소개 한 후에도 왜 "악을 악으로 갚는"[79] 것에 대해 말하고 있는지가 명백해진

---

77) 이 사례는 *Sententia libri Ethicorum*의 930번 주석에서 폭력에 의한 비자발적 거래 (*N.E.*, 1131a—1131a8)의 예로 언급된 사례이다.
78) 여기서 말하는 복수란 아버지가 그 자식을 대신하여 복수한다는 뜻이 아니라, 아버지 자신의 권리 침해에 대해서 손수 복수한다는 뜻임을 주의해야 한다.
79) *N.E.*, 1132b33—1133a3.

다. 만일 비례적 호혜성 개념이 오로지 자발적 거래에만 관계된다면 "선을 선으로 갚는"[80] 것에 대해서만 말하면 될 뿐, 이러한 말을 해야 할 이유가 없다. 이는 전형적으로 비자발적 거래 즉 침해와 복수를 의미하는 말이기 때문이다. 또한 이렇게 볼 경우에 이제까지 논의한 정의가 동시에 **정치적 정의**(πολιτικὸν δίκαιον, political justice)"[81]이기도 하다는 아리스토텔레스의 말과도 잘 맞아떨어지게 된다. 이 말은 결국 정의가 자유로운 시민들(πολῖται)로 이루어진 공동체를 전제로 한다는 뜻이다. 여기서 중요한 것은 공동체의 '단적인(simpliciter) 결속'이 아니라 '자유로운 결속'이 요구되고 있다는 점이다. 따라서 "선을 선으로 갚는" 일[자발적 거래]이 없으면 교환 공동체 자체가 생길 수 없다는 면[82]에서 비례적 호혜성이 정치적 정의와 관련되는 것처럼, "악을 악으로 갚는" 일[비자발적 거래]이 불가능하다면 노예와 같은 삶이 될 것이라는 면[83]에서도 비례적 호혜성은 정치적 정의와 관련되는 것이라 할 수 있다.

요컨대 비례적 호혜성은 단치히의 견해와 달리 자발적 거래뿐만 아니라 비자발적 거래에 있어서도 적용되는 것으로 보인다. 따라서 "두 종류의 거래 유형에 대응하여 시정적 정의도 두 개의 하위 부분으로 나뉜다."는 말은 다음과 같이 이해되면 족할 것이다: '두 종류의 거래 유형에 대응하는 시정적 정의는 또한 두 개의 하위 부분으로 나뉜다.' 다시 말해서 자발적 거래만이 아니라 비자발적 거래에도 넓은 의미의 시정적 정의가 문

---

80) *N.E.*, 1132b33–1133a3.
81) 보다 정확한 의미로는 정태욱이 번역한 바와 같이 "Polis 사회의 정의"라고 해야 할 것이다. 정태욱, 앞의 글(주 40), 28–31면 참조.
82) *N.E.*, 1133a2
83) *N.E.*, 1133a1

제될 수 있으며, 또한 양자 모두에 있어서 넓은 의미의 시정적 정의는 (1) 좁은 의미의 시정적 정의(거래에 대한 사후적 처리의 기준)와, (2) 호혜성(거래의 수행 기준 그 자체)으로 구분지어 볼 수 있다는 뜻이다.

평등의 의미

아리스토텔레스의 정의론은 우리 법의 해석에 있어서도 종종 원용되고 있다. 대표적으로 그의 "분배적 정의" 개념은 판례에 의해 우리 헌법상 평등조항을 이해하는 방식으로 공식화되어 있다.[84] 예컨대, 공무 중에 부상을 입은 공무원을 (같은 경우의 군인·경찰과 달리) 보훈연금의 지급 대상에서 제외하고 있는 구 국가유공자예우등에관한법률(1991. 12. 27. 법률 제4457호로 개정되기 전의 것) 제12조 제1항[85]의 위헌 여부를 판단하면서 헌법재판소는 다음과 같이 말하고 있다.

---

84) 판례는 "배분적 정의"라는 번역을 채택하고 있으나, 표현의 확장성이나 어감 때문에 필자는 "분배적 정의"라는 번역을 더 좋아하는 편이다. 한편, 판례가 말하는 "배분적 정의"가 반드시 아리스토텔레스의 개념을 가리키는 것은 아니지 않느냐는, 예컨대 울피아누스(Ulpianus)의 "*suum cuique*"를 염두에 둔 것이라는, 반론이 있을지 모르겠다. 하지만 판례의 문맥이 평등조항의 이해에 있는 한, 이러한 반론은 적절치 않다. 실로 그것은 "비례"와 "산술" 사이에서 고민하는 일이기 때문이다.

85) 제12조(연금) ①다음 각 호의 1에 해당하는 자에 대하여는 연금을 지급한다. 다만, 이 법 또는 다른 법률의 규정에 의하여 연금지급대상에서 제외되는 자는 그러하지 아니하다.
1. 애국지사·전상군경·공상군경·재일학도의용군인·4.19 의거 상이자 및 특별공로 상이자
2. 순국선열·전몰군경·순직군경·4.19 의거 사망자 및 특별공로 순직자의 유족과 제1호에 해당하는 자가 사망한 경우의 그 유족(손자녀는 1945년 8월 14일 이전에 사망한 순국선열 또는 애국지사의 호주상속인인 손자녀에 한한다)

헌법 제11조 제1항의 평등이란 배분적 정의에 기초한 상대적 평등을 뜻하는 것이므로 합리적 이유가 있는 차별까지도 모두 금지하는 것은 아니다. 이 사건 법률조항은 국가유공자 중 국가에 대한 공헌과 희생, 업무의 위험성의 정도 등에 따라 단계적으로 보상을 실시하려는 규정으로 보인다.[86]

앞에서 살펴본 바와 같이, 분배적 정의는 공동체의 정치적 선택에 기초하여 '비례적인' 분배를 달성하는 것과 관련되며, (정치적 선택 사항이 아닌) 사법적 원리에 따라 '산술적인' 구제를 이루고자 하는 시정적 정의와 구별된다. 따라서 후자의 경우가 **가치**의 일치를 요구한다면, 전자의 경우는 **비율**의 일치를 요구한다고 말할 수 있다. 이렇게 보면 판례의 논리에도 별 문제가 없는 것 같다.

하지만 '공동체에 대한 기여를 (비례적인) 분배의 구체적 기준으로 삼는 것'과 '기여에 따라 (차등적인) 보상을 제공하는 것'은 구별해야 한다. 무엇보다 분배적 정의의 문제는 **보상**의 문제가 아니다! 공동체에 대한 기여를 보상이 필요한 희생으로 볼 경우,[87] 기여의 크기에 따른 보상이란 이미 시정적 정의의 관할에 들어온 것으로 보인다. 물론 기여와 보상의 대응은 '산술적'이기보다 '비례적'이겠지만, 그렇다고 해서 분배적 정의의 문

---

86) 헌법재판소 2001. 6. 28. 99헌바32 결정
87) 이러한 관점은 판례의 것이라기보다는, 다음의 조항에서 보듯이 법률 자체가 취하고 있는 것이라 할 수 있다.
   제2조(예우의 기본이념) 우리 대한민국의 오늘은 온 국민의 애국정신을 바탕으로 순국선열을 비롯한 국가유공자의 공헌과 희생위에 이룩된 것이므로 이러한 공헌과 희생이 우리들과 우리들의 자손들에게 숭고한 애국정신의 귀감으로서 항구적으로 존중되고, 그 공헌과 희생의 정도에 대응하여 국가유공자와 그 유족의 영예로운 생활이 유지·보장되도록 실질적인 보상이 이루어져야 한다.

제가 되는 것은 아니다. 앞에서 살펴본 (시정적 정의의 하위 범주로서) '비례적' 호혜성의 문제일 수 있기 때문이다.

분배적 정의에 관한 전형적인 사례는 대한민국 정부 수립 직후 제정된 귀속재산처리법(1949. 12. 19. 법률 제74호)과 농지개혁법(1949. 6. 21. 법률 제31호)에 따라 귀속재산과 농경지를 (일정한 매수인 선정 기준에 의해) 매각했던 점("재산"의 분배)이나, 헌법 자체가 선거와 공직 진출의 평등을 정하고 있는 점("명예"의 분배)에서 찾을 수 있다. 여기서 분배는 시원적으로 이루어지는 것이며, 무언가에 대한 보상으로서 제공되는 것은 아니다. 결국 판례가 차등적 보상 규정을 정당화하면서 (비례적 호혜성이 아닌) 분배적 정의를 거론하는 것은 적절치 않아 보인다.

한편, 판례가 평등선거의 원칙을 논하면서 투표가치의 평등을 강조하고 있는 것은 어떻게 볼 것인가? 이것은 이른바 "가치"의 일치를 강조하는 것이기 때문에, 선거의 평등이 분배적 정의의 사례라는 앞의 설명과 충돌하는 것인가?

우리 헌법은 제11조 제1항에서 일반적인 '평등의 원칙'을 선언함과 동시에, 제41조 제1항에서 "국회는 국민의 보통·평등·직접·비밀선거에 의하여 선출된 국회의원으로 구성한다."고 규정함으로써 국회의원의 선거에 있어서 '평등선거의 원칙'을 선언하고 있다.

평등선거의 원칙은 평등의 원칙이 선거제도에 적용된 것으로서 투표의 수적 평등, 즉 1인 1표의 원칙(one person, one vote)과 투표의 성과가치의 평등, 즉 1표의 투표가치가 대표자 선정이라는 선거의 결과에 대하여 기여한 정도에 있어서도 평등하여야 한다는 원칙(one vote, one value)을 그 내용으로 할 뿐만 아니라 …, 일정한 집단의 의사가 정치과정에서 반영될

수 없도록 차별적으로 선거구를 획정하는 이른바 '게리맨더링'에 대한 부정을 의미하기도 한다.[88]

생각건대, 이에 대한 답은 시원적인 "명예"의 분배가 '부의 크기'에 따라 이루어지는 경우와 '시민적 지위'에 따라 이루어지는 경우를 비교함으로써 분명해질 것 같다. 사실 이 두 경우는 아리스토텔레스 자신이 들고 있는 (공동체의 정치적 입장에 따른) 분배 기준의 예이다.[89] 전자의 경우 분배적 정의는 사람들(x, y) 사이의 부(w)의 비율과 명예(h)의 비율이 일치할 때 달성된다고 할 수 있다: $w(x) : w(y) = h(x) : h(y)$

마찬가지로 후자의 경우에도 사람들(x, y) 사이의 시민적 지위(c)의 비율과 명예(h)의 비율이 일치할 때 분배적 정의가 달성될 것이지만, 애초에 분배가 동등한 시민적 지위를 갖는 사람들을 대상으로 이루어지는 것이라면, 결국 분배적 정의는 모든 시민들이 똑같은 명예를 누리게 될 때 ("투표가치의 평등") 달성되는 셈이다: $c(x) : c(y) = h(x) : h(y) = 1 : 1$

요컨대 평등선거의 원칙과 관련하여 투표가치의 평등이 강조되는 것은, 선거의 평등이 분배적 정의의 사례가 아니기 때문이 아니라, (굳이 말하자면) 정치 공동체가 선택한 '민주주의적' 분배 기준이 작동하고 있기 때문인 것이다. 판례는 평등선거의 원칙을 헌법상 평등조항의 반영이라 말하고 있다. 분배적 정의 개념을 들어 평등조항의 의미를 논했어야 할 대목은 정작 여기가 아니었나 싶다.

---

88) 헌법재판소 2001. 10. 25. 2000헌마92 · 240(병합) 결정
89) *N.E.*, 1131a25 이하.

4

그림자밟기

그림자밟기는 아무때고 할 수 있는 놀이가 아니었다. 흐린 날에는 안 되고, 그림자가 너무 짧거나 긴 시간대에도 안 된다. 물론 날이 저물어서도 안 된다. 마치 그림자라는 것을 잠시 빌려 쓰는 느낌이었다.

아리스토텔레스가 특수적 정의에 대한 논의를 이어가는 과정에서 상정하고 있던 문제는 한마디로 이해득실에 관한 갈등이었다고 말할 수 있다. 공동체의 정치적 입장에 따라 분배가 이루어질 때나, 그렇게 분배된 몫을 기반으로 이러저러한 거래를 수행할 때, 혹은 거래가 분쟁으로 이어져 사법적 처리 과정을 거치게 될 때, 항상 이해득실의 공정한 조정이 요청될 것이기 때문이다.

아래에서는 사유재산권의 정당화를 위한 몇 가지 시도들을 살펴보면서, 재산의 소유를 둘러싼 이해득실의 문제에 대해 아울러 생각해 보려고 한다. 앞서의 논의로 미루어, 정부 수립 직후 "재산"의 분배에 대해서는 "명예"의 분배와 같이 단호히 평등을 선언할 형편이 아니었을 수 있다. 게다가 헌법의 조항도 여느 기본권의 경우들과 달리 '재산권'에 대해서는 그리 간단치 않은 모양새를 띠고 있다. '재산 문제의 구도가 이렇게 복잡하다면, (그것의 규율이라는 문맥에서) 정의의 요청도 어떤 다채로운 함의를 드러내게 되지 않을까? 이 의문을 아래의 논의 과정 속에서 확인해 보도록 하자.

타인에 대한 배려

'사적 소유' 내지 **사유재산권**(private property)은 정당화될 수 있는가? 사회 · 정치철학 분야에서 이 물음은 그야말로 고전적인 논의 주제의 하나라 할 수 있다. 개인의 자유와 권리의 보장 영역이 외부의 사물들에 대하여 '정당하게' 확장될 수 있음을 강조하려는 입장에서든, 자유와 권리가 정당화되기 위한 조건에 주목함으로써 그 확장의 폭을 제한하려는 입장에서든 이 물음을 시작으로 각자의 생각을 다듬어 가게 될 것이다.

이 물음은 특히 "토지" 재산의 사유화 문제가 불거지면서 본격적인 성찰 대상으로 떠올랐다.[1] 토지라는 외부의 사물이 인간의 삶 속에서 차지하는 비중이나, 그것의 생산성과 희소성 등을 고려할 때, 이는 극히 자연스러운 결과라 할 수 있다. 역사적으로는 중세의 공동체적 삶의 양식이 해체되고 개인이 (배타적으로) 지배하는 삶의 기반을 (저마다) 확보해야 하는 시대로 이행함과 동시에,[2] 과거에는 봉건적 신분질서와 결합하여 그 소유 가능성이 결정되었던 토지가 비로소 만인의 경쟁적 추구 대상이 되면서,[3]

---

1) 김남두 편역, 『재산권 사상의 흐름』(천지, 1993), 13면
2) 그러한 이행이 단번에 일어났다는 의미는 아니다. 이에 대한 상세한 논의로는 정태욱, "근대 소유권사상의 형성—영국의 경우를 중심으로—", 『법철학연구』 제3권 제1호(한국법철학회, 2000), 170면 이하 참조.
3) Lawrence M. Friedman, 안경환 역, 『미국법의 역사』(청림출판, 2006), 78면 이하 참조.

그 정당한 사유화에 대해 고민할 수밖에 없는 상황이 되었을 것이다.

외부의 사물에 대한 사유재산권이 정당화될 수 있는지를 묻는 배후에는, 사유화로 인해서 더 이상 그 사물에 접근할 수 없게 될 사람들을 적절히 배려할 수 있는지에 관한 의문이 자리하고 있다. 그리고 토지의 경우와 같이 가치와 매력이 큰 사물일수록, 그것에 대한 누군가의 배타적 지배는 '타인에 대한 배려'의 요구를 더 절박한 것으로 만든다.[4]

이러한 요구는 단지 철학적 이론이나 윤리적 담론의 수준에서만 제기되는 것은 아니다. 그것은 동시에 엄연히 법적인 문제로서 우리에게 주어져 있다. 가령 우리 헌법은 제23조 제1항에서 "모든 국민의 재산권은 보장된다. 그 내용과 한계는 법률로 정한다."고 규정하면서 동조 제2항에서 다시 "재산권의 행사는 공공복리에 적합하도록 하여야 한다."고 선언하고 있다.[5] 공공복리에 적합한 재산권 행사의 의미가 정확히 무엇이든지 간에, 최소한 그것은 타인에 대한 배려를 부정하는 것일 수는 없다.

이상의 내용은 투기적 거래를 억제하기 위해 (규제지역 내의 토지에 대하여) 토지거래허가제를 도입하고 있던 국토이용관리법(1972. 12. 30. 법률 제2408호 및 이후 개정 법률)의 규정이 합헌임을 선언한 헌법재판소의 결정에도 잘 나타나 있다.

---

4) 인클로저 운동의 영향과 구빈제도의 등장 배경에 대한 설명으로는 정태욱, 앞의 글, 171–172면 참조.

5) 헌법은 또한 재산권 제한적 법률이 소급 입법의 형태를 취해서는 안 된다는 점을 분명히 하고 있다(제13조 제2항). 또한 "토지"에 대해서는 헌법 제121조(농지에 대한 소작제도의 금지)와 제122조(국토의 효율적이고 균형 있는 이용 · 개발 · 보전에 필요한 제한과 의무)를 통해서 특별한 규제를 더하고 있다.

재산권 행사의 사회적 의무성을 헌법 자체에서 명문화하고 있는 것은 사유재산제도의 보장이 타인과 더불어 살아가야 하는 공동체생활과의 조화와 균형을 흐트러뜨리지 않는 범위 내에서의 보장임을 천명한 것으로서 재산권의 악용 또는 남용으로 인한 사회공동체의 균열과 파괴를 방지하고 실질적인 사회정의를 구현하겠다는 국민적 합의의 표현이라고 할 수 있으며 … 그런데 토지의 수요가 늘어난다고 해서 공급을 늘릴 수 없기 때문에 시장경제의 원리를 그대로 적용할 수 없고 … 함께 살아가야 할 생활터전이기 때문에 그 이용을 자유로운 힘에 맡겨서도 아니 되며 … 올바른 법과 조화 있는 공동체질서를 추구하는 사회는 토지에 대하여 다른 재산권의 경우보다 더욱 강하게 사회공동체 전체의 이익을 관철할 것을 요구하는 것이다. … 그렇기 때문에 토지재산권에 대하여서는 입법부가 다른 재산권보다 더 엄격하게 규제를 할 필요가 있다고 하겠는데 이에 관한 입법부의 입법재량의 여지는 다른 정신적 기본권에 비하여 넓다고 봐야 하는 것이다.[6]

재산권의 행사에 사회적 제약을 인정하는 것은 분명 어떤 식으로든 **공동체의 결속**을 유지하는 데 도움이 될 것이다. 각자가 자신의 재산권을 행사하면서 늘 공공복리까지 챙긴다면야 서로 언성을 높일 일도 거의 없을 것 같다. 하지만 그것이 헌법재판소의 설명과 같이 '**정의**'를 구현하는 일인지에 대해서는 논란의 여지가 있다. 당장 자유지상주의자들(libertarians)의 떨떠름한 반응도 예상할 수 있을 것이다. 이 문제에 접근하는 한 방법으로서, 일단 정확히 어떤 문맥에서 이 문제가 '이해득실의 공정한 조정'과 관계되는지 생각해 볼 필요가 있다.

---

6) 헌법재판소 1989. 12. 22. 88헌가13 결정

헌법 제23조 제2항의 의의를 밝히면서, 헌법재판소가 공동체의 결속 유지를 정의 문제와 결부시키고 있는 점은 앞에서 살펴보았던 아리스토텔레스의 '정치적 정의'에 대한 언급을 연상시킨다.[7] 아리스토텔레스는 공동체의 결속 문제에 직결되는 실천 규범으로서 (비례적) 호혜성을 정의의 한 종류라 말하고 있는데, 이는 정의가 자유로운 시민들의 공동체를 전제로 한다고 보았기 때문이다.

"공동체의 모순은 외면하면서, 희생·단결만 강조하는 건 아닌가요? 보통 그럴 때 '국가가 있어야 정의도 있다!'고 윽박지르던데요."

어쩌면 질문이 염려하는 것과 같은 상황은 바로 아리스토텔레스가 말하는 '부정의'일 수 있다. 주로 그렇게 윽박지르면서 뒤로는 (공동체야 어떻게 되건) 자기 잇속을 챙기는 수가 많으니까. 아리스토텔레스의 기본 입장은 정당한 몫보다 많이 얻고자 하는 탐욕을 정의의 대척점에 두고,[8] 정의의 핵심을 이해득실의 공정한 조정에서 찾는 것이었다. 어찌되었건 정의 없는 공동체의 결속이 당초 우리가 기대하던 바도 아니다.

아리스토텔레스의 생각은 사람들이 가지고 있는 정당한 요구(legitimate claim)의 상호 존중이 보장되어야 공동체의 결속이 있을 수 있다는 것이다. 이득을 안기면 되받을 수 있기를(**교환**), 침해를 당하면 되갚을 수 있기를(**복수**) 바라는 것은 원초적으로 정당한 요구이며, 호혜성이란 바로 그러한 요구가 (비례에 따라 적정하게) 충족되어야 한다는 요청이

---

7) 이 책 제3장의 주 81) 부분 참조.
8) *N.E.*, 1134a1 이하 참조.

다. 만일 그러한 요구가 충족되지 않는다면, 사람들이 공동체를 구성할 이유는 줄어들게 된다. 달리 표현하자면, 아리스토텔레스의 생각은 **'권리의 존중'**이라는 관점을 나타내고 있다. 사람들이 본래 가지고 있던 정당한 권리를 존중하는 것이야말로 공동체의 결속과 정의를 연결시켜 주는 것이다. 이제 헌법 제23조 제2항(재산권 행사의 사회적 제약)이 공동체의 결속을 유지하는 것이자 동시에 정의를 구현하는 것이라는 평가의 핵심도 "사회적 제약이 타인들의 권리에 해당한다."는 관점에 있다는 생각이 든다.

"내 재산권 행사를 제약할 타인들의 권리라니요? 예의상 남들 눈치는 좀 봐야 한다고 쳐도, 남들한테 그런 권리씩이나 인정하라는 건 지나치지 않나요?"

완벽한 재산권을 취득했다고 생각했는데, 갑자기 내 맘대로 할 수 없는 게 있다면 누구든 이런 반응을 보일 수 있다. 마치 재산권의 가치가 줄어드는 듯한 느낌인지도 모르겠다. 하지만 여기에 미처 반영되지 않은 어떤 '채무관계'가 있었기 때문이라면 어떨까? 상실감이 다소 누그러들지 않을까?

만약 재산이 '나의 것'이 되는 과정 자체가 타인들의 자제와 희생을 요한다면, 그에 대한 보상으로서 타인들을 위한 사회적 제약이 인정될 수 있을 것이다. 내가 획득한 재산이 (그 행사에 있어) 애꿏게 제약당하는 것이 아니라, 제약이 있기에 재산 획득도 가능해지기 때문이다. 아리스토텔레스의 호혜성 개념이 (분배적 정의와 달리) 본디 **보상**의 문맥을 전제로 하는 것임을 기억하자.

제약이 있기에 재산 획득도 가능해진다는 말은 결국 사회적 제약이라는 것이 사유재산권의 개념적 구성요소라는 말과 같다! 헌법재판소가 사용하고 있는 "재산권에 내재하는 사회적 제약", "재산권의 내재적 제약", "재산권의 내재적 한계로서 허용되는 사회적 제약" 등의 표현[9]은 그와 같은 의미를 반영하는 것이다. 헌법 제23조 제1항 제2문에 의한 광범위한 입법재량은 단지 경험적 차원의 제약을 가감할 뿐이다. 그 재량의 여지는 제23조 제2항의 개념적 한계에 의해 확보된다.

로크의 단서

지금까지 우리는 사유재산권의 정당화를 위해서는 타인에 대한 배려가 있어야 한다는 점에서 출발하여, 그와 같은 배려가 단순히 공동체의 결속이 아니라 동시에 정의의 차원에서 요구되는 것으로 보려면 권리의 존중이라는 관점이 필요하다는 인식에 이르렀다. 이 과정에서 아리스토텔레스의 호혜성 개념은 유용한 길잡이가 되었다.

하지만 호혜성 자체는 재산의 사유화 과정보다는 사유재산의 거래 과정에서 요구되는 상호 존중의 뜻을 담고 있다고 할 수 있다. 따라서 사유재산권의 정당화를 위해서 필요한 사항을 직접적인 내용으로 한다고 보기는 어렵다. 다만 뒤에서 살펴보게 될 바와 같이 구조적으로 그와 관련을 맺을 수는 있을 것이다.

권리의 존중이라는 관점에서 타인에 대한 배려의 논리를 펴고 있는 가

---

9) 헌법재판소 1998. 12. 24. 89헌마214, 90헌바16, 97헌바78(병합) 결정

장 전형적인 사례는 존 로크(John Locke)에게서 찾아볼 수 있을 것이다. 로크는 자연상태에서 모든 인간이 자기보존의 권리 및 의무[10]를 갖는다는 점으로부터, 토지를 비롯한 외부의 사물은 인류 전체의 공유물로 주어진 것이라 보는 시각을 재산권에 대한 논의의 출발점으로 삼는다.[11] 그에 따르면 (1) 모든 인간이 자신을 보존해야 한다는 점에 이어, (2) 각자는 자신의 보존이 위태롭지 않은 한 최대한 타인의 보존에 힘써야 한다는 점을 자연법에 따른 공존의 원리로 인정할 수 있고, 따라서 정당방위의 경우를 제외하고는 타인의 생명 자체 또는 생명의 보존에 필요한 것을 박탈하거나 손상시켜서는 안 된다.[12] 토지를 비롯한 외부의 사물이 여기서 말하는 "생명의 보존에 필요한 것"에 해당함은 의문의 여지가 없다.[13] 결국 평온한 공존의 상태를 유지하는 한, 외부의 사물에 대한 타인의 이용을 배제할 수 있는 나의 권리는 존재하지 않는다.

로크에 따르면 사유재산권의 정당화를 위해서는 바로 이러한 출발점으로부터 어떻게 사유화의 과정이 정당하게 시작될 수 있는지를 보일 수 있어야 한다. 로크의 대안은 다음과 같은 매우 논쟁적인 진술로 제시되고 있다.

비록 대지와 모든 열등한 피조물은 만인의 공유물이지만, 그러나 모든 사람은 자신의 인신(person)에 대해서는 소유권을 가지고 있다. 이것에 관

---

10) J. Locke, 강정인 · 문지영 역, 『통치론』(까치, 1996), 13면 참조. 따라서 로크에 의하면 인간은 자기 자신을 파괴할 수 있는 권리를 갖지 않는다.
11) J. Locke, 위의 책, 33면
12) J. Locke, 위의 책, 13-14면
13) J. Locke, 위의 책, 41면

해서는 그 사람 자신을 제외한 어느 누구도 권리를 가지고 있지 않다. 그의 신체의 노동과 손의 작업은 당연히 그의 것이라고 말할 수 있다. 그렇다면 그가 자연이 제공하고 그 안에 놓아 둔 것을 그 상태에서 꺼내어 거기에 자신의 노동을 섞고 무언가 그 자신의 것을 보태면, 그럼으로써 그것은 그의 소유가 된다. 그것은 그에 의해서 자연이 놓아둔 공유의 상태에서 벗어나, 그의 노동이 부가한 무언가를 가지게 되며, 그 부가된 것으로 인해 그것에 대한 타인의 공통된 권리가 배제된다. 왜냐하면 그 노동은 노동을 한 자의 소유물임이 분명하므로, 타인이 아닌 오직 그만이, 적어도 그것 이외에도 다른 사람들의 공유물들이 충분히 남아 있는 한, 노동이 첨가된 것에 대한 권리를 가질 수 있기 때문이다.[14]

여기서 외부의 사물에 대한 타인의 이용을 배제할 수 없는 공유의 상태에서 사적 소유의 상태로 이행할 수 있도록 하는 힘은 다른 공유자들의 "**동의**"가 아니라 외부의 사물에 가해진 누군가의 "**노동**"에서 나온다.[15] 로크는 사유재산권의 정당화를 위해 다른 공유자들의 동의를 필요로 하지 않는 이론을 구상하고 있는데,[16] 이는 인류 전체를 상대로 그러한 동의를 얻는다는 것이 불가능한 일인 탓도 있지만,[17] 역사적으로도 그러한 동의 없이 사유화의 과정이 전개되었을 것으로 보이기 때문이다.

---

14) J. Locke, 위의 책, 34-35면
15) 이 점이 로크와 그 이전의 사상가들인 그로티우스(H. Grotius) 및 푸펜도르프(S. Pufendorf)의 중대한 차이점이라고 할 수 있다. 이에 대해서는 김남두, "사유재산권과 삶의 평등한 기회—로크를 중심으로—", 『철학연구』 제27권(철학연구회, 1990), 160-161면; 정태욱, 앞의 글, 174면 및 176-177면 참조.
16) J. Locke, 앞의 책, 34면
17) J. Locke, 위의 책, 36면

로크의 진술은 크게 두 가지 부분으로 구성되어 있다. 첫째는 "노동"이라는 사적 지배 관계의 설정 동력이며, 둘째는 이른바 '**로크의 단서**(Lockean proviso)'라는 말로 알려진, 사적 소유 상태로의 이행 조건이다. 이 두 가지 부분이 동시에 갖춰지지 않으면 정당한 사유화의 과정이 진행될 수 없기 때문에 양자 중 어느 한 부분, 특히 전자의 부분만 강조하는 것은 로크에 대한 제대로 된 평가라 할 수 없을 것이다. "노동"의 수고로움과 가치 창출력을 인정한다 하더라도,[18] "노동"이라는 것 속에서 어떻게 공유의 상태를 배제하고 사적 지배 관계를 창설케 하는 규범적 계기를 발견할 수 있는지에 대해서는 여전히 논란이 있다.[19]

현재 우리가 주목하고 싶은 것은 로크의 진술의 두 번째 부분, 즉 "로크의 단서"라고 하는 사적 소유 상태로의 이행 조건이다. 물론 그가 제시하고 있는 이행 조건을 "**충분 한계**", "**사용 한계**", "**노동 한계**", "**손상 한계**" 등으로 구분하여 논하는 견해가 있지만,[20] 핵심이 되는 것은 더 이상 그 외부의 사물을 사용할 수 없게끔 배제되는 사람들에게 피해를 주지 않아야 한다는 생각이며, 로크가 제시하는 이행 조건은 단지 그러한 생각을

---

18) 김남두, 앞의 글(주 15), 162-163면 참조.

19) 노직(R. Nozick)만 하더라도 최소한 다섯 가지 정도의 의문점을 들고 있는 것으로 보인다. 첫째, 자신의 소유인 것을 자신의 소유가 아닌 것과 섞을 경우에 왜 이것을 후자의 취득이 아닌 전자의 상실로 볼 수 없는가? 둘째, 노동의 가치 창출이 중요하다면 왜 노동이 창출해 낸 부가가치에 대해서만이 아니라 대상물 전체에 대해 소유가 확장되는가? 셋째, 노동을 통해 만들어진 산물이 노동을 가하기 이전보다 덜 가치 있는 것이라면 어떻게 되는가? 넷째, 노동의 요소를 중시하면서 사유재산제가 아니라 공동재산제를 옹호할 수도 있지 않은가? 다섯째, 토지 위에 울타리를 칠 경우 그 울타리의 내부 전체가 아니라 울타리 자체 또는 그 바로 밑의 토지 부분만 사적 소유의 대상이 되는 것은 아닌가? R. Nozick, 남경희 역, 『아나키에서 유토피아로』(문학과지성사, 2000), 221-225면 참조.

20) 이러한 명칭들은 맥퍼슨(C.B. Macpherson)이 붙인 것이라 한다. 김남두, 앞의 글(주 15), 165면 참조.

다양한 방식으로 표출한 것일 뿐이라 할 수 있다. "노동"을 통한 사적 소유는 공유의 상태에서는 상상할 수 없을 정도의 가치를 창출함으로써, 타인에게 피해를 주는 것이 아니라 오히려 추가적인 편익을 제공하고 있는 것이라는 진술,[21] 획득한 물자를 "손상"시킬 경우에는 그것을 유용하게 사용할 수도 있었을 타인에게 피해를 주는 것이기 때문에 정당한 사유화라 볼 수 없다는 진술,[22] 획득한 물자를 자신이 직접 "사용"하는 경우 외에 그것을 필요로 하는 타인에게 (교환이나 매매를 통해) 주어 사용하게 함으로써 손상을 면하게 했다면 타인에게 피해를 준 것이 아니기 때문에 문제될 것이 없다고 하는 진술[23] 등은, "로크의 단서"에서 획득한 물자를 제외하고도 여전히 동질적인 물자가 "충분"히 남아 있다면 (다른 공유자들의 동의를 구할 필요도 없이) 정당한 사유화가 이루어질 수 있다고 한 것과 동일한 생각을 표현하고 있는 셈이다. 그것은 바로 "타인에 대한 배려"이다.

툴리(Tully)는 『통치론』 제1권에서 로크는 '생존권(subsistence right)'을 명시적으로 언급하고 있음을 강조하며, 『통치론』 제2권 제5장에서 나오는 이른바 '여분의 제한(다른 사람도 이용할 수 있는 양을 남겨두어야 한다.)'과 '부패의 제한(자신이 다 활용하지 못하고 낭비되어 버리는 부분은 그의 소유권의 범위를 넘는 것이다.)'은 결국 재산의 공공성과 정부의 규제를 뜻

---

21) J. Locke, 앞의 책, 43면 및 48면
22) J. Locke, 위의 책, 44면
23) J. Locke, 위의 책, 51면 및 53면. 특히 화폐의 경우 그 자체가 장기간 보관하더라도 "손상"되지 않기 때문에 타인에게 "피해"를 주지 않고 가치의 저장 수단으로 활용될 수 있다고 말하고 있다.

하는 것이라고 하면서 로크의 이론은 배타적인 개인주의적 소유권론과는 거리가 있다고 주장하였다.[24]

요컨대 로크의 경우는 사유재산권을 정당화하는 논리 속에 (자연법상의 정당한 공유 지분을 갖는) 이웃들에게 피해를 주지 않는 방식으로 외부의 사물을 획득하고 사용·처분해야 한다는 점을 요구함으로써 "타인에 대한 배려"의 문제에 답하고 있는 것이라 할 수 있다. 다만, 그의 논의에서는 사유화의 대상이 되는 외부의 사물의 종류나 특성에 대한 고민은 발견되지 않는다. 하지만 들판의 사과나무에 열린 사과를 따는 문제와 들판 자체에 울타리를 치는 문제는 결코 동일한 논리로 답할 수 없는 것일 수 있다. 헌법재판소도 앞의 토지거래허가제 결정이나, 이후 도시계획법(1972. 12. 30. 법률 제2435호로 개정된 것)상의 개발제한구역제도에 관한 판단에서 "토지" 재산권의 특수성을 강조한 바 있다.

토지는 원칙적으로 생산이나 대체가 불가능하여 공급이 제한되어 있고, 우리나라의 가용토지면적은 인구에 비하여 절대적으로 부족한 반면에, 모든 국민이 생산 및 생활의 기반으로서 토지의 합리적인 이용에 의존하고 있으므로, 그 사회적 기능에 있어서나 국민경제의 측면에서 다른 재산권과 같게 다룰 수 있는 성질의 것이 아니므로 공동체의 이익이 보다 강하게 관철되어야 한다.[25]

---

24) 정태욱, "로크(John Locke) 사상의 재조명─혁명론, 소유권론, 관용론을 중심으로─", 『법철학의 모색과 탐구』(심헌섭 박사 75세 기념논문집)(법문사, 2011), 55면[필자에 의한 일부 한글 이름 표기와 문장부호·기호의 추가·변경이 있음].
25) 헌법재판소 1998. 12. 24. 89헌마214, 90헌바16, 97헌바78(병합) 결정

마르크스(K. Marx)는 "토지"와 같은 생산 수단의 집중이 "자기 자신의 노동에 의한 사적 소유"를 해체하고 "타인의 노동(임금 노동)에 의한 사적 소유"로 대체하는 문제가 있음을 지적하는데,[26] 이는 "노동"의 개념뿐 아니라 "소유"의 개념에 대해서조차 기존의 논의가 불충분한 것이었음을 보여 준다.[27]

[마르크스]는 생존 유지에 직접적으로 필요한 것과 이것들을 생산하기 위한 생산 수단의 소유가 결코 같은 것일 수 없다는 점에 주목했다. 생산 수단의 소유는 단순히 소유자에게 생존의 수단을 제공해 주는 것을 넘어 타인의 생존을 좌우할 수 있는 수단을 제공한다. 이는 단순히 생존수단 확보의 문제가 아니라 타인을 지배하는 권력을 가지게 됨을 의미한다.[28]

"토지"를 포함한 생산 수단에 대해서는 사유재산권의 인정을 재고해야 한다는, 마르크스적 집단 소유(collective property)의 대안을 따르지는 않더라도, 헌법 제23조 제2항의 의미를 모색하는 과정에서, 그의 통찰에 담긴 배려의 정신도 곱씹어 볼 가치가 있을 것이다.

보상의 문제

토지거래허가제 결정에서 헌법재판소는 재산권의 행사에 사회적 제약

---

26) K. Marx, 김수행 역, 『자본론』 I (하)(비봉출판사, 1994), 957면 참조.
27) K. Marx, 위의 책, 961면 참조.
28) 김남두, 앞의 글(주 15), 179면

을 인정하는 것이 공동체의 결속을 위한 것임에 더해, 정의의 요청이기도 하다는 입장을 보였다. 이러한 입장은 공동체의 결속 문제에 직결되는 실천 규범이자 정의의 한 종류이기도 한 호혜성 개념을 통해서 볼 때 제대로 이해될 수 있는 것이었다.

흥미로운 것은 토지거래허가제 결정의 취지를 그대로 따른다는 이후의 결정에서 **정의**의 요청이 거론되는 방식이다. 이른바 개발제한구역제도 결정에서 헌법재판소는 (이전에) 타인들의 권리로서 사회적 제약을 인정했던 것과는 반대 방향에서(즉 토지의 소유자에 대한 배려의 방향에서) 정의의 요청을 고려하고 있기 때문이다. 일견 그러한 사회적 제약이 인정되는 한, 앞에서 살펴보았던 **보상**의 문제는 이미 해소된 것일 수 있는데 말이다.

토지소유자가 종래의 목적대로 토지를 이용할 수 있는 한, 구역의 지정으로 인하여 토지재산권의 내재적 제약의 한계를 넘는 가혹한 부담이 발생했다고 볼 수 없다. … 다만, 구역의 지정으로 인한 토지재산권의 제한이 비록 헌법적으로는 재산권에 내재하는 사회적 제약의 범위내의 것이라 할지라도, 구역의 지정이 도시민의 건전한 생활환경을 위한 것임에도 불구하고 수익자인 도시민은 최소한의 부담도 하지 아니하고 오로지 구역 내의 주민과 토지소유자들에게만 그 부담을 전가하는 것은 형평과 사회정의의 요청에 반하므로, 구역 내의 주민이나 토지소유자들에게는, 예컨대 각종 세금의 감면 등 다양한 혜택을 부여하는 한편 수익자로부터는 개발이익을 환수하는 방법 등을 통하여 구역 내 주민의 부담을 완화하고 형평을 회복하는 조치를 취하는 것이 바람직하다 … 구역지정으로 인하여 예외적으로 토지를 종래의 목적으로도 사용할 수 없거나 또는 더 이상 법적으로 허용된 토지 이용의 방법이 없기 때문에 실질적으로 토지의 사용·수익의 길이 없는 경우에는 토지의 소유권은 이름만 남았을 뿐 알맹이가 없는 것이므로 토지소유자가 수인해야 하는 사회적 제약의 한계를 넘는 것으로 보아야 한다. … 수인의 한계를 넘어 가혹한 부담이 발생하는 예외적인 경우에는 이를 완화하는 보상규정을 두어야 한다. 이러한 보상규정은 입법자가 헌법 제23조 제1항 및 제2항에 의하여 … 두어야 하는 규정이다.[29]

앞에서 살펴본 바에 의하면, 호혜성은 "**시정적 정의**"의 일종인 반면, 보상의 문맥 바깥에서(즉 보상의 문제가 아닌 것으로서) 논의되는 정의의 요청이란 곧 "**분배적 정의**"의 요청을 가리킨다. 분명히 서로 다른 이야기인 것이다. 하지만 두 결정에서 언급되고 있는 정의의 요청은, 이처럼 각기 다른 정의 개념을 함축하는 것이면서도, 어딘지 모르게 일체감이 느껴지는 듯하다. 그리하여 두 결정이 지적하는 측면을 함께 고려하지 않으면, (재산권 행사의 사회적 기속성과 관련한) 정의의 요청에 어디까지나 불완전하게 응답할 뿐인 것으로 여겨진다.

"개발제한구역제도 결정을 보면, 사회적 제약의 정도에 따라서 헌법 제23조 제2항의 함의를 다르게 파악하고 있는데, 혹시 그런 '복합적 해석'이 원인일 수 있을까요? 그래서 시정적 정의와 분배적 정의의 요소들이 뒤섞여 있는 ….."

질문이 말하는 '복합적 해석'이란 가령 이런 것이다. 재산권의 내재적

---

29) 헌법재판소 1998. 12. 24. 89헌마214, 90헌바16, 97헌바78(병합) 결정. 이 결정의 헌법 이론적 배경과 그 문제점에 대한 분석으로는 정혜영, "한국 헌법 제23조와 독일 분리이론에 의한 그 해석 가능성", 『공법연구』 제33집 제4호(한국공법학회, 2005), 237면 이하 참조.

한계로서 소유자가 감수해야 하는 사회적 제약의 경우와 그러한 한계를 넘어 소유자에게 특별한 손해를 발생시키는 가혹한 부담의 경우로 나누어, 헌법 제23조 제2항이 전자에 대해서는 '보상 없는 부담'의 근거 조항이 되지만, 후자에 대해서는 '부담에 대한 보상'의 근거 조항이 된다.[30] 요컨대 이러한 헌법재판소의 해석을 좇다 보니 '보상 없는 부담'의 상황에서는 분배적 정의가, '부담에 대한 보상'의 상황에서는 시정적 정의가 문제되었던 것 아니냐는 질문인 셈이다.

재미있는 가설이지만, 문제가 하나 있다. 앞의 두 결정에서 정의의 요청에 대한 언급은 (질문의 취지에 빗대어 말하자면) 모두 '보상 없는 부담'의 상황을 전제로 이루어지고 있다는 점이다. 토지거래허가제 결정은 사유재산권의 보장이 사회적 제약을 수반하는 것이 정의의 요청이라는 점을 말하고 있고, 개발제한구역제도 결정은 동일한 전제에서 (한 발짝 더 나아가) 보다 정밀한 이해득실의 조정을 권하고 있을 뿐이다.

근본적인 오해는 "보상"이라는 용어를 부주의하게 사용함으로써 생겨나는 것 같다. 지금까지 필자가 언급한 바에 의하면, 보상이란 재산권의

---

30) 엄밀히 말하자면 수인한도를 넘는 부담과 특별한 부담은 다른 개념이다. 이에 대해서는 정태호, "헌법 제23조 제2항의 해석론적 의의",『토지공법연구』제25집(한국토지공법학회, 2005), 590–591면 참조. 한편 헌법 이론의 차원에서는 재산권의 내재적 한계를 넘는 가혹한 부담의 경우, 헌법 제23조 제2항이 적용되는 것이 아니라, 동조 제3항이 적용되어야 한다는 견해가 있는데, 헌법재판소의 결정은 그와 같은 견해를 배제하는 것으로 이해될 수 있을 것이다. 아마도 제3항이 적용되게 되면 보상 규정을 두지 않거나 미흡하게 정하고 있는 부담 법률 그 자체를 반드시 무효로 선언해야 한다는 전제에서, 헌법재판소가 그러한 상황을 피하려 했을지 모른다. 하지만 우리 헌법의 해석상 그와 같은 전제가 항상 성립하지는 않는다는 견해에 따르면 헌법재판소가 굳이 제3항의 적용을 피하기 위해 제2항을 복잡하게 만들 필요는 없었을 것이다. 김문현, "재산권의 보장과 한계—헌법재판소판례에 대한 평가를 중심으로—",『헌법논총』제19집(헌법재판소, 2008), 594면; 이명웅, "헌법 제23조의 구조",『헌법논총』제11집(헌법재판소, 2000), 335면 및 341면 참조.

행사에 대한 사회적 제약 그 자체였다. 재산이 '나의 것'이 되는 과정이 타인들의 희생을 요하기에, 그에 대한 보상으로 타인들을 위한 사회적 제약이 인정된다는 점을 (호혜성이 전제하는) 보상의 문맥으로 설명했던 것이다(**제약을 통한 보상**). 반면에 질문의 취지에 나타난 보상이란 어디까지나 사회적 제약으로 가해진 부담의 구제를 의미한다(**제약에 대한 보상**). 주지하는 바와 같이, 헌법 조문(제23조 제3항)이나 헌법 이론의 차원에서는 보상이라는 말이 주로 두 번째 의미로 쓰이는 탓에 혼동의 여지는 있다. 하지만 주의 깊은 독자에게 문제가 될 정도는 아닐 것이다.

오해가 풀렸다면 다시 문제로 돌아가 보자. 각기 다른 정의 개념을 함축하는 논의들 사이의 묘한 일체감의 원인은 어디에 있는 것일까? 필자가 보기에 이에 대한 해답은 아리스토텔레스의 재산권 사상에서 찾아야 할 것 같다.

덕의 내용과 구조

아리스토텔레스의 덕 윤리(ethics of virtue)적 재산권 사상에서, 사유재산권의 정당화와 '타인에 대한 배려'는 어떠한 형태로 결합되어 있는가? 이 질문에 답하기 위해서는 무엇보다 그의 윤리학적 기획에 있어 일차적인 중요성을 지니는 명제들의 의미를 음미할 필요가 있다. 아리스토텔레스에게 있어 인간의 모든 행동은 어떠한 **선**의 달성을 그 목적으로 추구하고 있다.[31] 그런데 어떠한 목적을 달성하기 위해서는 그것을 추구하는

---

31) *N.E.*, 1094a 및 1097a

수행 매체가 적합한 기능을 지니고 있어야 한다. 아리스토텔레스가 보기에 선을 추구하는 수행 매체로서 인간의 행동은 인간에게 고유한 기능인 이성적 기능이 잘 발휘될 수 있을 때 비로소 적합한 수행 매체가 될 수 있으며, 특정한 행동과의 관계에서 이성적 기능이 잘 발휘될 수 있는 경우란 그 행동에 알맞은 **덕**을 지니고 행동에 임하는 경우라 할 수 있다.[32] 여기서 그가 말하는 (윤리적인) 덕이란 과부족의 양극단에 치우치지 않은 중간적 품성을 의미한다.[33] 그러나 이러한 덕은 저절로 생겨나는 것이 아니라 오로지 습관의 결과로만, 다시 말해 부단한 실천의 결과로만 비로소 체득하게 되는 것이다.[34]

이제 아리스토텔레스가 언급한 주요한 덕 중에서 특히 재산의 사용이나 처분과 관련이 있는 것을 생각해 보면, 관후함(liberality)이나 호혜성(reciprocity)의 덕을 곧 떠올릴 수 있을 것이다. 먼저 **관후함**이란 낭비적인 것과 인색한 것의 중간적 품성에 해당하는 덕을 말한다. 적절한 상황에서 (대가를 바라지 않고) 타인을 돕는 데 자신의 재산을 기꺼이 활용한다는 점에서 인색한 것과는 거리가 멀고,[35] 언제든지 그러한 상황의 발생을 대비하여 자신의 재산을 가벼이 여기지 않는다는 점에서 낭비적인 것

---

32) *N.E.*, 1098a

33) *N.E.*, 1106b

34) *N.E.*, 1103a 결국 덕을 지니지 못 한 사람들은 일견 선을 추구하는 데 어려움을 겪을 수밖에 없다. 그럼에도 불구하고 "덕이 있는 사람이라면 행하였음 직한 바"를 반복적으로 실천하는 것만이 덕의 체득을 가능하게 한다. 따라서 사람들에게는 "그러한 실천의 강제적 매뉴얼"이 필요할 것으로 보이는데, 아리스토텔레스는 "법"이 바로 그와 같은 매뉴얼의 역할을 한다고 보고, "준법성"을 하나의 메타적인 덕("덕 전체로서의 정의" 내지 일반적 정의)으로 요구하고 있다. 박준석, "토마스 아퀴나스의 교환적 정의론", 「목요철학」제7호(계명대 논리윤리교육센터, 2010), 105~106면 참조.

35) *N.E.*, 1120a

과도 거리가 멀다.[36] 주의할 점은 사유재산권의 정당화와 타인에 대한 배려의 결합은 관후함이라는 덕의 '**내용**'을 통해서가 아니라 그것의 (논리적) '**구조**'를 통해서 이해될 수 있다는 것이다. 즉 아리스토텔레스는 타인에 대한 배려의 몫을 결과적으로 재산 소유자의 자선적 품성(benevolent disposition)에 돌리는 일종의 자유지상주의적 관점을 보여주고 있는 것이 아니다.[37] 그는 관후함을 하나의 덕으로 인정함으로써, 개인이 스스로의 의지에 따라 보유하고 처분할 수 있는 재산의 존재를 긍정하고 있으며,[38] 나아가 (개인의 인격적 완성을 위해서는 덕이 필요할 뿐 아니라, 구체적으로 덕의 체득을 위한 유일한 길로서 반복적 실천의 가능성이 보장되어야 한다는 점에서) 관후함의 덕을 체득할 기회로서 "자유롭게 처분 가능한 재산이 (먼저) 모든 개인들에게 주어져야 한다."는 분배적 정의의 요청에 이르고 있는 것이다![39] 이러한 분석에 따르면 아리스토텔레스의 견해는 타인에 대한 배려의 몫을 재산 소유자의 '자선적 품성'이 아니라, 보다 근본적으로 사

---

36) *N.E.*, 1120b

37) 이 말은 아리스토텔레스가 자선적 품성의 배양을 중요치 않게 생각했다는 뜻이 아님을 주의해야 할 것이다. 이에 대해서는 『정치학 *Politics*』, 1263a 참조. 『정치학』의 영문 번역으로는 Ernest Barker, *Aristotle: The Politics* (Oxford University Press, 1995)를 참고하였다.

38) *Politics*, 1263b

39) J. Waldron, *The Right to Private Property* (Clarendon Press, 1988), p.4 및 pp.22-24 참조. 필자가 말하는 "분배적 정의의 요청"은, 왈드론(J. Waldron)의 표현에 의하면 "distributive implication"(p.4)이나 "distributional constraints"(p.431)라는 말로 대신할 수 있을 것 같다. "분배적 정의" 그 자체가 아니라 그것의 "요청"이라고 적는 까닭은, 전자의 경우 구체적인 분배 기준의 채택에 있어 공동체의 정치적 입장이 가지는 자율성이 강조되기 때문이다. 후자의 경우는 널리 '분배 상황'을 전제하는 점에서 분배적 정의와 관계되지만, 분배에 대한 최소한의 가이드라인으로 묵시됨으로써 공동체의 자율성에 대한 제약 조건으로 기능할 수 있을 것이다.

회의 기본 재화에 대한 '분배 제도'에 돌리는 것으로 이해될 수 있다.

이러한 분석은 **호혜성**에 대한 아리스토텔레스의 논의를 통해서도 지지될 수 있을 것이다. (대충 이미 다룬 내용이지만, 기억도 되살릴 겸 간략하게나마 정리를 하고 넘어가는 편이 좋겠다.) 앞에서 살펴보았듯이 호혜성 개념이 그의 『윤리학』 체계 내에서 어떠한 위상을 지니고 있는지에 대해서는 견해가 갈리고 있지만, 최근의 주목할 만한 해석에 따르면 호혜성은 "덕의 일부로서의 정의" 내지 특수적 정의, 그중에서도 시정적 정의(rectificatory justice)의 일종으로 볼 수 있다.[40] 이러한 해석은 다시 (정의로서의) 호혜성이라는 덕의 '**내용**'이 아니라 그것의 (논리적) '**구조**'를 통해서 이해될 수 있다.

"덕은 실천함으로써 습득되는 것이며, 다른 덕과 마찬가지로 정의의 덕 역시 '타인과의 거래에서' 정의의 덕을 실천함으로써 습득되는 것"이라고 한 아리스토텔레스의 견해가 유지될 수 있으려면, 아르콘(ἄρχων)이나 디카스테스(δικαστὴς)가 아닌 일반 시민(πολίτης)이 '타인과의 거래에서' 실천할 수 있는 정의의 덕이 존재해야 한다.] … 호혜성이 바로 그러한 정의의 덕이며, 동시에 그것은 "거래 상황"을 지배하는 시정적 정의와 연계될 수밖에 없다.][41]

만약 공동체의 재산에 대한 '분배 상황'을 지배하는 분배적 정의의 덕

---

40) Gabriel Danzig, "The Political Character of Aristotelian Reciprocity", *Classical Philosophy* 95(4), 2000, p.403 및 pp.407–408 참조.
41) 박준석, "아리스토텔레스의 호혜성(ἀντιπεπονθὸς)에 대하여", 『법사학연구』 제41호(한국법사학회, 2010), 282면

을 이른바 반복적 실천을 통해 체득하는 것이라면, 실제 그러한 '분배 상황'을 체험할 수 있는 아르콘의 지위에 있는 사람만이 그 덕을 체득할 기회를 누릴 수 있으며, 마찬가지로 공동체 구성원 사이의 (자발적·비자발적) '거래 상황'을 사법적으로 규율하는 시정적 정의의 덕을 체득하기 위해서도 먼저 반복적 실천이 있어야 한다면, 실제 그러한 사법적 판단의 과정을 체험할 수 있는 디카스테스의 직무에 처한 사람만이 그 덕을 체득할 기회를 누릴 수 있다.[42] 그렇지만 일반 시민들로 하여금 정의롭게 될 것을 권하지 않으려는 의도가 아닌 한, 아리스토텔레스는 일반 시민들의 입장에서 역시 반복적 실천을 통해 체득할 수 있는 정의의 형식을 제시할 필요가 있다.

그런데 '거래 상황'이란 일차적으로 거래 당사자들의 내적 관계가 먼저 있고, 이것이 (법적) 분쟁으로 번질 경우에만 (디카스테스가 개입하는) 사법적 판단 상황으로 이행하게 된다. 이와 달리 '분배 상황'이란 분배를 받는 사람들 사이에 (동료 시민이라는 기초 사실 외에) 어떤 특별한 관계가 형성되어 있을 것을 요하지 않고, 반드시 처음부터 아르콘에 의한 분배 상황이 펼쳐지게 마련이다. 따라서 일반 시민들의 입장에서 어떤 실천의 계기를 상정해 볼 수 있는 상황은 후자가 아니라 전자라고 할 수 있다. 다시 말해서 공동체 구성원들 사이의 (자발적·비자발적) 거래와 관련된 (다소 탄력적이고 '비례적인') 행위규범이 바로 "호혜성"이며,[43] 거래 과정이 행위규범의 준수를 통해 마무리되지 않고 당사자 간의 (법적) 분쟁으로 이

---

42) 이 책 제3장의 주 33) 부분 참조.

43) 단치히는 호혜성이 오로지 자발적 거래의 경우에만 의미를 갖는 것으로 본다. Gabriel Danzig, op. cit., p.404 및 p.410 참조. 이와 달리 비자발적 거래의 경우에도 의미를 갖는다는 분석에 대해서는 이 책 제3장의 논의를 참조.

어질 경우에 적용될 (매우 엄격하고 '산술적인') 재판규범이 좁은 의미의 "시정적 정의"인 것이다. 이때 양자를 포괄하여 넓은 의미의 "시정적 정의"라 부를 수 있으며, 이것이 바로 아리스토텔레스가 "시정적 정의도 두 개의 하위 부분으로 나뉜다."[44]고 한 말의 의미일 수 있다.

일종의 정의로서 호혜성은 '거래 상황'에서 자신이 받은 것에 비례하여 상대방에게 되갚는 것을 지향한다. 그리고 상대방에게 되갚기 위해서는 일단 '자기에게 속한 무엇인가'가 있을 것을 요한다! 공동체의 구성원들이 거래를 통해 주고받는 대상은 매우 다양할 수 있으나, 대표적으로 외부의 사물을 교역하는 상황을 생각해 보면, 호혜성의 덕을 통해서도 아리스토텔레스는 개인이 자유롭게 처분할 수 있는 (즉 되갚는 데 쓸 수 있는) 재산의 존재와 더불어, 모든 개인들에게 (거래 활동에 나서서 반복적 실천을 통해 호혜성의 덕을 체득하기 위한 토대로서) 최소한의 재산이 현실적으로 주어질 수 있게 배려하는 '분배 제도'의 필연성을 긍정하는 셈이다.

이제 애초의 궁금증으로 돌아가 보도록 하자. 재산권 행사의 사회적 기속성을 선언하고 있는 헌법 제23조 제2항의 해석과 관련하여, 헌법재판소의 두 결정이 내세우고 있는 '정의의 요청'은 각각 호혜성과 분배적 정의를 떠올리게 하면서도, 하나의 일관된 요구로 느껴졌었다. 필자의 생각에 이 문제는 특수적 정의의 좁은 틀이 아니라, 아리스토텔레스의 덕 윤리적 재산권 사상의 틀에서 바라볼 때에야 해명이 될 수 있을 것 같다. 달리 말해서, 이 문제는 (각각의 '정의'라는) 덕의 '내용'을 통해서가 아니라, 그것의 (논리적) '구조'를 통해서 비로소 이해될 수 있는 것이다. 위에서 확인한 바와 같이, (관후함이나) 호혜성의 덕은 부유한 몇몇 사람들만이 아

---

44) *N.E.*, 1131a

닌 공동체 구성원 모두를 배려하는 분배 제도를 논리적으로 전제한다. 헌법재판소의 결정에서 보이는 호혜성과 분배적 정의의 묘한 수렴은 여기에서 비롯하는 것 같다.

자유 · 소유 · 분배

사유재산권에 관한 헤겔(G.W.F. Hegel)의 논의는 아리스토텔레스의 그것과 유사한 면이 있다. 헤겔은 "인격이 이념으로 존재하려면 그의 자유를 누릴 수 있는 외적 영역을 마련해야만 한다."[45]는 말로 사유재산권에 관한 논의를 시작한다. 이는 외부의 사물에 대한 소유가 단순히 욕구의 만족을 위한 수단의 의미를 가지는 데 그치는 것이 아니라, 인격의 자유에 실재성을 부여하기 위해(혹은 인격의 자유를 구현해 내기 위해) 하나의 목적으로 달성되어야 할 것이라는 의미로 해석할 수 있다.[46] 다시 말해서 외부의 사물에 대한 소유가 없는 인격의 자유란 허상에 불과하므로, 소유 자체가 하나의 목적적 가치를 지닌다. 그리고 인격은 "어떤 한 사람의 것"[47]이라는 점에서, 여기서 말하는 외부의 사물에 대한 소유는 반드시 사적 소유일 것을 요한다. 요컨대 헤겔에 따르면 사유재산은 인간의 자기실현 과정에 없어서는 안 되는 매체라 할 수 있다.[48]

헤겔의 경우처럼 **자유**의 문제로부터 ('집단 소유'의 여지를 배제하고) '**사**

---

45) G.W.F. Hegel, 임석진 역, 『법철학』(한길사, 2008), 131면

46) G.W.F. Hegel, 위의 책, 137면 참조.

47) G.W.F. Hegel, 위의 책, 139면

48) G.W.F. Hegel, 위의 책, 137-139면 참조.

적 소유'의 필연성까지 한꺼번에 도출하는 정도는 아니라 해도, 자유의 문제와 재산권 보장의 문제를 관련지어 생각할 수밖에 없다는 것은 헌법 재판소의 입장이기도 하다. 앞에서 다루었던 개발제한구역제도 결정에서 헌법재판소는 다음과 같이 말하고 있다.

현실적으로 재산권은 기본권의 주체로서의 국민이 각자의 인간다운 생활을 자기 책임하에 자주적으로 형성하는데 필요한 경제적 조건을 보장해 주는 기능을 한다. 그러므로 재산권의 보장은 곧 국민 개개인의 자유실현의 물질적 바탕을 의미한다고 할 수 있고, 따라서 자유와 재산권은 상호보완관계이자 불가분의 관계에 있다고 하겠다. 재산권의 이러한 자유보장적 기능은 재산권을 어느 정도로 제한할 수 있는가 하는 사회적 의무성의 정도를 결정하는 중요한 기준이 된다.[49]

만일 인격의 자유에 실재성이 부여되어야 하고, 인간의 자기실현이 당위적이라는 데 동의할 수 있다면, 개인이 "자신의 의지를 투입하여"[50] 보유하고, 자유롭게 처분할 수도 있는[51] 재산의 존재를 긍정해야 할 뿐 아니라, 나아가 (인격의 자유를 구현해 내기 위해서는 반드시 외부의 사물에 대한 소유가 이루어져야 한다는 점에서) 모든 개인들에게 재산이 실제로 주어질 수 있어야 한다는 점도 받아들여야 할 것이다. 헤겔 스스로도 "이런 점에서 인간은 누구나 재산을 가져야만 한다."[52]는 말로써 그와 같은 분배적

---

49) 헌법재판소 1998. 12. 24. 89헌마214, 90헌바16, 97헌바78(병합) 결정
50) G.W.F. Hegel, 앞의 책, 135면
51) G.W.F. Hegel, 위의 책, 166면
52) G.W.F. Hegel, 위의 책, 143면

정의의 요청을 기술하고 있다.[53] 요컨대, 헤겔 역시 (아리스토텔레스의 경우와 유사하게) 사유재산권을 정당화하는 논리 속에 분배적 정의의 요청이 자리하게 함으로써 이른바 '타인에 대한 배려'의 문제에 답하고 있는 것으로 보인다.

헤겔의 논의에 대한 이상의 간략한 분석에 대해서는 다음과 같은 두 가지 반론이 제기될 수 있다. 첫 번째 반론은 헤겔의 취지가 단지 권리능력의 평등이라는 해방적 관점의 도입에 있으며, 분배 제도의 실천적 윤곽을 제시하는 데 있지는 않다는 것이다(Ilting, R. Teichgraeber).

추상법의 영역에서 볼 때 모든 사람들이 소유주가 되어야 한다는 권리는 강제적인 의무조항이 아니다. 즉 인간은 모두 사적 소유의 주체가 될 수 있는 권리 능력을 지닌다는 점에서 기회의 균등을 지니지만, 이런 주장은 반드시 모든 인간이 사적 소유의 주체가 되어야만 한다거나 그런 존재로서 그 권리 능력을 실제로 향유할 수 있어야만 한다는 사실까지도 내포하고 있는 것은 아니다.[54]

그러나 헤겔의 논의가 분명 **결과의 평등**("누구나 똑같은 정도로 재산을 가져야만 한다.")을 이야기하고 있는 것은 아니지만, 그렇다고 단순히 **기회의 균등**("누구나 재산을 가질 기회를 얻는다.")에 안주하고 있는 것도 아니라 할 수 있다. 헤겔은 그저 외부의 사물을 소유할 수 있는 가능성을 보유함으로써 (혹은 외부의 사물을 소유하기 위해 노력했다는 사실만으로써) 인격의

---

53) J. Waldron, *op. cit.*, p.4 및 pp.22–24 그리고 상세히는 p.343 이하 참조.
54) 나종석, "헤겔의 소유이론과 그 몇 가지 문제에 대하여", 『사회와 철학』 제11호(사회와철학연구회, 2006), 55면

자유가 구현되거나 자기실현에 이를 수 있다고 말하지 않기 때문이다.[55] 나아가 빈곤 문제에 대한 헤겔의 이후 논의를 고려할 때,[56] 그가 단지 "사유재산을 전혀 허용하지 않거나 특정 계급에게만 그것을 허용하는 제도는 정의롭지 못하다."[57]고만 이야기하고 있는 것이 아니라, (비록 그 구체적인 기준의 제시는 뒷부분으로 잠시 미루어 놓고 있다 하더라도) "누구나 일정한 정도의 재산을 가져야 한다는 최소한의 분배적 정의의 요청을 수용하고 있다."[58]고 이해될 수 있다.

두 번째 반론은 (인격의 자유를 구현해 내는 과정에서 요청되고 있는) 분배적 정의의 측면을 제도화하는 순간, 필연적으로 인격의 자유가 제약되어 버린다는 것이다(Nozick).

분배적 정의의 패턴화된 원리들은 타인들의 행동을 자기 것처럼 만드는 것을 포함한다. 누군가의 노동의 산물을 강탈하는 것은, 그로부터 [노동 시간만큼의] 시간을 강탈하여 이것저것 하게끔 시키는 것이나 마찬가지이다. 사람들이 당신에게 어떤 일을, 혹은 보상 없는 일을, 일정 시간 동안 하도록 강제한다면, 그들은 당신의 결정과 무관하게 당신이 무슨 일을 해야 할지 그리고 당신의 일이 무슨 목적에 봉사하게 될지를 결정해 버리게 된다. 이

55) J. Waldron, *op. cit.*, pp.382-383 참조.

56) G.W.F. Hegel, 앞의 책, 425면 이하 참조. 특히 헤겔이 다음과 같이 말하고 있음을 주목할 필요가 있다. "그러나 주관적인 원조는 그 자체로나 그 효과 면에서도 우연에 좌우되는 것이어서 사회로서는 궁핍함을 덜기 위한 구제책을 세우는 가운데 사회 전체에 도움이 되는 시책을 안출하고 이를 추진해나가도록 노력함으로써 주관적인 원조를 필요로 하지 않는 방향으로 나아가야만 한다."(426-427면) [인용문 중에 병기된 독일어 원문은 생략하였음.]

57) Dudley Knowles, *Hegel and the Philosophy of Right* (Routledge, 2002), p.125

58) *Ibid.*, p.126

렇게 그들이 당신으로부터 결정권을 빼앗아 가는 과정은 그들을 당신에 대한 공유자로 만들고, 그들에게 당신에 대한 재산권을 수여한다. [이는] 마치 동물이나 무생물인 객체에 대하여 부분적인 통제와 결정력을 권리로서 보유하는 것이, 그 객체에 대한 재산권을 가지는 것임과 마찬가지이다.[59]

이러한 반론은 사유재산권의 정당화와 분배적 정의의 요청을 결합하는 것이 자기모순적일(self-contradictory) 수 있다는 것으로, 간단히 논박하기는 힘든 문제를 제기하는 면이 있다. 잘은 모르겠지만, 우선 헤겔의 기획 속에서 인격의 자유가 직면하게 될 모순과 대립이라는 요소는 미리부터 회피되어야 할 논리적 결함은 아닐 뿐 아니라, 다른 한편으로 가령 소유 대상의 자유로운 처분가능성에 대한 제한이 그것을 분배하는 단계에서 이미 명시되어 있을 경우에는 그와 같은 제한을 특별히 억압적이라 볼 이유도 없기 때문에[60] 헤겔의 기획에서 분배적 정의의 요청을 강조하는 것이 결코 해소할 수 없는 부담을 짊어지는 것은 아닐 것이라 짐작해 본다.

---

59) R. Nozick, 앞의 책, 218면. 원문과 대조하여 번역본의 문장을 전체적으로 수정했으며, [ ] 속의 글은 의미를 명확히 하기 위해 필자가 추가한 것임을 밝힌다.

60) J. Waldron, *op. cit.*, pp.423-425 참조.

5

끝말잇기

스무고개가 영 신통치 않으면, 종종 끝말잇기로 갈아타고는 했다. 싱겁게
헛도는 일도 없지 않지만, 쉼 없이 이어 갈 수는 있었다. 질문이 아닌 규칙
이 지배하는 놀이의 힘이다.

제1장의 말미에서 아리스토텔레스와 토마스 아퀴나스의 철학 체계와 관련된 "교환적 정의(*iustitia commutativa*, commutative justice)" 개념을 언급한 적이 있다. 또한 제3장에서는 이 개념이 "시정적 정의를 호혜성 속에 흡수시키는" 입장에서 유래한다고 보는 학설을 소개하기도 했다. 앞에서 아리스토텔레스의 정의론과 줄기차게 씨름한 덕에, 이제 가까스로 이 개념 자체를 따져 볼 준비가 되었다.

"호혜적 정의(reciprocal justice)"라는 것이 종종 아리스토텔레스의 제3의 정의 개념인 양 잘못 알려져 있는 것처럼, "교환적 정의"라는 것도 사실 아리스토텔레스 자신의 개념은 아니다. 그의 책 어디에도 등장하지 않는 말이 어쩌다 그에게 들러붙게 된 것일까? 아래에서는 이 의문에 답을 구함과 동시에, (비례적) 호혜성 개념에 대한 마지막 검토의 기회를 가지게 될 것이다. 결국 모든 오해는 거기서 비롯되었으니까.

중세의 법철학자

아리스토텔레스의 유산을 이야기하면서 토마스 아퀴나스를 언급하지 않고 넘어갈 수는 없다. 주지하는 바와 같이, 토마스 아퀴나스는 이른바 "12세기의 르네상스"[1] 이후 이슬람 세계를 거쳐 유럽 세계에 '재유입된' 아리스토텔레스의 저작들을 읽고 그 철학적 기초 위에 기독교 신학의 체계를 정립하였다. 또한 토마스 아퀴나스는, 6세기경 동로마제국의 황제 유스티니아누스(Iustinianus)의 명으로 편찬되었다가 사라진(?) 뒤 11세기 말엽에 '재발견된' 『로마법대전 Corpus Iuris Civilis』의 내용을 접할 수 있었던 최초의 대가들 중 한 사람이기도 했다.[2] (로마법 연구에 힘입어 교회법을 체계화하고 있던 점을 생각하면, 당시 성직자들이 『로마법대전』과 연결되는 이유를 쉽게 이해할 수 있을 것이다.) 때문에 그의 작품과 사상은 한 가지 현저한 특징을 갖게 되는데, 그것은 바로 그 속에서 법률적 문제 상황

---

1) Helmut Coing, "유럽에 있어서 로마법과 카논법의 계수", 『법사학연구』 제6호(한국법사학회, 1981), 337면. "12세기의 르네상스"라는 말은 헤이스킨스(C.H. Haskins)의 저서 *The Renaissance of the Twelfth Century* (1927)가 출간되면서 처음 널리 쓰이게 되었을 것이다.

2) 보다 정확하게 말하자면 11세기 말엽 재발견된 것은 로마법의 정수를 이루는 부분인 「학설휘찬 *Digesta*」의 필사본이다. 「학설휘찬」은 기원전후의 몇 백 년에 걸쳐 활약했던 전성기 로마 법학자들의 저술을 편집한 것으로서, 법학 교과서의 성격을 갖는 「법학제요 *Institutiones*」, 하드리아누스(Hadrianus) 황제 시대 이래의 칙법을 정리한 「칙법휘찬 *Codex*」, 그리고 유스티니아누스 자신의 칙법이 정리된 「신칙법 *Novellae*」과 더불어 『로마법대전』의 구성 부분을 이루고 있다. 한편 "로마법대전"이라는 명칭은 위 네 부분들이 성립된 이후 약 1000년이 지나서 프랑스 출신의 법학자 디오니시우스 고토프레두스(Dionysius Gothofredus)가 위 네 가지 편찬물을 묶어 간행하면서 『교회법대전 *Corpus Iuris Canonici*』에 빗대어 통칭으로 붙인 이름이다. 정병호, "로마법의 유럽 전승과 유럽 통합", 『서양고전학연구』 제16집(한국서양고전학회, 2001), 111면 이하 참조.

과 철학적 설명 체계가 동시에 발견된다는 점이다.[3] 다시 말해서 토마스 아퀴나스는 서양의 중세를 대표하는 법철학자였다!

토마스 아퀴나스를 법철학자로 부르는 데 동의하지 않을 사람도 더러 있을지 모르겠다. 누가 뭐래도 일단 그는 신학자이니까. 하지만 생각건 대 법철학의 엄밀한 정의가 무엇이든 그 기본은 인간의 행위와 (그에 대한 사회적 평가 기준인) 공적 규범의 체계, 즉 법에 대한 반성적 고찰에 있을 것이다. 그리고 이러한 각도에서 주의깊게 따져 보면, 토마스 아퀴나스 의 사상이 법철학적 사유의 핵심을 짚고 있는 것을 확인하게 된다. 필자 가 그를 법철학자라 부르는 것은 바로 이러한 이유에서이다.

법과 인간의 행위에 대한 토마스 아퀴나스의 고찰로서 유명한 몇 가지 항목들을 잠시 떠올려 보자. 우선 토마스 아퀴나스는 인간이 제정한 법 이 그 어떤 내용을 담고 있더라도 확고한 권력적 사실에 의해 지탱되고 있는 한 무방하다는 식으로 보지는 않았다. 그는 아리스토텔레스 형이상 학의 개념과 체계를 빌려 구체화시킨 '자연'의 법으로써 인간의 법이 넘어 설 수 없는 경계로 삼으려 했다. 또한 그는 '자연'의 법이 예견하고 있는 최선의 인간 상태에 대한 관심 또한 아리스토텔레스와 공유하고 있었다. 그 위에서 보다 실무적인 난제들과의 대결을 통해 (자신의 이른바 심리과 정론이나 이중 효과 논증[4] 등과 같은) 인간의 행위에 대한 독자적인 관점들 을 형성해 낼 수 있었을 것이다.

아리스토텔레스가 최선의 인간 상태에 도달하기 위해 습득해야 할 성 품들을 논하고 있는 『니코마코스 윤리학』의 내용은 토마스 아퀴나스의

---

3) James Gordley, *The Philosophical Origins of Modern Contract Doctrine* (Clarendon Press, 1991), p.3 참조.
4) 이에 대해서는 제6장과 제7장에서 상세히 살펴보게 될 것이다.

『신학대전 *Summa Theologiae*』[5] 속에서 숱하게 등장한다. 무엇보다도 '정의'를 그러한 성품들 중의 하나로 논하고 있는『윤리학』제5권의 내용은 『신학대전』제2부 제2편에서 집중적으로 다루어지고 있다. 게다가 토마스 아퀴나스는『윤리학』에 대한 별도의 주석[6]을 스스로 집필함으로써 '정의'를 포함한『윤리학』의 주제들에 대해 한층 입체적인 조망을 제공하기도 한다. 사실 그는『윤리학』에 대한 주석 외에도 다수의 아리스토텔레스 저작에 대한 주석을 남긴 것으로 알려져 있다.[7] 그의 주석들이 아리스토텔레스의 철학을 충실하게 드러내고 있는지에 대한 논란도 없지 않지만,[8] 적어도 그의 주석들을 통해 아리스토텔레스의 저작에 대한 보다 깊이 있는 이해의 기회를 누리게 되는 것만은 부인할 수 없을 것이다.

　토마스 아퀴나스의 학문적 여정은 우리의 논의 주제와 관련해서 매우 중요한 의미를 갖는다. 방금 위에서 말했던 것처럼, 그는 아리스토텔레스의 정의론에 대한 그야말로 전문적이고도 본격적인 연구를 거듭하면서, 문제의 **"교환적 정의"** 개념을 만들어 내게 된다.[9] 그것도 가령 "호

---

5) 이하 반복적으로 등장하는 지점에서는 *S.T.*로 줄여 쓰기로 한다.
6) *Sententia libri Ethicorum*을 말한다. 이하에서는 영역본인 C.I. Litzinger, O.P., *Commentary on the Nicomachean Ethics* (Henry Regnery Company, 1964)을 참조하였다.
7) 자세한 내용은 손은실, "토마스 아퀴나스의 아리스토텔레스 주석―『니코마코스 윤리학 주석』을 중심으로", 『서양고전학연구』제28집(한국서양고전학회, 2007), 176면 이하 참조.
8) 이에 대해서는 손은실, 위의 글, 175면 이하 및 182면 이하 참조.
9) 그 이전에 (이슬람의 철학자들을 포함한) 다른 누군가에 의해 만들어졌던 것인지, 혹은 아리스토텔레스를 이해하는 당대의 표준적인 방식이었을 뿐인지 등에 대해 생각해 볼 여지는 있지만, 뒷받침하는 증거가 있는지는 잘 모르겠다. 한편 토마스 아퀴나스 사후 60여 년이 지나, 이탈리아의 시에나(Siena)에서 그려진 로렌제티(Ambrogio Lorenzetti)의 프레스코 중에도 '분배적 정의'와 '교환적 정의'로 이원화된 정의의 알레고리 및 새김글(inscription)이 남아 있다. 과연 이것이 오롯이 토마스 아퀴나스의 영향이라 풀이될 수 있는 것일까? Nicolai Rubinstein, "Political Ideas in Sienese Art: The Frescoes by Ambrogio

혜적 정의"처럼 제3의 정의 개념으로서 삼가 제안했던 것도 아니고, 아리스토텔레스의 두 가지 특수적 정의 개념을 아예 분배적 정의(*iustitia distributiva*)와 교환적 정의(*iustitia commutativa*)로 옮겨 버렸던 것이다. 토마스 아퀴나스의 이러한 시도는 과연 어떠한 의미를 갖는 것일까? 단순히 번역어 선택의 문제인 것일까? 아니면 그렇게 새겼어야 할 나름의 사정이 있던 것일까? 이러한 문제에 접근하는 방법으로 이상적인 것은, 토마스 아퀴나스의 시도가 결과적으로 『윤리학』 제5권의 특정 개소들에 대한 해석에 어떠한 영향을 미치게 되었는지를 살펴보는 일이다.

교환적 정의

제3장에서 지적했던 바와 같이, 아리스토텔레스의 정의론에 관해서는 잘못 알려진 내용들이 있으며, 그것들의 대부분은 "호혜성" 개념을 둘러싼 논란과 연결되어 있다. 간략하게만 정리해 소개하더라도 학설들은 (1) 호혜성을 두 가지 특수적 정의 개념 중 어느 하나에 속하는 하위 개념으로 파악하거나(J. Stewart, J. Burnet, G. Danzig), (2) 특수적 정의의 제3의 유형으로 이해할 수 있다고 보거나(W.D. Ross), 혹은 (3) 일반적 정의와 특수적 정의의 구분과는 구별되는 별도 차원의 정의 개념으로 보기도 하며(D.G. Ritchie, Gautier & Jolif), 이상의 해석들과는 또 달리 (4) 호혜성에 관한 아리스토텔레스의 언급은 (정의라는 윤리적 덕이 아닌) 경제 원리에

Lorenzetti and Taddeo di Bartolo in the Palazzo Pubblico", *Journal of the Warburg and Courtauld Institutes* 21(3), 1958, p.182 참조.

관한 기술적 논의에 속한다는 주장을 펴기도 한다(W.F.R. Hardie, H.H. Joachim, K. Polanyi, M.I. Finley, S. Meikle).

이제 토마스 아퀴나스는 과연 이 문제를 어떻게 이해하고 있었는지 궁금해진다. 만약 우리의 추측이 옳다면, 그가 아리스토텔레스의 특수적 정의 개념을 분배적 정의와 교환적 정의로 옮기고 있는 것도 이와 관련이 있을 것이다. 혹시 토마스 아퀴나스가 그저 시정적 정의를 교환적 정의라는 말로 달리 전한 것에 지나지 않는다면, 이와 같은 우리의 접근 방식을 수정해야 할까? 그렇지는 않을 것이다. 왜 하필 그렇게 옮긴 것인지는 여전히 호혜성 개념에 대한 그의 입장을 통해 가장 잘 이해될 수 있기 때문이다.

실제로 아리스토텔레스가 밝히고 있는 시정적 정의의 의미는 "거래에 있어서의 정의"[10]이고, 토마스 아퀴나스가 제시하는 교환적 정의의 의미는 "거래를 규율하는 정의"[11]이다. 자연히 양자 사이에는 표현상의 차이(그것도 아주 미미한 차이)밖에 없는 것처럼 보일 수 있다. 하지만 호혜성 개념에 대한 토마스 아퀴나스의 논의를 들여다보면 문제가 그리 단순하지 않다는 사실을 알게 된다. 번역어 선택의 문제나 표현상의 차이라는 말로는 결코 설명되지 않는 변질과, 그 같은 변질마저 기꺼이 감내하려 했던 이유를 거기서 읽어 낼 수 있기 때문이다.

『윤리학』제5권의 서술 순서에 따르면, 일반적 정의(1129a1-1130a14)와 특수적 정의(1130a15-1131a9)의 구분, 특수적 정의의 두 종류인 분배적 정의(1131a10-1131b24)와 시정적 정의(1131b25-1132b20)의 구분 및 각각에

---

10) *N.E.*, 1131b30-1132a1.
11) *Sententia libri Ethicorum*, 967번 주석 참조.

관한 상세 설명에 이어서 호혜성 개념에 관한 논의(1132b21−1134a15)가 이루어지고 있다. 토마스 아퀴나스는 호혜성에 관한 이 같은 논의가 "정의에 있어서 **중용**(mean)을 이해하는 방식"[12]에 관한 논의라고 본다. 그에 따르면 아리스토텔레스는 (1) 두 종류의 특수적 정의가 각각 상이한 방식으로 '중용'을 이루고 있음을 보이고, 이와 동시에 (2) 정의를 다름 아닌 '산술적 호혜성'이라 보는 피타고라스학파의 정의관이 특수적 정의가 중용을 이루는 두 방식들 중 어느 것과도 부합하지 않음[13]을 보임으로써, 결국 피타고라스학파의 정의관을 수용할 수 없다는 입장을 밝히고 있다는 것이다. 이것이 바로 아리스토텔레스가 피타고라스학파의 (산술적) 호혜성을 "분배적 정의와 시정적 정의 그 어느 것에도 들어맞지 않는다."[14]고 한 말의 의미이며, 이후의 논의는 ('산술적 호혜성'이 아니라) '비례적 호혜성'의 경우라면 그것이 본질적으로 "거래를 규율하는 정의" 속에 내포되어 있음[15]을 밝히는 작업이라는 것이다.

토마스 아퀴나스는 덕을 '중용'으로 정리하고 있는 아리스토텔레스의 기획[16]에 비추어, 정의도 덕의 일종인 이상 그것이 어떤 의미에서 "일종의 중용"[17]으로 이해될 수 있는지를 해명하는 것이 아리스토텔레스의 정의론뿐만 아니라 『윤리학』 전체의 성패를 좌우할 중요한 과제라는 점을 알고 있었을 것이다. 따라서 아리스토텔레스의 호혜성에 관한 논의가 "정의에 있어서 중용을 이해하는 방식"에 관한 논의라는 그의 말은 무심코

---

12) *Ibid.*, 965번 주석 참조.

13) *N.E.*, 1132b24 참조.

14) *N.E.*, 1132b24.

15) *Sententia libri Ethicorum*, 971번 및 973번 주석 참조.

16) *N.E.*, 1106b24−1106b34 참조.

17) *N.E.*, 1133b30−1134a1 참조.

나온 것으로 볼 수 없다. 토마스 아퀴나스는 "받은 만큼 되갚는다."고 하는 피타고라스학파의 '동해 보복'적 정의관이 (분배에 있어서든 거래에 있어서든) 중용을 달성한다고 볼 수 없으며, 다만 "거래를 규율하는 정의"가 비례적 호혜성의 패턴, 즉 "받은 것과 되갚는 것은 비례에 따른다."는 점을 본질적으로 내포하고 있다고 봄으로써, 실로 아리스토텔레스의 시정적 정의 개념과 비례적 호혜성 개념을 융합하기에 이르렀던 것이다.[18]

요컨대 토마스 아퀴나스의 "교환적 정의"는 단지 아리스토텔레스의 "시정적 정의"에 대한 의역에 불과한 것이 아니라, "거래를 규율하는 정의"에 있어서 그 중용을 이루는 방식의 본질이 비례적 호혜성에 있다고 봄으로써,[19] 거의 새로운 개념으로 가공된 것이라 할 수 있다. (이미 언급했던 바와 같이) 학설에 따라서는 이러한 토마스 아퀴나스의 시도에 대해 사실상 아리스토텔레스의 "시정적 정의를 호혜성 속에 흡수시키는 논리"[20]라 평가하기도 한다.

---

18) *S.T.*, II-II, q.61, a.4 참조. 여기서 아퀴나스는 다음과 같이 말하고 있다. "그러나 이 모든 경우들에 있어서, 되갚음은 교환적 정의의 요건에 따라 평등을 기초로 이루어져야 한다." 이 장에서 『신학대전』의 인용에 있어서는 영역본인 Fathers of the English Dominican Province, *The Summa Theologica of St. Thomas Aquinas* (Benziger Bros., 1947)를 참조하였다.

19) *S.T.*, II-II, q.61, a.3 참조. 아퀴나스는 다음과 같이 말하고 있다. "이 모든 행위들에 있어서, 자발적 거래의 경우든 비자발적 거래의 경우든, 중용은 평등한 되갚음에 따라 동일한 방식으로 이루어진다."

20) 정태욱, "Aristoteles의 정의론에 관한 고찰"(서울대 석사학위 논문, 1989), 44면. 한편 리치는 이를 "시정적 정의를 교환적 정의 속에 흡수시키는 것"이라고 말한다. D.G. Ritchie, "Aristotle's Subdivisions of 'Particular Justice'", *The Classical Review* 8(5), 1894, p.188.

공직자 폭행 사례

하지만 시정적 정의 개념과 비례적 호혜성 개념의 융합으로 가는 항로는 곳곳이 암초로 뒤덮여 있다. (어쨌거나 이 역시 호혜성의 난관을 헤쳐 나가야 하는 길 아닌가?) 심지어 호혜성에 대한 논의를 시작하면서 아리스토텔레스가 (친절하게도) 일러 주고 있는 사례마저 도움이 되기보다는 그 자체 해명을 요하는 것이 되고 만다. 결과적으로 토마스 아퀴나스가 밝히고 넘어가야 할 문제가 하나 더 늘어난 셈이다.

이제 토마스 아퀴나스의 일차적 과제는 아리스토텔레스가 들고 있는 바로 그 사례, 이른바 '**공직자 폭행 사례**'에 대한 해명 작업이 된다. 본래 아리스토텔레스는 피타고라스학파의 호혜성 개념을 거부하는 과정에서, 사람들이 종종 그것을 (자신이 말하는) 시정적 정의 개념과 혼동하고 있음을 지적하고, 바로 이 짤막한 사례를 들어 (피타고라스학파의) 산술적 호혜성 개념이 결코 시정적 정의 개념과 같지 않음을 보이려 했다.

> 공직자가 일반인을 폭행했다고 하여 그 사람이 공직자에게 폭행으로 되갚는 것은 잘못이며, 만일 일반인이 공직자를 폭행했다면 공직자가 그 사람에게 폭행으로 되갚는 것만으로는 충분치 않고 그 사람은 처벌 또한 받아야 한다.[21]

---

21) *N.E.*, 1132b25–1132b30 전후. 이 사례 외에도 아리스토텔레스는 행위가 자발적으로 이루어졌는지 여부에 따라 큰 차이가 발생할 수 있다는 점도 언급하고 있다. 이 부분의 해석도 사실 매우 논쟁적이라 할 수 있다. 우선 '공직자 폭행 사례'의 경우와 마찬가지로 "피타고라스학파의 호혜성 개념으로는 자발성에서의 차이를 설명할 수 없으나, 시정적 정의로는 가능하다."는 의미로 볼 수도 있다. 반면 브로디(Sarah Broadie)처럼, "시정적 정의를 논하는 부분에서는 언급하지 않았던 자발성에서의 차이를 언급하는 점으

아리스토텔레스가 여기서 말하려던 것은 '공직자와 사인의 차등 취급'이라는 현상을 (자신의 시정적 정의 개념으로는 정당화할 수 있지만) 피타고라스학파의 호혜성 개념으로는 설명할 수 없다는 점이다. 하지만 시정적 정의를 앞세워 공직자와 사인을 비례적으로 차등 취급할 수 있다고 하면, 이는 곧 시정적 정의가 산술적 평등을 지향한다는 점[22]과 충돌하는 것이 아닌가 하는 의문(Q-1)이 생긴다. 한편 이 사례는 다시 이와 같은 '비례적 차등 취급에서의 호혜성'이 바로 아리스토텔레스 자신이 지지하는 호혜성임을 밝히는 대목으로 이어진다. 이를 고려하면, 방금 제기한 의문은 또한 아리스토텔레스적 호혜성의 '비례적' 특성과 시정적 정의의 '산술적' 지향점이 충돌하고 있는 것 아닌가 하는 의문(Q-2)이라고도 할 수 있다. 사실 이 문제는 제3장에서 (비례적) 호혜성을 시정적 정의의 일종으로 규정할 때부터 예견되었던 것이다. (어떻게 비례적인 호혜성이 산술적인 시

로 보아, 시정적 정의에서는 자발성 여부와 관계없이, 발생한 손해를 배상하도록 하는 데 중점이 있지만, 호혜성은 형벌을 가하는 문제와도 관련이 되므로 자발성에서의 차이를 가볍게 볼 수 없다."는 취지로 이해할 수도 있다. Sarah Broadie & Christopher Rowe, *Aristotle:Nicomachean Ethics* (Oxford University Press, 2002), p.343 참조. 이러한 해석상의 차이는 이 개소에서 "자발성"이라는 말이 어떤 의미로 사용되었는지에 대한 이해의 차이와도 관련이 있을 것이다. 래컴(H. Rackham)에 따르면 여기서 "행위가 자발적으로 이루어졌는지 여부"라는 말은 "행위가 행위 상대방의 동의를 얻고 행해진 것인지 여부"를 의미한다. 이와 달리 토마스 아퀴나스나 권창은은, 이를 쉽게 말해 '행위자가 그 행위를 할 수밖에 없도록 강제되었던 것인지, 또는 그가 모르고 저지른 행위인지 여부'로 이해하고 있다. *Sententia libri Ethicorum*, 970번 주석 참조; 권창은, "아리스토텔레스의 정의관─응징정의관을 중심으로─", 『서양고전학연구』 제10집(한국서양고전학회, 1996), 28면 이하 참조.

22) *N.E.*, 1132a2-1132a5 ("선한 사람이 악한 사람을 기망했는지 혹은 악한 사람이 선한 사람을 기망했는지 여부나 간통을 저지른 사람이 선한 사람인지 악한 사람인지 여부는 전혀 문제되지 않는다. 법은 당사자를 동등하게 취급하면서 오로지 손해의 본질만을 볼 뿐이다.")

정적 정의의 일종이 될 수 있는가?[23]) 이에 대한 검토를 지금까지 미뤄 둔 이유는, 그것을 "교환적 정의" 개념에 대한 분석 속에서 다루고자 했기 때문이다.

제3장에서 이미 충분히 겪어 본 바에 의하면, 호혜성 개념을 둘러싼 모든 것들은 하나같이 논쟁의 대상이었다. 마찬가지로 위의 문제를 두고서도 현재에 이르기까지 학설들은 갈리고 있다. 가령 어떤 학설은 다음과 같은 제안을 통해 문제의 해소를 꾀하고 있다.

이미 오래전에 리치(D.G. Ritchie)가 그렇게 했던 것처럼 [시정적 정의]는 [호혜성]의 틀 안에서 해석되어져야 한다고 본다. 리치(D.G. Ritchie)에 따르면 비례평등이 아니라 산술평등으로 규정되는 [시정적 정의]는 "비례하는 되갚음"으로서의 [호혜성]과 충돌하는 것은 아니다. [시정적 정의]는 부당한 손해와 부당이득 사이의 중용이기 때문에 가해자에게서 이러한 이득을 떼어내어 피해자의 손해를 메꾸어 줌으로써 실현되며 이러한 과정은 손해와 이득의 정량화를 그 전제로 한다. 일단 정량화되면 가해자나 피해자의 사회적 신분은 문제될 것이 없으며 정량화된 손해와 이득 사이의 중용인 산술평등을 회복하면 [시정적 정의]는 실현되는 것이다. 그러나 이와 같은 손해와 이득의 정량화 혹은 산출과정에서는 가해자나 피해자의 사회적 지위, 가해자의 책임정도 등의 여러 요소들을 고려하게 되며 이렇게 고려하는 것은 이러한 요소들에 비례하는 손해를 산출하기 위해서이다. 달리 말해서 손해와 이득의 정량화의 원리는 [비례적 호혜성]이며 정량화된 손해와 이득

---

23) 박준석, "아리스토텔레스의 호혜성(ἀντιπεπονθὸς)에 대하여", 『법사학연구』 제41호(한국법사학회, 2010), 279면 주 48) 참조.

사이의 중용을 실현하는 것은 산술평등으로서의 [시정적 정의]이기 때문에 두 정의가 아리스토텔레스에 있어서 충돌하는 것은 아니다.[24]

그러나 과연 이러한 제안에 따라 손해액의 산정 과정과 손해 배상의 절차를 구별하면 문제가 해결되는가? 시원적인 분배 상황이 아니라 거래를 통한 재분배 상황에서조차 손해액이야 어떤 식으로 산정되든,[25] 산정되어 나온 금액의 배상은 엄격히 준수시키겠다고 하는 것이 과연 산술적 평등을 표방하는 시정적 정의의 모습일까? 그렇지 않을 것이다. '침해된 법익'이 무엇인지를 확인하고 그로 인한 불균형을 시정한다고 하는 것은 전체로서 시정적 정의 본연의 임무이다. 이 점을 무시하고 침해된 법익을 이른바 "비례적으로" 산정하는 과정과 그렇게 해서 산정된 결과를 단지 "산술적으로" 반영·처리하는 과정을 구분한다는 것은 결국 시정적 정의 자체를 무의미하게 만들어 버릴 수도 있는 것이다. (심지어 분배적 정의와 구별되는 시정적 정의라는 형태의 특수적 정의를 따로 상정해야 할 이유조차 알 수 없게 된다!)

다른 학설은 아리스토텔레스적 호혜성이 비례적 성질을 갖는 점에 대하여 "이러한 그의 견해 속에는 사회적 신분에 따라 상이한 보원이 행해져야 한다는 아리스토텔레스 나름의 시대적·계급적 편견도 포함되어

---

24) 권창은, 앞의 글, 37–38면 주 81). 가독의 편의상 일부 내용 이해와 무관한 사항은 생략했고, 원문의 "시정정의"를 "시정적 정의"로, "(비례)응징정의"를 "(비례적) 호혜성"으로 고치고 [ ]에 넣어 구분하였으며, 한글 이름 표기를 추가하였다.

25) 피해자의 사회적 지위에 "비례하는" 손해의 정량화라는 것은 결국 (아리스토텔레스의 분배적 정의에 관한 언급에서 보이듯이) 공동체의 정치적 선택에 따라 손해 인정 정도, 심지어 그 인정 여부까지도 천차만별로 달라지는 결과를 낳을 수 있다. *N.E.*, 1131a24–1131a30 참조.

있다는 점이 지적되어야 할 것"[26]이라고 함으로써 문제를 흐리기도 한다. 그러나 과연 이 사례가(그리고 비례적 호혜성이) 아리스토텔레스의 "편견"을 보여 주고 있는 것일까? 필자가 보기에는 그렇지 않다. '공직자 폭행 사례'에서 시정되어야 할 "불균등"[27], 혹은 법이 보고자 하는 "손해의 본질"[28], 혹은 더 간단하게 '침해된 법익'을 어떻게 보고 있는지를 먼저 살펴볼 필요가 있다.[29] 예컨대 공무 수행 중인 공직자를 사인이 폭행했다면 자연인에 대한 "폭행"[30]과 공무 수행 기관에 대한 '공무 방해'나 '권위 실추' 또는 공동체에 대한 '질서 교란' 등이 경합하고 있는 것으로 볼 수 있기 때문이다. 이러한 이해는 당시의 실정법상으로도 통용되는 관점이었던 것 같고(D.M. MacDowell),[31] 심지어 오늘날의 관점에서도 합리적일 수 있다. 따라서 이를 하나의 "편견"으로 치부할 수는 없을 것이다.

---

26) 손병석, "아리스토텔레스의 정의관—보원·보은정의(to antipeponthos dikaion)를 중심으로—", 『철학연구』 제15권(고려대 철학연구소, 1991), 293면.

27) *N.E.*, 1132a5 이하 ("그러므로 이러한 종류의 부정의는 하나의 불균등이기 때문에 디카스테스는 이를 균등하게 하려고 노력한다.").

28) *N.E.*, 1132a4–1132a5 ("법은 당사자를 동등하게 취급하면서 오로지 손해의 본질만을 볼 뿐이다.")

29) 단치히는 "시정적 정의에서 고려하지 않는 것은 당사자의 인격(moral character)에 있어서의 차이이지, 당사자의 법적인 신분(legal status)에 있어서의 차이가 아니"라고 말함으로써 정합적 해석을 꾀하고 있다. Gabriel Danzig, "The Political Character of Aristotelian Reciprocity", *Classical Philosophy* 95(4), 2000, p.408 n.28. 하지만 이 말도 정확한 것은 아니라고 생각한다. 본질적인 차이를 가져오는 것은 법적인 신분 그 자체가 아니라 침해되는 법익이기 때문이다. 또한 단치히와 반대로 시정적 정의에서는 당사자의 공법적 신분(public-legal status)의 차이를 고려하지 않는다고 설명하는 견해로는 H.J. van Eikema Hommes, *Major Trends in the History of Legal Philosophy* (North-Holland Publishing Company, 1979), p.25 참조.

30) *N.E.*, 1131a5 이하 ("다른 것들은 폭력적인 것이다. 예를 들어 폭행, 감금, 살해, 폭력에 의한 강도, 상해, 학대, 모욕 등이다.").

31) 권창은, 앞의 글, 26면 주 59) 참조.

물적 평등, 인적 비례

　형법 제136조(공무집행방해)는 우리 법이 공직자에 대한 폭행을 사인에 대한 그것보다 무겁게 처벌하고 있는 전형적인 예를 보여 준다. 형법 제260조 제1항(폭행)과 비교해 보면 그 차이를 실감할 수 있을 것이다.[32] 물론 이러한 차등 취급의 이유는 공직자가 보다 가치 있는 인격을 지녔기 때문이 아니라, (대체로 말해서) 공직자가 수행하기로 되어 있는 법체계상 기능을 강하게 보호하기 위함이다. 더불어 이러한 기능의 수행에 필연적으로 수반되는 (사인에 대한) 강제력의 행사는 정당화된다(형법 제20조).[33]

　형법 제136조가 규정하는 공무집행방해죄는 공무원의 직무집행이 적법한 경우에 한하여 성립하는 것으로서 적법한 공무집행이라고 함은 그 행위가 공무원의 추상적 권한에 속할 뿐 아니라 구체적 직무집행에 관한 법률

---

32) 극단적인 예로는 형법 제260조 제1항(폭행)과 제87조(내란)의 관계, 혹은 제250조 제1항(살인)과 제88조(내란목적의 살인)의 관계 등도 생각해 볼 수 있다. "국회의사당을 병력으로 봉쇄하고 국회의원들의 출입을 금지하고 이어 상당기간 국회가 개회되지 못하였다면 이것은 헌법기관인 국회의 권능행사를 사실상 불가능하게 한 것에 해당한다. 형법 제91조에서 '권능행사를 불가능하게 한다.'라고 하는 것은 그 기관을 제도적으로 영구히 폐지하는 경우만을 가리키는 것은 아니고 사실상 상당기간 기능을 제대로 할 수 없게 만드는 것을 포함한다고 해석한다. 왜냐하면 이와 같이 해석하지 않을 때에는 국회라는 제도를 영구히 폐지하거나 변경하는 혁명과 같은 사태만이 국헌문란에 해당하고 그 밖에 혁명이 아니면서 폭력적인 방법으로 국회나 다른 국가기관을 마비시키거나 외포시켜 헌법상의 입법권행사나 기타의 권한행사를 상당기간 불가능하게 하는 중대한 범죄는 이를 국헌문란이 아니라고 해야 하는 부당한 결과를 빚기 때문이다." 서울고등법원 1996. 12. 16. 선고 96노1892 판결. 이 부분의 판단은 이 사안의 상고심 판결(대법원 1997. 4. 17. 선고 96도3376 전원합의체 판결)에서도 유지되고 있다.
33) 제20조(정당행위) 법령에 의한 행위 또는 업무로 인한 행위 기타 사회상규에 위배되지 아니하는 행위는 벌하지 아니한다.

상 요건과 방식을 갖춘 것을 말하는 것이므로, 이러한 적법성이 결여된 직무행위를 하는 공무원에게 항거하였다고 하여도 그 항거행위가 폭력을 수반한 경우에 폭행죄 등의 죄책을 묻는 것은 별론으로 하고 공무집행방해죄로 다스릴 수는 없는 것이다.[34]

차등 취급의 핵심이 어디까지나 법체계상 기능의 보호에 있고, 공직에 있는 사람의 우대에 있는 것이 아니므로, 만약 적법하게 공무를 집행하는 상황이 아니라면 차등 취급의 이유도 없어진다는 것이 판례의 설명이다. 이러한 관점은 현행범인의 체포와 관련된 다음의 두 판례를 비교해 보면 보다 분명해진다.

현행범인은 누구든지 영장 없이 체포할 수 있다(형사소송법 제212조). 현행범인으로 체포하기 위하여는 행위의 가벌성, 범죄의 현행성·시간적 접착성, 범인·범죄의 명백성 이외에 체포의 필요성 즉, 도망 또는 증거인멸의 염려가 있어야 하고, 이러한 요건을 갖추지 못한 현행범인 체포는 법적 근거에 의하지 아니한 영장 없는 체포로서 위법한 체포에 해당한다. … 경찰관이 현행범인 체포의 요건을 갖추지 못하였음에도 실력으로 현행범인을 체포하려고 하였다면 적법한 공무집행이라고 할 수 없고, … 현행범이 그 체포를 면하려고 반항하는 과정에서 경찰관에게 상해를 가한 것은 불법체포로 인한 신체에 대한 현재의 부당한 침해에서 벗어나기 위한 행위로서 정당방위에 해당하여 위법성이 조각된다. … 원심이 이와 같은 취지에서 피고인에 대한 이 사건 공소사실 중 상해 및 공무집행방해의 점에 대하여 무

---

34) 대법원 1992. 2. 11. 선고 91도2797 판결

죄를 선고한 제1심판결을 유지한 것은 정당하다.[35]

현행범인은 누구든지 영장 없이 체포할 수 있으므로(형사소송법 제212조) 사인의 현행범인 체포는 법령에 의한 행위로서 위법성이 조각된다고 할 것인데, 현행범인 체포의 요건으로서는 행위의 가벌성, 범죄의 현행성 · 시간적 접착성, 범인 · 범죄의 명백성 외에 체포의 필요성 즉, 도망 또는 증거인멸의 염려가 있을 것을 요한다 … 이 사건에서 피해자가 재물손괴죄의 현행범인에 해당함은 명백하고, 피해자는 당시 열쇠로 피고인의 차를 긁고 있다가 피고인이 나타나자 부인하면서 도망하려고 하였다는 것이므로 위에서 말하는 체포의 필요성의 요건도 갖추었다 … 한편, 적정한 한계를 벗어나는 체포행위는 그 부분에 관한 한 법령에 의한 행위로 될 수 없다고 할 것이나, … 이 사건에서 피고인이 피해자를 체포함에 있어서 멱살을 잡은 행위는 그와 같은 적정한 한계를 벗어나는 행위라고 볼 수 없을 뿐만 아니라 설사 소론이 주장하는 바와 같이 피고인이 도망하려는 피해자를 체포함에 있어서 멱살을 잡고 흔들어 피해자가 결과적으로 그 주장과 같은 상처를 입게 된 사실이 인정된다고 하더라도 그것이 사회통념상 허용될 수 없는 행위라고 보기는 어렵다고 할 것이다.[36]

경찰관일지라도 현행범인 체포의 요건을 어기고 체포를 감행한 경우에는 (정당화는커녕) 합법적인 저항에 상처를 입어도 할 말이 없게 되고, 일반인일지라도 그 요건을 갖추어 체포에 나선 경우에는 매우 강하게 보

---

35) 대법원 2011. 5. 26. 선고 2011도3682 판결
36) 대법원 1999. 1. 26. 선고 98도3029 판결

호받고 있다. (현행범인의 체포와 관련하여) 중요한 것은 사법질서의 유지라는 공공적 기능을 합법적·효율적으로 달성하는 일이지, 그에 관한 주된 업무를 누가 공식적으로 맡고 있느냐가 아니기 때문이다.

이와 마찬가지로 '공직자 폭행 사례'에서 (다소 불분명하게 되어 있지만) 침해되고 있는 법익의 상대적 차이가 전제되고 있는 것이라면(그리하여 공직자이기 때문이 아니라 그가 수행하는 법체계상 기능을 보호하기 위한 차등 취급이 있을 뿐이라면), 침해되는 법익의 크기에 맞게 '산술적으로' 적용되는 시정적 정의가 작동하게 될 뿐, 당사자의 가치에 따라서 '비례적으로' 적용되는 무엇이 있는 것은 아니라 말할 수 있다.

토마스 아퀴나스의 해명 작업도 바로 이러한 차등 취급을 합리적인 것으로 인정하는 전제에서 출발하고 있다. 그에 의하면 '공직자 폭행 사례'가 보여주고 있는 것은 침해와 되갚음 사이의 **물적 평등**[equality between action and passion]'이지, 사람에 따라 처벌의 정도가 달라진다는 의미의 **'인적 비례**[proportion between things and persons]'가 아니라고 한다.[37] 다시 말해서, 토마스 아퀴나스는 아리스토텔레스가 시정적 정의를 논하며 "법은 당사자를 동등하게 취급하면서 오로지 손해의 본질만을 볼 뿐"이라고 했던 말에 주목함으로써, '공직자 폭행 사례'의 경우도 공직자가 일반인을 폭행한 경우와 일반인이 공직자를 폭행한 경우는 그 "손해의 본질"이 다르기 때문에 그에 대한 취급도 달라지는 것이지, 시정적 정의가 금하고 있는 당사자의 인적 요소에 따른 차등 취급을 하고 있기 때문에 그러한 것이 아니라고 풀이하는 셈이다.

이렇게 되면 일단 '공직자 폭행 사례'에서 공직자와 사인을 차등 취급

---

37) S.T., II-II, q.61, a.2 및 q.61, a.4; *Sententia libri Ethicorum*, 969번 주석 참조.

하는 것은 시정적 정의에 따른 것이라는 점도 드러난다. 그리고 공직자가 일반인을 폭행한 경우든 일반인이 공직자를 폭행한 경우든 (무조건) "받은 만큼 되갚는다."는 산술적 호혜성 개념에 따라 물리적으로 파악된 등가의 해악을 가해자에게 되돌리고자 하는 것이야말로 시정적 정의에 어긋나는 것임이 밝혀진다. 결국 '산술적' 평등을 지향하는 시정적 정의 개념과 (피타고라스학파의) '산술적' 호혜성 개념은 같지 않다는 뜻이다.

라다만튀스의 정의

시정적 정의 개념으로 정당화할 수 있는 '공직자 폭행 사례'에서의 (공직자와 사인의) 차등 취급을 피타고라스학파의 산술적 호혜성 개념으로는 설명할 수 없을 것이라는 아리스토텔레스의 지적에는 석연치 않은 구석이 있다. 일단 그가 이 사례에서 두 개의 사안, 즉 공직자가 사인을 폭행할 경우와 사인이 공직자를 폭행할 경우 사이의 비대칭성(asymmetry)에 주목하고 있는 것인지는 불분명하다. 일견 그렇게 보이는 것이 사실이지만, 사례의 취지를 위해서라면 이 같은 인상을 남기지 않았어야 했다. 한 방향의 폭행으로 침해되는 법익('공직자가 사인을 폭행할 경우' 침해되는 법익)과 그 반대 방향의 폭행으로 침해되는 법익('사인이 공직자를 폭행할 경우' 침해되는 법익)이 그 크기나 종류가 다르다면, 피타고라스학파의 산술적 호혜성에 따르더라도 두 경우의 처리 결과는 서로 같지 않을 것이기 때문이다.

(산술적 호혜성에 대한) 합당한 비판이 될 수 있으려면, 어디까지나 하나의 사안을 놓고서 산술적 호혜성에 따른 처리 결과가 시정적 정의에

따른 처리 결과와 다르다는 것을 지적해야지, 애초에 질적으로 다른 두 개의 사안을 겹쳐 놓고서 두 사안의 처리 결과가 서로 같지 않은 까닭을 설명하라 추궁할 수는 없는 노릇이다. (다른 사안이 다르게 처리되는 이유를 대라니?) 달리 말하자면, '공직자 폭행 사례'는 이른바 라다만튀스 (Rhadamanthys)의 정의[38]에 의하더라도 "같은 것을 같게!"라는 원리가 적용되어야 할 사례가 아니라, "다른 것을 다르게!"라는 원리가 적용되어 마땅한 사례라는 뜻이다.

한편 이와 같이 미심쩍은 느낌을 갖게 되는 데는 ('공직자 폭행 사례'를 통해) 아리스토텔레스가 전하는 피타고라스학파의 입장이 과연 정확한 것인가 하는 기초적인 의문이 바탕을 이루고 있다. 사안에 따라 '손해의 본질' 또는 '침해된 법익'이 다를 수 있음에도 불구하고, 오로지 물리적으로 파악된 등가의 해악을 가해자에게 되돌리는 데만 집착하는 것은 (시정적 정의에도 어긋날뿐더러) 분명 잘못일 것이다. 그러나 문제는 산술적 호혜성 개념이 과연 그러한 것인가 하는 점이다. 산술적 호혜성에 따라 가해자에게 되돌려질 등가의 해악이 반드시 "물리적으로" 파악되어야 할 까닭이 있을까?

엄밀한 검토 작업이 선행되지 않은 상태에서 섣불리 단정지을 문제는 아니지만, 필자가 추측하기에 만일 (이상의 논의 중에서) 아리스토텔레스의 "편견"이라고 할 만한 것이 있다면, 그것은 바로 피타고라스학파의 산술적 호혜성 개념 내지 "라다만튀스의 정의"에 대한 그의 이해 부분이 아닐까 싶다.

---

38) *N.E.*, 1132b25 이하 참조. 이는 피타고라스학파의 '동해 보복'적 정의관(즉 산술적 호혜성)을 지칭하는 말이다. 이 책의 제3장 주 43) 참조.

창조적 파괴

'공직자 폭행 사례'의 검토 결과, 시정적 정의를 앞세워 공직자와 사인을 비례적으로 차등 취급한다는 것이 시정적 정의가 산술적 평등을 지향한다는 점과 충돌하는 것(Q-1)은 아님을 확인할 수 있었다. 그렇다면 이제 아리스토텔레스적 호혜성의 '비례적' 특성과 시정적 정의의 '산술적' 지향점이 충돌하는지(Q-2)에 대해서는 어떻게 답할 수 있을까? 비례적 호혜성 개념과 산술적 평등을 지향하는 시정적 정의 개념은 과연 내적 부정합성의 문제를 일으키지 않고 (토마스 아퀴나스에 의해) "교환적 정의" 개념으로 통합될 수 있었을까?

토마스 아퀴나스가 이러한 의문에 의식적으로 맞서고(vis-à-vis) 그것을 해소시켰던 것인지는 분명치 않다. 어찌되었든 그의 이야기 속에는 달랑 "교환적 정의" 하나만 들어 있을 뿐이다. 지금의 의문을 돌아보기에는 이미 너무 멀리 간 것일 수도 있고, 반대로 벌써 흔적 하나 남김없이 녹여 낸 것일 수도 있다.

다만, 더이상 토마스 아퀴나스처럼 창의적인(?) 형태는 아니라 하더라도, 비례적 호혜성과 시정적 정의가 (독립성은 유지한 채) 유기적으로 연결되는 문맥을 생각해 볼 수는 있을 것이다: '비례적' 호혜성은 과연 어떠한 의미에서 '산술적' 평등을 지향하는 시정적 정의와 양립할 수 있게 되는가? 이 질문에 대한 답은 이미 (아리스토텔레스의) 비례적 호혜성의 본질을 탐구하는 과정에서 제시되었던 바 있다. 제3장에서 살펴본 바에 의하면, 비례적 호혜성은 (자발적·비자발적 거래에 있어서) '거래의 수행 기준' 그 자체인 것이며, 좁은 의미의 시정적 정의는 (이미 발생하여 종국적으로는 분쟁으로 번진) '거래에 대한 사후적 처리의 기준'이라 할 수 있다. 여기서 거래의 당사자들 사이에 '분쟁으로 번지지 않을 만한' 거래가 가능하려면, 주고받는 것들 사이에 다소 탄력적이고 '비례적인' 상당성이 유지되어야 함이 (호혜성이라는 덕의 '내용'에 비추어도)[39] 명백해진다. 엄밀히 말해서, (1) '자발적 거래'의 경우 교환을 하는 것은 '전적으로 똑같은' 무언가를 공허하게 맞바꾸기 위함이 아니라, 다만 얼마라도 '차이'가 있는 것들을 주고받기 위함이며, (2) '비자발적 거래'의 경우에도 아예 처음부터 엄격한 '동해 보복'이란 불가능한 경우가 많기 때문에,[40] 허용될 수 있는 '차이'의 범위 내에서 되갚는 것의 정당성을 인정할 수 있어야 한다. 거래 개시의 순간부터 매우 엄격하고 '산술적인' 기준을 따르도록 하는 것은 자칫 거래 자체를 불가능하게 만들 것이다. (물론 거래가 끝내 분쟁으로 치닫게 되었다면, 좁은 의미의 시정적 정의에 따른 엄정한 사후 처리 절차로 넘어가게 된다.) 바로 이러한 의미에서 아리스토텔레스적 호혜성의 '비례적' 특성과 시정적 정의의 '산술적' 지향점의 충돌 우려(Q-2)는 해소되고 있다.

앞에서 살펴보았듯이 토마스 아퀴나스는 이와 다른 해법을 찾고 있다. 거듭 말하지만, 그의 "교환적 정의" 개념은 단지 시정적 정의라는 용어에 대한 의역의 과정에서 불가피하게 쓰인 대체 용어에 불과한 것이 결코 아니다. 여기에는 비례적 호혜성이 '거래 상황'을 규율하는 덕 자체에 (그것이 "일종의 중용"으로 이해될 수 있게 하는 패턴으로서!) 본질적으로 내포

---

39) 한편, 덕의 논리적 "구조"에 기한 설명은 제3장과 제4장을 참조하라.

40) *Sententia libri Ethicorum*, 930번 주석 참조. 여기서 토마스 아퀴나스는 A가 B의 자식을 살해했기 때문에 B가 A에게 복수하고자 하는 경우를 언급하고 있다. 그런데 만일 A에게는 자식이 없다고 하면 엄격한 의미에서의 동해보복이 가능하겠는가?

되어 있음을 선언하는 야심찬 기획이 작동하고 있는 것이다.[41]

---

41) 리치는 (비판적인 시각에서) 토마스 아퀴나스의 작업이 그저 '낡은 번역'의 부산물이었
거나, 기껏해야 아리스토텔레스의 원래 뜻을 공교히 변질시킨 것에 불과하다고 말한다.
하지만 필자가 보기에는, 여전히 가장 계발적인 정의론 해석 중 하나라는 점을 인정할
수밖에 없을 것 같다. D.G. Ritchie, *op. cit.*, p.188. 한편 토마스 아퀴나스가 *Sententia
libri Ethicorum*을 집필하면서 사용했던 『니코마코스 윤리학』의 번역은 로베르투스 그
로스테스트(Robertus Grostest)의 *Translatio Lincolniensis*를 자신이 조금 수정한 것이
라고 한다. 이에 대해서는 손은실, 앞의 글, 181면 참조.

6

제비뽑기

다섯 사람이 모여 작업하고 있는 곳으로 돌진하고 있는, 브레이크가 나간 트롤리(trolley)가 있다. 급히 방향을 바꾸면 대신에 구경꾼 한 사람이 희생될 뿐이다. 내가 기관사라면, 혹은 우연히 선로 변경장치 곁에 있던 시민이라면, 나의 선택은 무엇일까?

제5장에서 다루었던 토마스 아퀴나스 이야기는 대체로 아리스토텔레스 전문가로서 그의 면모에 관한 것이었다. 이제 살펴보게 될 내용은 앞에서 그의 '독자적인 관점'의 예로 언급했던 '이중 효과 논증'에 관한 것이다. 더불어 그의 이른바 '심리과정론'에 대해서도 잠깐 생각할 기회를 갖게 될 것이다.

　이중 효과 논증을 통해 토마스 아퀴나스는 '정당방위'의 문제를 철학적 성찰의 무대로 이끌고 있다. 사실 아리스토텔레스의 경우 '복수'에 관해 이야기한 적은 있어도, '정당방위'에 관해서는 거론한 적이 없는 것으로 알려져 있다. 따라서 토마스 아퀴나스 법사상의 독창적 전개 양상을 확인하기에는 이 주제만한 것도 없을 것이다. 그가 남긴 방대한 사유 기록 중에서 특히 위 논증 부분에 주목하려는 이유 중 하나가 바로 여기에 있다.

이중 효과 논증

토마스 아퀴나스는 『신학대전』[1] 제2부 제2편(*Secunda Secundae*)에서 이른바 '**이중 효과 논증**(double effect reasoning)'을 전개하고 있다. '이중 효과 원리(principle of double effect)'[2]라는 명칭으로 더 널리 알려진 이 논증은 오늘날 대체로 다음과 같은 실천적 물음에 답하기 위한 것으로 이해되고 있다. 어떤 선한 목적을 달성하고자 하나 그것을 달성하기 위해서는 반드시 일정한 해악을 야기할 수밖에 없는 상황이라면, 그러한

---

1) 이 장에서 다루고 있는 『신학대전』 주요 개소의 번역은 Fathers of the English Dominican Province, *The Summa Theologica of St. Thomas Aquinas* (Benziger Bros., 1947)를 기본으로 하고, 필요한 경우 조셉 맨건(Joseph T. Mangan), 토마스 캐버노(Thomas A. Cavanaugh), 크리스토퍼 커크조어(Christopher Kaczor) 등의 번역을 아울러 참조하였다. 참고로 말하자면 위의 『신학대전』의 라틴어 원문과 기본 영문 번역은 인터넷을 통해서도 얻을 수 있다. 예컨대 http://www.corpusthomisticum.org/ 또는 http://josephkenny.joyeurs.com/ 등의 사이트는 『신학대전』의 라틴어 원문 또는 영문 번역을 토마스 아퀴나스의 다른 저술들에 대한 정보와 함께 제공하고 있다.

2) 학자들에 따라서는 이중 효과 교설(doctrine of double effect)이라는 명칭을 사용하기도 한다. 예를 들어 Warren S. Quinn, "Actions, Intentions, and Consequences: The Doctrine of Double Effect", *Philosophy & Public Affairs* 18(4), 1989, pp.334–351; John Finnis, *Intention & Identity Collected Essays Volume* II (Oxford University Press, 2011), p.153; Alison McIntyre, "Doctrine of Double Effect", *The Stanford Encyclopedia of Philosophy* (Fall 2009 Edition), E.N. Zalta (ed.), URL = ⟨http://plato.stanford.edu/archives/fall2009/entries/double-effect/⟩ 등을 참조. 한편 근래 국내에서는 "이중결과원리(principle of double effect)" 또는 "이중결과론(doctrine of double effect)"이라는 번역을 선호하는 경향이 있는 것 같다. 임종식, "이중결과원리, 그 기본 전제들에 대한 옹호", 『철학』 제55집(한국철학회, 1998), 237면 주 1); 강철, "트롤리문제와 도덕판단의 세 가지 근거들", 『윤리연구』 제90호(한국윤리학회, 2013), 144면 주 21) 참조. 이는 대체로 '원인과 결과(cause and effect)'라는 익숙한 표현 범주를 따르고자 함인데, 해외의 윤리신학적 논의에서는 이 경우의 effect를 '원인과 결과'를 이야기할 때의 그것과는 구별해야 한다는 지적에 무게가 실리고 있는 점과 대조를 이룬다.

해악에도 불구하고 원래의 선한 목적을 추구할 수 있는 것인가? 만일 그렇다면 어떠한 조건하에서 그러한가? 그리고 이들 물음에 대한 답으로서 이중 효과 논증은 통상 다음과 같이 정식화된 형태로 표현되고 있다.

다음 네 가지 조건이 동시에 만족될 경우 행위자는 선한 효과와 해악적 효과를 산출할 것으로 자신이 예견한(foresees) 바의 행위를 하는 것이 허용될 수 있다. (1) 행위 그 자체는 그 대상의 면에서 보아 선한 것이거나 최소한 중립적인 것이어야 한다. (2) 해악적 효과가 아니라 선한 효과가 의도되었어야(be intended) 한다. (3) 선한 효과는 해악적 효과를 수단으로 하여(by means) 산출된 것이 아니어야 한다. (4) 해악적 효과를 허용해야 할 비례적으로 중한 이유(a proportionately grave reason)가 있어야 한다.[3]

이중 효과 논증은 비단 윤리신학(moral theology)의 영역만이 아니라 법학이나 생명윤리학의 영역에서 널리 활용되고 있다. 헌법상의 비례의 원칙[4]이나, 형사법상의 정당화 사유 및 구성요건적 결과의 귀속에 관

---

3) Joseph T. Mangan, "An Historical Analysis of the Principle of Double Effect", *Theological Studies* 10, 1949, p.43. 참고로 *The Catholic Encyclopedia*는 조셉 맨건의 그것과는 다소 상이한 표현을 사용해 정식화하고 있으나 의미의 차이는 크지 않은 것으로 보인다. 이에 대해서는 Alison McIntyre, *op. cit.*, sec.1 참조.
4) 우리 헌법재판소가 채택하고 있는 "비례의 원칙" 내지 "과잉금지원칙"에 대한 보다 직접적인 영향은 물론 독일 공법학과 연방헌법재판소 판례로부터 온 것이다. 독일에서의 논의 전개 과정에 대해서는 황치연, 『헌법재판의 심사척도로서의 과잉금지원칙에 관한 연구』(연세대 박사학위논문, 1995), 28~42면 참조. 그렇지만 (황치연도 지적하고 있듯이) 독일 공법학자들조차 이 원칙의 근원을 (토마스 아퀴나스를 빼놓고는 결코 논할 수 없는) 자연법론적 사고의 전통에서 찾고 있다는 점을 주의할 필요가 있다. 같은 글, 26면 이하 참조.

한 판단 문제, 혹은 공범의 처벌 범위에 대한 판단 문제,[5] 안락사 또는 낙태 등과 같은 생명윤리적 주제에 있어서 허용가능성에 대한 판단 문제 등은 그 대표적인 예라 할 수 있다. 가령 안락사 문제와 관련해서, 이중 효과 논증은 이른바 직접적 안락사(direct euthanasia)와 간접적 안락사 (indirect euthanasia)를 구별하는 데 쓰이고 있다. 이에 따르면 직접적 안락사는 '생명의 단축(해악적 효과)이 부수적이나마 의도된 경우, 또는 그 것을 수단으로 하여 고통의 완화(선한 효과)가 산출된 경우'로서 결코 허용될 수 없다. 반면에 간접적 안락사는 '고통의 완화를 추구하는 과정에서 생명의 단축을 예견한 바이지만, 그것이 부수적으로 의도되거나 수단으로 채택되지는 않은 경우'로서 윤리적으로 허용될 수 있다.[6]

정식화된 내용 자체도 그렇고, 그것이 활용되고 있다는 문제들은 더 그렇고, 한눈에 보기에도 간단한 것이 없다. 어쩌면 조금 다른 논증 사례와 비교해 볼 때, 이중 효과 논증의 함의는 더 잘 드러나게 될지 모른다. 필자가 보기에 (이러한 의미에서라면) 배임죄[7]의 고의에 관한 대법원의 논

---

5) 이른바 형상적 협력(formal cooperation)과 질료적 협력(material cooperation)의 구별에 관한 교회법 및 윤리신학상의 논의를 말한다. 이에 대해서는 Joseph Delany, "Accomplice", *The Catholic Encyclopedia* Vol. 1 (New York: Robert Appleton Company, 1907), URL = 〈http://www.newadvent.org/cathen/01100a.htm〉을 참조.

6) 안락사의 유형 분류에 대해서는 김현철·고봉진·박준석·최경석, 『생명윤리법론』(박영사, 2014), 217-223면 참조.

7) 형법 제355조(횡령, 배임) ②타인의 사무를 처리하는 자가 그 임무에 위배하는 행위로써 재산상의 이익을 취득하거나 제삼자로 하여금 이를 취득하게 하여 본인에게 손해를 가한 때에도 전항의 형과 같다.
형법 제356조(업무상의 횡령과 배임) 업무상의 임무에 위배하여 제355조의 죄를 범한 자는 10년 이하의 징역 또는 3천만원 이하의 벌금에 처한다.
특정경제범죄 가중처벌 등에 관한 법률 제3조(특정재산범죄의 가중처벌) ①「형법」 제347조(사기), 제350조(공갈), 제351조(제347조 및 제350조의 상습범만 해당한다), 제355조(횡

중을 비교 대상으로 삼는 편이 좋을 듯하다.

　　회사의 이사 등이 타인에게 회사자금을 대여할 때에 그 타인이 이미 채무변제능력을 상실하여 그에게 자금을 대여할 경우 회사에 손해가 발생하리라는 정을 충분히 알면서 이에 나아갔거나, 충분한 담보를 제공받는 등 상당하고도 합리적인 채권회수조치를 취하지 아니한 채 만연히 대여해 주었다면, 그와 같은 자금대여는 타인에게 이익을 얻게 하고 회사에 손해를 가하는 행위로서 회사에 대하여 배임행위가 되고, 회사의 이사는 단순히 그것이 경영상의 판단이라는 이유만으로 배임죄의 죄책을 면할 수는 없으며, 이러한 이치는 그 타인이 자금지원 회사의 계열회사라 하여 달라지지 않는다. … 업무상배임죄가 성립하려면 주관적 요건으로서 임무위배의 인식과 그로 인하여 자기 또는 제3자가 이익을 취득하고 본인에게 손해를 가한다는 인식, 즉 배임의 고의가 있어야 하고, 이러한 인식은 미필적 인식으로도 족하다. 이익을 취득하는 제3자가 같은 계열회사이고, 계열그룹 전체의 회생을 위한다는 목적에서 이루어진 행위로서 그 행위의 결과가 일부 본인을 위한 측면이 있다 하더라도 본인의 이익을 위한다는 의사는 부수적일 뿐이고 이득 또는 가해의 의사가 주된 것임이 판명되면 배임죄의 고의를 부정할 수 없다.[8]

령·배임) 또는 제356조(업무상의 횡령과 배임)의 죄를 범한 사람은 그 범죄행위로 인하여 취득하거나 제3자로 하여금 취득하게 한 재물 또는 재산상 이익의 가액(이하 이 조에서 "이득액"이라 한다)이 5억원 이상일 때에는 다음 각 호의 구분에 따라 가중처벌한다.

1. 이득액이 50억원 이상일 때: 무기 또는 5년 이상의 징역

2. 이득액이 5억원 이상 50억원 미만일 때: 3년 이상의 유기징역

8) 대법원 2012. 7. 12. 선고 2009도7435 판결

'배임죄의 고의 인정'이라는 처리 결과만 놓고 보자면, 이 사례에 이중 효과 논증을 적용했더라도 마찬가지였을 것이다. 자금 대여 회사(본인)에 손해를 가하는 해악적 효과가 의도된 것인 한, 달리 판단할 여지가 없기 때문이다. 주목을 요하는 지점은 대법원이 '선한 효과는 단지 부수적으로 의도되었을 뿐이고, 주로는 해악적 효과가 의도되었다는 사실'을 강조하고 있는 대목이다. 필자가 던지고 싶은 질문은 이렇다: "(다른 조건이 동일할 경우) 이 사례의 경우와 달리, 만약 선한 효과가 주로 의도되었으며, 해악적 효과는 단지 부수적으로 의도되었던 것일 때, 대법원은 어떻게 판단할 것인가?"

만일 위 판례에서 대법원의 견해가 '부수적 의도와 주된 의도가 경합할 경우, 주된 의도가 무엇인지에 따라 배임죄의 고의 여부를 결정한다.'는 것이라면(실제로 다분히 그렇게 읽히지 않는가?), 질문의 가상 사례에서 대법원은 배임죄의 고의를 부정하게 될 것이다. 하지만 이중 효과 논증에 의하면, 단지 부수적으로 그랬을 뿐이라 하더라도, 해악적 효과를 (어디까지나) 의도하는 것은 명백히 잘못이다.

열린 지평

앞에서 이중 효과 논증이 다양한 학문 영역에서 숱한 난제들을 해결하기 위해 활용되어 왔다고 말했었다. 하지만 이 말이 이중 효과 논증에 대한 전반적인 지지가 있어 왔음을 의미하지는 않는다. 사실 오히려 그 광범위한 활용도만큼이나 논증 자체의 타당성에 대한 견해 대립의 폭도 넓다. 이 책에서 상세하게 다루기는 곤란하지만 앞서 제시된 정식화 중의 용어를 빌려 간단히 언급하자면, (1) 행위의 실천적 가치를 행위자의 내적 의도(intention)가 아니라 행위의 객관적 결과에 따라 판단하고자 하는 입장이나, (2) 반대로 이를 전적으로 행위자의 내적 의도에 따라 판단하고자 하는 입장,[9] (3) 해악적 효과를 수단(means)으로 하여 선한 효과를 산출하는 경우와 해악적 효과가 선한 효과를 산출하는 와중에 단지 예견되었을(foreseen) 뿐인 경우를 구별하는 것이 실천적으로는 무의미하다는 입장[10] 등을 취하게 되면 이중 효과 논증의 타당성을 인정하기가 어려울 것이며, 이러한 입장까지는 취하지 않는다 하더라도 (4) 이중 효과 논증의 타당성을 의심케 하는 직관적 반례[11]를 제시함으로써 결과적으로 그와 마찬가지인 부정적 평가에 이르는 경우도 있을 수 있다.

이러한 논란을 해소하기 위해 이중 효과 논증의 재정식화를 위한 시도들도 이루어지고 있지만,[12] 당장 우리에게는 그러한 시도들의 평가에 앞서 해결해야 할 문제가 하나 있다. 그것은 토마스 아퀴나스 자신의 논의가 과연 어떤 것이었는지를 제대로 밝히는 일이다. 이 같은 문제가 생기게 된 원인은 (뒤에서 확인하게 될 바와 같이) 애초에 제시된 이중 효과 논증

---

9) 이들 입장에 대해서는 Ioannes Paulus PP. II, *Veritatis Splendor* (Libreria Editrice Vaticana, 1993), 72항 참조. 교황 요한 바오로 2세의 회칙(encyclical)인 『진리의 광채 *Veritatis Splendor*』의 영문판과 한국어판은 각각 바티칸과 한국 천주교 주교회의의 인터넷 홈페이지를 통해서 확인할 수 있다. 영문판의 위치는 http://www.vatican.va/edocs/ENG0222/_INDEX.HTM이며, 한글판의 위치는 http://www.cbck.or.kr/book/book_list5.asp?p_code=k5150&seq=400103&page=8&KPope=&KBunryu=&key=&kword#이다.

10) 이러한 입장을 취하고 있는 국내의 연구로는 Um Sung-Woo, "Intending as a Means and Foreseeing with Certainty", 『철학사상』 제34권(서울대 철학사상연구소, 2009), 279-303면.

11) Alison McIntyre, "Doing Away with Double Effect", *Ethics* 111, 2001, p.227 참조. 여기서 다루고 있는 반례에 대하여 우리는 제7장에서 잠시 살펴보게 될 것이다.

12) 대표적인 학자로는 페터 크나우어(Peter Knauer), 워런 퀸(Warren S. Quinn) 등을 들 수 있을 것이다.

의 정식화가 (토마스 아퀴나스를 전거로 삼고 있음에도 불구하고) 토마스 아퀴나스 자신의 논의와는 다소 거리가 있기 때문이다.

두말할 것도 없이, (이중 효과 논증의 역사적 전거로서) 토마스 아퀴나스의 견해를 제대로 이해하기 위해서는 무엇보다 그를 둘러싼 해석적 논란의 쟁점들이 무엇인지 확인하는 작업부터 시작해야 할 것이다. 따라서 아래에서는 먼저 토마스 아퀴나스가 이중 효과 논증을 펴 보이고 있는 개소를 살핌으로써 이 주제에 관한 토마스 아퀴나스 자신의 진술을 확인하고, 나아가 그것의 해석과 관련하여 의문이 제기될 만한 몇 가지 사항들을 검토해 보고자 한다.

자기 방어적 살인

토마스 아퀴나스는『신학대전』제2부 제2편에서 **정당방위**(self-defense)적 상황에 처해 공격자를 사망에 이르게 하는 행위가 과연 적법한 것이라 할 수 있는지에 관하여 물은 뒤, 이 문제에 대한 자신의 견해를 밝히고 있다. 이중 효과 논증에 관한 표준적 전거(*locus classicus*)로 알려져 있는 이 개소의 문장은 다음과 같다.

그 어떤 것도 어느 행위가 두 개의 효과, 즉 하나의 의도된 효과와 다른 하나의 의도치 않은 효과를 가지는 것을 방해하지 않는다. 여기서 도덕적 행위는 의도치 않은 바가 아니라 의도된 바에 따라서 그것의 종이 결정되는데, 그 이유는 앞에서 설명한 바와 같이 전자가 우연적인 것이기 때문이다. 이제 방위 행위도 두 개의 효과, 즉 자신의 생명을 구하게 되는 효과와 공격자를 죽게 하는 효과를 지닐 것이다. 그러므로 이러한 행위는 행위자의 의도가 자신의 생명을 구하는 데 있는 한 금지되지 않는다. 무엇이든지 가능한 한 자신의 존재를 유지하려는 것은 자연적인 것이기 때문이다. 그렇지만 어느 행위가 선한 의도에서 비롯한 것임에도 불구하고, 만일 목적에 대한 비례를 벗어난다면, 금지될 것이다. 그런 까닭에 만일 누군가가 방위 행위를 하는 와중에 필요 이상의 폭력을 사용한다면 그 행위는 금지될 것이며, 반대로 만일 그가 침해를 적절한 선에서 물리친다면 그의 방어는 허용될 것이다. 왜냐하면 법학자들에 의할 때 폭력을 폭력으로 물리치는 것은 비난의 여지없는 방어의 한계를 넘지 않는 한 허용되기 때문이다. 타인을 죽이지 않기 위하여 적절한 선의 방위 행위도 삼가야 구제될 수 있는 것도 아니다. 왜냐하면 누구나 타인의 생명에 앞서 자신의 생명을 보호해야 하기 때문이다. 그러나 앞에서 말했던 바와 같이 공직자가 공동선을 위해 행하는 경우를 제외하고는 사람을 죽이는 것은 금지되기 때문에, 적과 싸우는 군인의 경우나 강도들과 싸우는 법집행자의 경우처럼 공적인 권위를 지니는 자가 공동선에 입각하여 방위 행위를 하면서 타인을 죽이고자 의도할 때를 제외하고는, 방위 행위를 하면서 타인을 죽이고자 의도하는 것은 허용되지 않는다. 더욱이 공직자의 경우에도 사적인 원한에 이끌려 그렇게 했다면 죄를 범한 것일 따름이다.[13]

이제 토마스 아퀴나스가 직접 논의하고 있는 내용과 앞에서 언급한 이중 효과 논증의 정식화를 비교해 보면 우선 다음과 같은 두 가지 사실을 확인하게 된다. 첫째, 토마스 아퀴나스는 이중 효과 논증을 다양한 문제

---

13) *S.T.*, II-II, q.64, a.7

에 적용될 수 있는, 어떤 정식화된 논증의 유형으로 제시하고 있다기보다는 정당방위라는 특정한 실천적 문제에 대한 숙고의 결과를 기술하고 있다. 둘째, 토마스 아퀴나스는 방위 행위가 허용될 수 있으려면 자신의 생명을 구하게 되는 선한 효과가 공격자를 죽게 하는 해악적 효과를 수단으로 하여 산출된 것이 아니어야 한다고 명시하고 있지 않다.

첫 번째 사실과 관련해서는, 앞에서 살펴본 이중 효과 논증의 정식화가 장 피에르 귀리(Jean P. Gury)의 『윤리신학 강요 Compendium Theologiae Moralis』(1850)에 이르러 확립되었다는 점에 주목할 필요가 있다.[14] 학설들에 따르면 토마스 아퀴나스로부터 장 피에르 귀리에 이르는 과정에서 이중 효과 논증은 적용 범위의 확장과 원리적 독자성의 확보라는 두 가지 변화를 경험하게 된다. 우선 토마스 아퀴나스가 보여주고 있는 이중 효과 논증은 자기 방어적 살인이라는 특정한 실천적 문제의 합리적 처리에 초점을 맞추고 있는, 그야말로 하나의 논증에 불과한 것이라면, 16-17세기의 만기 스콜라 학파를 거친 이후 장 피에르 귀리에 의해 정식화된 이중 효과 논증은 모든 윤리적 문제에 적용될 수 있는 보편적 원리의 표현으로 제시되고 있다.[15] 또한 토마스 아퀴나스의 이중 효과 논증은 『신학대전』 제2부 제1편(Prima Secundae)에서 밝히고 있는 인간 행위의 선악 판단에 대한 원리를 자기 방어적 살인이라는 문제 사례에 적용하고 있는 것에 불과하다면, 장 피에르 귀리에 의해 정식화된 이중 효과 논증은 선재하는 어떤 원리를 사례 해결의 과정에 적용하고 있는 것이 아니라 그 자체 하나의 독자적인 원리의 지위를 갖는 것으로서, 다시 말

---

14) Joseph T. Mangan, *op. cit.*, p.59; Christopher Kaczor, "Double-Effect Reasoning from Jean Pierre Gury to Peter Knauer", *Theological Studies* 59, 1998, p.300.

15) Joseph T. Mangan, *op. cit.*, pp.52-61 참조.

해 '이중 효과 원리'로서 등장하고 있다.[16]

두 번째 사실과 관련해서 눈여겨봐야 할 것은, 16세기경 『신학대전』에 대한 카예탕(Thomas Cajetan)의 (영향력 있는) 주해 중에서 '하나의 행위가 갖는 선한 효과와 해악적 효과 사이에 목적-수단의 관계가 존재해서는 안 된다.'는 지적이 있은 후,[17] 장 피에르 귀리의 저술 속에서 '선한 효과가 원인 행위로부터 직접 산출되어야 하며, 해악적 효과를 매개로 하여 간접적으로 산출되어서는 안 된다.'는 주장으로 이어지고 있는 점이다.[18] 토마스 아퀴나스 자신은 어디까지나 "방위 행위를 하면서 타인을 죽이고자 의도하는 것"이 허용되지 않는다고 말하고 있을 뿐이어서, '자기 방어의 상황을 핑계로'(I-1) 공격자를 죽이려는 뜻을 품는 것이 금지된다는 뜻인지, 아니면 '자기 방어라는 목적을 달성하기 위해 필요하다는 판단에서'(I-2) 공격자를 죽이고자 하는 것도 금지된다는 뜻인지 분명하지 않다. 만일 토마스 아퀴나스가 전자(I-1)의 의미로 기술한 것이라면, 앞에서 살펴본 장 피에르 귀리 이래의 정식화 항목 중에서 첫째 내지 둘째 항목을 통해 충분히 그 의미가 표현되고 있으며, 별도로 셋째 항목을 제시할 수 있는 텍스트적 근거는 없다고 보게 될 것이다.[19] 반면 그가 후자(I-2)의 의미로 기술한 것이라면, 선한 효과를 위해 필요한 어떤 조치가 해악적 효과도 수반할 경우 그러한 조치를 취하는 것이 허용되기 위해서

---

16) Christopher Kaczor, *op. cit.*, pp.299-308 참조.

17) Joseph T. Mangan, *op. cit.*, p.52.

18) Christopher Kaczor, *op. cit.*, pp.301-302.

19) 이러한 해석적 견해를 취하고 있는 학자로는 빈센테 알론소(Vicente M. Alonso), 앨리슨 매킨타이어(Alison McIntyre), 크리스토퍼 커크조어 등을 들 수 있다. 이들의 견해에 대해서는 각각 Joseph T. Mangan, *op. cit.*, p.45 이하; Alison McIntyre, *op. cit.*, sec.1; Christopher Kaczor, *op. cit.*, pp.298-300 참조.

는 해악적 효과 자체를 의도해서는 안 됨은 물론, 해악적 효과가 선한 효과를 달성하기 위한 수단이 되어서도 안 된다고 보게 되므로, 장 피에르 귀리 이래의 정식화 항목 중에서 셋째 항목에 대한 텍스트적 근거를 이 개소에서 발견하게 될 것이다.[20]

해석적 논란의 배경

위에서 확인한 두 가지 사실로부터, 아래에서 상세히 검토하게 될 해석적 논란의 '배경' 정도는 미리 짚어 볼 수 있을 것 같다. 우선 첫 번째 사실, 즉 토마스 아퀴나스 자신의 견해를 놓고 생각할 때 이중 효과 논증은 그 자체 독자적인 원리로 생각되었던 것이 아니라 자기 방어적 살인이라는 특정한 실천적 문제에 답하고 있는 논증이라는 사실로부터 논증의 **원리적 기반**이 무엇인지에 대한 의문을 제기할 수 있을 것이다. 학설에 의하면, 그러한 원리적 기반은 두 가지 요소로 이루어져 있다고 말할 수 있다. 첫째는 앞에서도 언급한 바와 같이 『신학대전』 제2부 제1편에서 밝히고 있는 인간 행위의 선악 판단에 대한 원리이고, 둘째는 토마스 아퀴나스가 (살인과 같은 비자발적 거래를 포함하여) "거래를 규율하는 정의"[21]로 기술하고 있는 "교환적 정의(*iustitia commutativa*)"의 덕이다. 특히 이 둘

---

20) 이러한 해석적 견해를 취하고 있는 학자로는 조셉 맨건, 토마스 캐버노 등을 들 수 있다. 이들의 견해에 대해서는 각각 Joseph T. Mangan, *op. cit.*, pp.47-49; Thomas A. Cavanaugh, "Aquinas and the Historical Roots of Proportionalism", *Aquinas Review* 1, 1995, p.34 참조.

21) *Sententia libri Ethicorum*, 967번 주석 참조.

째 요소와 관련해서는 다음과 같은 사정에 주목할 필요가 있다. 애초에 토마스 아퀴나스는 정의의 덕(virtue)에 대한 직접적인 고찰에 이어, 그에 반하는 악덕(vice)의 측면에서 살펴보는 중이었다. 그는 순차적으로 분배적 정의에 반하는 악덕[22]과 교환적 정의에 반하는 악덕[23]에 대하여 논하고 있는데, 특히 후자와 관련해서는 먼저 '살인'의 악(sin)을 검토의 대상으로 삼았다. 그리고 살인의 악에 대한 검토의 과정에서 과연 자기 방어적 살인도 일반적인 살인과 마찬가지로 교환적 정의에 반하는지를 숙고하기에 이르러 비로소 이중 효과 논증이 등장하게 되었던 것이다.

그런데 제5장에서 살펴본 바와 같이, 토마스 아퀴나스에 따르면 "거래를 규율하는 정의"는 이른바 비례적 호혜성의 패턴, 즉 '받은 것과 되갚는 것은 비례에 따른다.'는 점을 '본질적으로' 내포하고 있다.

토마스 아퀴나스는 호혜성에 관한 이 같은 논의가 "정의에 있어서 **중용**(mean)을 이해하는 방식"에 관한 논의라고 본다. 그에 따르면 아리스토텔레스는 (1) 두 종류의 특수적 정의가 각각 상이한 방식으로 '중용'을 이루고 있음을 보이고, 이와 동시에 (2) 정의를 다름 아닌 '산술적 호혜성'이라 보는 피타고라스학파의 정의관이 특수적 정의가 중용을 이루는 두 방식들 중 어느 것과도 부합하지 않음을 보임으로써, 결국 피타고라스학파의 정의관을 수용할 수 없다는 입장을 밝히고 있다는 것이다. 이것이 바로 아리스토텔레스가 피타고라스학파의 (산술적) 호혜성을 "분배적 정의와 시정적 정의 그 어느 것에도 들어맞지 않는다."고 한 말의 의미이며, 이후의 논의는 ('산

---

22) S.T., II-II, q.63.
23) S.T., II-II, q.64 이하.

술적 호혜성'이 아니라) '비례적 호혜성'의 경우라면 그것이 본질적으로 "거
래를 규율하는 정의" 속에 내포되어 있음을 밝히는 작업이라는 것이다.[24]

마찬가지로 교환적 정의의 덕을 원리적 기반으로 하는 자기 방어적 살
인의 허용성 논증에서도 비례적 호혜성의 충족 여부가 핵심적인 역할을
하고 있다. 앞에서 인용한『신학대전』의 개소에서 "어느 행위가 선한 의
도에서 비롯한 것임에도 불구하고, 만일 목적에 대한 비례를 벗어난다면,
금지될 것이다."라고 기술하고 있는 부분은 바로 이러한 관점에서 이해
될 수 있다.

(역시 제5장에서 살펴본 바이지만) 문제는 토마스 아퀴나스처럼 비례적
호혜성의 패턴이 교환적 정의 개념 속에 본질적으로 내포되어 있는 것으
로 볼 경우, 넓게는 교환적 정의 개념 자체를, 좁게는 비례적 호혜성의 패
턴 자체를 이해하는 것이 곤란해진다는 점이다. 본래 토마스 아퀴나스
의 교환적 정의 개념은 아리스토텔레스의 시정적 정의 개념과 호혜성 개
념의 융합을 통해 고안된 것인데, 시정적 정의는 '산술적' 평등을 지향하
고, (아리스토텔레스적 의미의) 호혜성은 '비례적' 특성을 지니므로 이들 두
개념을 융합하여 만들어진 교환적 정의 개념이 내적 정합성을 지닐 수 있
는지에 대해 의문이 제기될 수 있기 때문이다. 결과적으로 자기 방어적
살인의 허용성 논증에 등장하는 "목적에 대한 비례"라는 말의 의미를 이
해하는 것 역시 어려워진다!

한편 자기 방어적 살인의 허용성 논증이 일정한 규범 원리를 사례에
적용한 것이라고 할 때, 논증을 통해 인정될 수 있는 행위의 허용성이란

---

24) 이 책 제5장 참조. 단, 각주는 생략하였음.

구체적으로 어떤 형태의 규범적·평가적 의의를 지니게 되는 것인지 생각해 볼 필요가 있다. 자기 방어적 살인은 일반적인 경우라면 허용되지 않는 해악적 효과를 낳는 행위가 예외적으로 허용되는 상황과 관련이 있다. 여기서 예외적으로 허용된다는 것은 정확히 무엇을 의미하는가? 그러한 행위 자체가 예외적으로 '정당화'된다는 의미인가? 아니면 공격자의 사망이라는 결과 자체 혹은 그 결과에 대한 책임을 방위 행위를 한 사람에게 '귀속'시킬 수 없다는 의미인가?

다음으로 앞에서 두 번째로 확인했었던 사실, 즉 토마스 아퀴나스는 방위 행위가 허용될 수 있으려면 자신의 생명을 구하게 되는 선한 효과가 공격자를 죽게 하는 해악적 효과를 수단으로 하여 산출된 것이 아니어야 한다고 명시하고 있지 않으며, 어디까지나 "방위 행위를 하면서 타인을 죽이고자 의도하는 것"이 허용되지 않는다고 말하고 있을 뿐이라는 사실과 관련해서는, 그로 인해 일정한 해석적 논란이 발생하고 있다는 점을 이미 살펴보았다. 그와 같은 논란은 일단 무엇보다 토마스 아퀴나스의 이러한 언급이 해악적 효과를 수단으로 삼는 것을 전면적으로 금지하는 취지인지 여부에 관한 텍스트 해석상 견해 차이를 보여주는 것이었다. 하지만 보다 근본적으로는 토마스 아퀴나스의 심리과정론에 대한 견해 차이를 반영하고 있는 것이기도 하다. 즉 **의도**(*intentio*)[25]는 어디까

---

25) "*Intentio*"는 학자들에 따라서 "지향"으로 번역되기도 하고 "의도"로 번역되기도 한다. 전자의 예로는 이재경, "아랍철학자 아비첸나와 지향성이론", 『서양고전학연구』 제23집 (한국서양고전학회, 2005), 183–184면; 교황 요한 바오로 2세, 정승현 역, 『진리의 광채』 (한국천주교중앙협의회, 2009), 86면 또는 93면 또는 97면 등; 박승찬, "유비 개념의 다양한 분류에 대한 비판적 성찰—토마스 아퀴나스에 대한 카예타누스의 해석을 중심으로", 『중세철학』 제11집(한국중세철학회, 2005), 129–132면을 참조. 후자의 예로는 서병창, 『『신학대전』에 나타난 토마스 아퀴나스의 의지 개념", 『철학과 현상학연구』 제34집(한국

지나 목적의 설정 단계에 관여하는 의지의 모습이며, 이와 구별하여 수단을 결정하는 단계에 관여하는 의지의 모습은 **선택**(*electio*)이라고 보는 입장[26]을 취할 때, 비로소 토마스 아퀴나스가 해악적 효과를 수단으로 삼는 것을 금지했던 것은 아니라고 보게 되는 것이다.

쟁점 1. '의도'의 개념

이상의 논의를 배경으로 이제 토마스 아퀴나스의 이중 효과 논증에 관한 해석적 쟁점들에 대해 살펴보기로 하자. 먼저 토마스 아퀴나스의 의도(*intentio*) 개념에 관한 해석과 관련해서는, 앞에서 언급한 바와 같이 의도와 선택의 대상을 엄격히 분리하여 전자는 목적을 그리고 후자는 수단을 각각 그 대상으로 한다고 보는 견해가 논란의 중심에 자리하고 있다. 누군가는 토마스 아퀴나스가 『신학대전』의 한 개소에서 "의지의 운동이 수단을 대상으로 할 때 이것을 선택이라 하고, 의지의 운동이 수단을 통해 달성되는 목적을 대상으로 할 때 이것을 의도라 한다."[27]고 말하는 것을 그러한 견해의 텍스트적 근거로 삼으려 할지 모르겠다.

하지만 토마스 아퀴나스의 철학 체계에서 목적은 ("궁극적 목적"과는 달리) 수단을 배제하는 개념이 아니다. 피니스(John Finnis)에 따르면, 아

현상학회, 2007), 90면; 채이병, "정의로운 전쟁은 어떻게 가능한가?―성 토마스 아퀴나스의 이론을 중심으로", 『중세철학』 제9집(한국중세철학회, 2003), 56면; 유지황, "인식과 자유 선택: 토마스 아퀴나스의 이성과 의지 관계 이해", 『한국교회사학회지』 제17권(한국교회사학회, 2005), 151면을 참조.

26) 이에 대해서는 John Finnis, *op. cit.*, pp.152−154 참조.

27) *S.T.*, I-II, q.12, a.4

리스토텔레스의 『형이상학 *Metaphysics*』과 『자연학 *Physics*』 등에 대한 토마스 아퀴나스의 주석을 통해서 볼 때 그가 수단의 선택을 그 자체 하나의 목적 설정으로 보고 있음을 알 수 있다. 즉 인간의 행위에 대응하는 내면의 심리과정에서 목적은 **가까운 목적**(proximate end)과 **먼 목적**(remote end)을 포함하는 개념이며, 수단의 선택은 다름 아닌 가까운 목적의 설정이라는 것이다.[28] 따라서 목적을 "**궁극적 목적**(ultimate end)"이라 새김으로써 목적과 수단을 엄별하고, (궁극적) 목적을 대상으로 하는 심적 활동으로서의 의도와 수단을 대상으로 하는 심적 활동으로서의 선택을 엄격히 구분하여 설명하는 신-스콜라주의의(neo-scholastic) 도식적 해석은 토마스 아퀴나스의 심리과정론에 대한 오해에서 비롯된 것이라 할 수 있다.

손쉬운 반격이 예상되었기 때문인지, 이중 효과 논증과 관련하여 토마스 아퀴나스가 단지 "방위 행위를 하면서 타인을 죽이고자 의도하는 것"이 허용되지 않는다고 말하고 있을 뿐이며, 따라서 해악적 효과를 수단으로 삼는 것을 항상 금지하는 것으로 해석될 수는 없다고 보는 견해는 좀 더 정교한 텍스트 읽기를 시도하는 듯하다(그래봐야 결국에는 같은 얘기가 되겠지만). 이러한 견해가 자신의 텍스트적 근거로 제시하고 있는 것은 『대(對)이교도대전 *Summa contra Gentiles*』[29]에 나타난 토마스 아퀴나스의 다음과 같은 언급들인 것으로 보인다.

---

28) John Finnis, *op. cit.*, p.159
29) 이하 『대(對)이교도대전』 또는 *ScG*로 줄여 쓰기로 한다. 『대(對)이교도대전』의 영문 번역으로는 Anton C. Pegis, James F. Anderson, Vernon J. Bourke, Charles J. O'Neil, *On the Truth of the Catholic Faith: Summa contra Gentiles* (Hanover House, 1955–57)를 따랐다. 이 영문 번역의 최신판은 아래의 주소에서 인터넷을 통해서도 제공되고 있다(http://josephkenny.joyeurs.com/).

악이 행위자의 의도와 분리된 어떤 것들에서 생긴다는 것은 명백하다.[30]

비록 악이 의도와 분리되어 존재하지만, 그럼에도 불구하고 그것이 자발적이라는 것은 명백하다. … 본질적으로 그러한 것이 아니라 우연적으로 그러한 것이기는 하지만 말이다. 왜냐하면 의도는 궁극적 목적, 즉 사람이 그 자체로서 의욕하는 바를 향하게 되지만, 의지는 사람이 그 자체로서는 의욕하지 않더라도 다른 어떤 것을 위해서 의욕하는 바를 향할 수 있기 때문이다.[31]

이에 따르면 일견 행위의 해악적 효과는 적어도 의도가 아닌("의도와 분리된") 다른 의지의 활동과 관련이 있으며, 그 다른 의지의 활동이란 본유적 가치를 지니는 궁극적 목적("그 자체로서 의욕하는 바")에 대한 것이 아니라, 도구적 가치를 지니는 대상("다른 어떤 것을 위해서 의욕하는 바")에 대한 것이라 할 수 있을 것 같다. 그렇다면 "방위 행위를 하면서 타인을 죽이고자 의도하는 것"이 허용되지 않는다는 말은 해악적 효과를 수단으로 삼는 심적 활동의 금지와는 이중으로 무관한[32] 것이 된다.

앞에서 소개한 『신학대전』의 한 개소[33]에서는 의도를 (수단을 포함하는 개념인) "목적" 일반과 연결시키고 있는 것과 달리, 위의 『대(對)이교도대전』의 개소에서는 의도를 목적 일반이 아니라 오로지 (수단을 배제하는 개념인) "궁극적 목적"의 설정에만 결부시키고 있다. 하지만 조셉 맨건

---

30) *ScG*, Book III, c.4
31) *ScG*, Book III, c.6
32) "의도"는 "해악적 효과"와도, "수단으로 삼는" 것과도 무관하기 때문이다.
33) 이 장의 주 27) 참조.

(Joseph T. Mangan)이 지적하고 있는 바와 같이『대(對)이교도대전』의 표현과 나중에 쓰인『신학대전』의 표현이 상이할 경우 그간의 이론적 발전을 반영하기 때문이라 볼 수 있으므로 전자를 기준으로 후자를 해석하는 것이 항상 적절할 것으로 기대할 수는 없다.[34]

만일 피니스와 조셉 맨건의 지적이 옳다면 이중 효과 논증에 관한 토마스 아퀴나스 자신의 진술 속에서 해악적 효과가 선한 효과를 달성하기 위한 수단이 되어서는 안 된다는 명제를 '발견'할 수 없다 하더라도, 동일한 내용의 명제를 그로부터 '추론'해 낼 수는 있다는 결론에 도달하게 될 것이고, 따라서 최소한 이 점에 관하여 토마스 아퀴나스 자신의 견해가 장 피에르 귀리 이래의 정식화와 차이를 보이는 것은 아니라고 보게 될 것이다.

쟁점 2. '목적에 대한 비례'의 의미

다음으로 이중 효과 논증에 등장하는 "목적에 대한 비례(*proportionatus fini*)"의 의미와 관련한 해석적 논란을 살펴보기로 하자. 크리스토퍼 커크조어(Christopher Kaczor)에 따르면 "비례"의 의미는 학자들에 따라 매우 다르게 해석되고 있다. 토마스 아퀴나스는 이를 어디까지나 행위(또는 수단)와 목적 사이의 비례(act/end proportion)라는 의미로 사용했지만, 점차 선한 효과와 해악적 효과 사이의 비례(effect/effect proportion)라는 의미로 해석되기 시작하여 결국에는 페터 크나우

---

34) Joseph T. Mangan, *op. cit.*, p.47

어(Peter Knauer)의 **비례주의**(proportionalism)[35]로 이어지게 되었다는 것이다.[36]

앞에서 언급한 바와 같이 자기 방어적 살인의 허용성 논증에 등장하는 "목적에 대한 비례"의 개념은 토마스 아퀴나스의 "교환적 정의" 개념과의 관계에서 이해될 필요가 있다. 다시 말하지만, 다음과 같은 세 가지 사실이 이러한 주장의 타당성을 뒷받침해 준다. 첫째, 자기 방어적 살인의 허용성 논증이 교환적 정의의 덕을 그 원리적 기반으로 하고 있다는 점. 둘째, 토마스 아퀴나스에 따르면 교환적 정의의 개념 속에는 비례적 호혜성의 패턴이 본질적으로 내포되어 있다는 점. 셋째, 자기 방어적 살인이 허용되기 위한 핵심적인 조건 중 하나가 "목적에 대한 비례"의 유지라는 점. 이러한 문맥에서 볼 때, 아퀴나스가 말하는 "목적에 대한 비례"는 일단 침해 내지 공격에 직면하여 "(비례적) 호혜성의 기준에 따라" 침해 내지 공격으로부터 자신을 보호하는 데 필요한 한도 내에서[37] 과도하지 않은 방어 수단을 사용하도록 하는 제약 조건이라 말할 수 있다.

한편 이와 같이 교환적 정의 개념의 문맥에서 "목적에 대한 비례"를 이해하고자 할 경우, (아리스토텔레스적 의미의) 호혜성의 '비례적' 성격과 시정적 정의의 '산술적' 성격을 교환적 정의라는 하나의 개념 속에서 양립시

---

35) 『진리의 광채 *Veritatis Splendor*』의 한국어판에서는 "proportionalism"을 "비교주의"로 번역하고 있다. 교황 요한 바오로 2세, 정승현 역, 『진리의 광채』(한국천주교중앙협의회, 2009), 95면 참조.

36) Christopher Kaczor, *op. cit.*, pp.310–313 참조. 여기서 그가 사용하고 있는 act/end proportion 개념과 effect/effect proportion 개념은 존스톤(Brian Johnstone)의 개념들을 차용한 것이다.

37) 아리스토텔레스의 '복수'와 토마스 아퀴나스의 '정당방위'가 결정적으로 달라지는 부분이라 할 수 있다.

켜야 하는 곤란한 문제를 외면할 수 없다는 사실도 이미 살펴본 바와 같다. 하지만 (제5장의 말미에서도 언급했듯이) 토마스 아퀴나스가 이 문제에 의식적으로 맞서고 그것을 해소시켰던 것인지는 분명치 않다. 생각건대 이러한 근본적인 딜레마가 해소되지 않은 까닭에 "목적에 대한 비례"의 의미를 둘러싼 해석적 논란이 끊이지 않고 있는 것으로 보인다.

크나우어는 "목적에 대한 비례"의 개념 속에 이중 효과 논증의 심리적 제약 조건과 물리적 제약 조건이 통합될 수 있고 또 그래야 한다고 주장한다. 행위에 대한 도덕적 평가는 행위의 내적·심리적 측면에서의 평가와 외적·물리적 측면에서의 평가를 따로따로 진행함으로써는 제대로 이루어질 수 없으며, 오로지 양자가 통합된 하나의 객관적·목적적 관계(the objective relation)에 대한 평가가 가능할 뿐이기 때문이다.[38] 그는 이렇게 통합적으로 이해된 "목적에 대한 비례"의 개념을 "**비례적 근거**(commensurate reason)"라는 말로 표현한다. 요컨대 그는 이중 효과 논증에 대한 기존의 정식화를 다음과 같은 하나의 명제로 대체할 수 있다고 말한다.

행위자는 자신의 행위가 유발하는 해악적 효과가 그 자체로서 의도된 것이 아니라 간접적으로 수반된 것으로서 비례적 근거에 의해 정당화될 경우에만 그것을 허용할 수 있다(One may permit the evil effect of his act only if this is not intended in itself but is indirect and justified by a commensurate reason).[39]

---

38) Peter Knauer, "The Hermeneutic Function of the Principle of Double Effect", *Natural Law Forum* 12, 1967, p.136.
39) *Ibid.*, p.136.

크나우어 자신은 이러한 해석이 신-스콜라주의적 해석론을 거두고 토마스 아퀴나스의 취지를 회복하는 것이라고 생각하지만, 이에 대해서는 근본적으로 토마스 아퀴나스의 입장과 다른 부분들이 있다는 비판도 존재한다.[40] 예컨대 첫째, 토마스 아퀴나스는 선한 의도로 행한 행위일지라도 "목적에 대한 비례"의 한계를 벗어날 경우가 있음을 전제하고 있지만, 크나우어는 어떤 행위가 그것의 총체적인 존재의 지평 안에서(in its total existential entirety) 비례적 근거에 의해 정당화되지 않는다면, 그 행위의 해악적 효과는 곧 객관적으로 의도된 것이라고 봄으로써, 과도한 해악을 항상 의도적 해악과 동일시한다.[41] 따라서 "의도치 않은(praeter intentionem)" 해악도, 그것이 과도한 해악이라면, "우연적으로 의도된(intended per accidens)" 해악으로 돌변하게 된다.[42] 둘째, 토마스 아퀴나스는 "목적에 대한 비례"의 요구를 통해 행위자의 **숙고**(deliberation)와 그에 따른 (수단의) **선택**이라는 심적 활동의 적절성을 평가하고자 했지만, 크나우어는 "비례적 근거"의 요구를 통해 물화된 행위의 선한 효과와 해악적 효과 사이의 형량을 시도하고 있을 뿐이다.[43]

쟁점 3. '허용'의 의미

마지막으로 자기 방어적 살인이 예외적으로 허용된다(licet)는 말의 의

---

40) Christopher Kaczor, *op. cit.*, pp.306–314; Thomas A. Cavanaugh, *op. cit.*, pp.36–42.

41) Thomas A. Cavanaugh, *op. cit.*, p.38.

42) *Ibid.*, p.39.

43) *Ibid.*, pp.41–42.

미에 대한 해석적 논란을 살펴보면, 대체로 두 가지 견해가 대립하고 있음을 알 수 있다. 한 견해에 의하면, 토마스 아퀴나스의 이중 효과 논증이 요구하는 조건을 만족시키는 자기 방어적 살인은 비록 사망의 결과를 행위자가 예견하고 있었다 하더라도 그가 의도한 것이 아니며, "목적에 대한 비례"를 유지하고 있는 폭력의 사용은 정상적인 거래 수행의 기준을 따른 것이라는 점에서 공격자의 사망을 **행위자**의 탓으로 돌릴 수 없다. 이에 따르면 이중 효과 논증은 일견 "**귀속**(imputability)"의 기준으로 이해되고 있는 것이다.[44]

한편 "귀속"(또는 "공격자의 사망을 행위자의 탓으로 돌릴 수 없다."는 말)의 의미는 불분명하다. 이에 대해서는 형법상 귀속 이론의 관점에서 볼 때 (1) 사망의 결과 자체를 행위자에게 객관적으로 귀속시킬 수 없다는 의미일 가능성, (2) 사망의 결과에 대한 책임을 행위자에게 귀속시킬 수 없다는 의미일 가능성, (3) 행위자에게 (살인죄의) 고의를 인정할 수 없다는 의미일 가능성 등이 존재한다고 말할 수 있을 것이다.[45] 그렇지만 이와 같은 불분명함은 토마스 아퀴나스의 시대에는 오히려 자연스러운 것이었을 수 있다. 따라서 '귀속'이라는 개념의 불분명함이 곧바로 위와 같은 해석론의 부적절함을 입증하는 것은 아니다.

---

44) Joseph M. Boyle, "Toward Understanding the Principle of Double Effect", *Ethics* 90, 1980, p.529; Christopher Kaczor, *op. cit.*, p.307 n.43. 이에 따르면 신-스콜라주의의 입장이 바로 그러한 예라고 한다.

45) 귀속론의 다양한 형태와 그것의 역사적 발전 과정에 대해서는 김성룡, "객관적 귀속이론의 발전사―의사(Wille)의 귀속을 중심으로", 『법사학연구』 제42호(한국법사학회, 2010), 119면 이하 참조. 다만 이 글은 토마스 아퀴나스의 이론에 대해서는 (각주에서 잠시 언급한 것을 제외하고는) 다루지 않고 있으며, 아리스토텔레스의 이론을 소개한 후 곧바로 푸펜도르프의 이론으로 넘어가고 있다.

다른 견해에 의하면, 토마스 아퀴나스의 이중 효과 논증은 일종의 **정당화**(justification)" 사유에 해당한다고 한다. 조셉 보일(Joseph M. Boyle)에 따르면 첫째, 단순히 발생한 결과를 누구의 탓으로 돌릴 것인가의 관점에서 접근한다면, 토마스 아퀴나스가 구별하고 있는 해악적 효과를 수단으로 (의도)하여 선한 효과를 산출하는 경우(E-1)와 해악적 효과가 선한 효과를 산출하는 와중에 단지 예견되었을 뿐인 경우(E-2) 모두 해악적 효과를 행위자의 탓으로 돌릴 수 있다는 점에서는 차이가 없기 때문에[46] 그러한 관점에서의 접근은 적절치 않으며, 둘째, 토마스 아퀴나스에게 있어서 의도는 단지 어떤 행위를 진행시키는 심리과정의 요소일 뿐만 아니라, 그 행위가 어떤 행위인지를 규정하는 성격(act-defining character)을 지니므로, 어떤 행위가 이중 효과 논증의 테스트를 통과하여 허용되는 것으로 평가되었다는 것은 그 **행위**가 윤리적으로 악하지 않다는, 즉 정당한 행위라는 점을 확증하기 때문에 이중 효과 논증은 정당화적 기준을 표현하고 있는 것으로 보아야 한다.[47]

의사조력자살

말기 환자에게 의사조력자살을 선택할 수 있는 연방헌법상의 권리가

---

46) "귀속"의 의미를 어떻게 보든지 상관없이 이렇게 새길 수 있는지에 대해서는 추가적인 검토가 필요할 것이다.

47) Joseph M. Boyle, *op. cit.*, pp.529-531; Christopher Kaczor, *op. cit.*, p. 307 n.43; Peter Knauer, *op. cit.*, p.133, p.139 그리고 p.158 참조.

있는지 여부가 문제되었던 *Vacco v. Quill* 사건[48]에서, 미국 연방대법원은 이중 효과 논증을 활용하여 그러한 권리의 인정을 거부한 바 있다.[49] 앞에서 언급했던 바와 같이, 생명의 단축을 부수적이나마 의도하거나, 또는 그것을 수단으로 하여 고통의 완화를 산출하는 것(직접적 안락사)은 이중 효과 논증에 의할 때 결코 허용될 수 없다. 의사조력자살의 경우, (의사의 도움을 얻어) 말기 환자 스스로 죽음을 앞당기는 조치를 실행하는 것(능동적 안락사)일 뿐, 어느 직접적 안락사와 본질적으로 다른 점은 없기 때문에,[50] 미국 연방대법원으로서는 꽤나 안전한 선택을 했던 셈이다.

반면에 우리 대법원이나 헌법재판소의 경우 이처럼 대놓고(?) 이중 효과 논증을 활용했던 적은 없는 것 같다.[51] (헌법상의 비례의 원칙을 적용하고 있는 숱한 사례들의 경우도 사정은 다르지 않다.) 그럼에도 불구하고 이중 효과 원리가 우리의 법학적 논의에도 매우 의미 있는 '생각의 틀'을 제시해 주는 것은 분명한 사실이다. 토마스 아퀴나스의 생각을 예리하게 만들었던 실무적인 난제들은 여전히 우리 주위를 맴돌고 있고, 늘 그렇듯이 우리는 현자의 목소리가 아쉽기만 할 뿐이다.

우리는 방금 이중 효과 논증의 역사적 전거로서 토마스 아퀴나스 자신의 논의를 이해하기 위한 첫걸음을 내딛었을 뿐이다. 이중 효과 논증의

---

48) 521 U.S. 793 (1997)

49) 이에 대한 상세한 분석은 Edward C. Lyons, "In Incognito—The Principle of Double Effect in American Constitutional Law", *Florida Law Review* 57, 2005, p.469 이하 참조.

50) 윤리적 평가의 측면, 위법성 판단의 측면, 형량의 측면 등을 고려해 볼 때, 최소한 우리 법체계에서 의사조력자살을 특별히 취급할 실익은 전혀 없다. 이에 관한 상세한 설명은 김현철 · 고봉진 · 박준석 · 최경석, 앞의 책, 218–220면 참조.

51) 아마도 전혀 의도치 않게(심지어 전혀 예상치도 않게!) 이중 효과 논증과 엮이고 만 경우에 대해서는 제7장에서 다루게 될 것이다.

타당성에 대한 치열한 공방이나, 전래의 정식화에 대한 재구성 시도, 그리고 법학과 생명윤리학을 포함한 다양한 학문 영역에서의 활용 시도를 둘러싼 논란 등 고민해야 할 문제는 산적해 있다. 이 첫걸음을 통해 무딘 생각을 벼리고, 새로운 문제들에 차근차근 도전할 수 있게 되기를 기대해 본다.

7

줄다리기

줄다리기는 항상 어른들이 시켜서 했던 놀이였다. 단결력을 키운다는데, 반대로 머릿수를 미리 맞추고 하는지라 은근히 개인의 역량에 기대는 면도 컸다. 가장 실망스러웠던 점은, 기울어진 지면이 거의 모든 승패를 결정한다는 데 있었다.

앞에서 살펴본 바와 같이, 이중 효과 논증의 정식화에는 행위의 해악적 효과가 의도된(intended) 경우와 그저 예견되었던(foreseen) 것에 불과한 경우를 구별하는 입장이 반영되어 있다. 이러한 입장은 이중 효과 논증을 둘러싼 논란의 주요 원인이라고 할 만큼 논쟁적이다. 한편 이중 효과 논증이 직접적 안락사와 간접적 안락사를 구별하는 기준으로 활용되고 있던 점을 통해서도 알 수 있듯이, 여기에는 가치와 규범에 대한 직접적(direct) 위반과 간접적(indirect) 위반의 구별 또한 맞물려 있다.

이중 효과 논증을 전면에 내세운 우리 판례를 발견하기 힘든 상황이지만, 이중 효과 논증에 반영된 논쟁적인 입장들과 (논리적으로) 연결되어 있는 판례를 만나기란 그리 어려운 일도 아니다. 아래에서는 잘 알려진 판례 및 그것과 관련된 법학적 논쟁의 결을 이루고 있는 이중 효과 논증을 확인하게 될 것이다. 토마스 아퀴나스의 이중 효과 논증을 알게 되기 전후로 판례가 어떻게 달라 보이는지 체험하는 것도 퍽 흥미로운 도전이

될 것이다.

재판소원의 정당화

(뜬금없는 소리로 들리겠지만) 이제부터는 헌법재판소법 제68조 제1항 본문의 명시적인 규정[1]에도 불구하고 **'재판에 대한 헌법소원심판'**의 청구를 예외적으로 인정하고 있는 헌법재판소의 논리를 법사상적 시각에서 검토해 보려고 한다. 헌법재판소에 의한 재판소원의 예외적인 승인 문제는 최근 우리나라의 사법질서에 관한 논쟁들 중 가장 첨예한 견해 대립을 낳고 있는 주제이다. 주지하는 바와 같이 이 문제는 우리 사법질서를 구성하는 두 최고 기관인 대법원과 헌법재판소의 상대적 위상 정립에 관한 정치적 갈등을 반영하고 있다는 측면뿐 아니라, 이른바 **'변형결정의 합법성 여부'** 문제나 **'위헌결정의 효력 범위'** 문제와 같은 실정법의 해석에 관한 견해 대립을 선명하게 보여 주고 있다는 측면도 지니고 있어서 매우 신중한 접근과 검토를 요한다.

하지만 이 문제를 법사상적 시각에서 다루고 있는 글을 만나기란 쉽지 않은 것이 사실이다. 여러 가지 이유가 있을 수 있겠지만, 대체로 이 문제가 지니고 있는 현저한 정치적 함의나 본격적인 헌법 이론적 대상으로서의 성격 탓에 법사상적 논의의 필요성을 떠올릴 여지가 없었던 것이라 추정해 볼 수 있다. 아래에서는 이와 같은 추정이 그럴듯한 것인지 여부와

---

1) 제68조(청구 사유) ①공권력의 행사 또는 불행사로 인하여 헌법상 보장된 기본권을 침해받은 자는 법원의 재판을 제외하고는 헌법재판소에 헌법소원심판을 청구할 수 있다. [단서 생략, 필자의 밑줄].

는 별개로, 이 문제에 대한 법사상적 접근이 요구되는 지점이 분명히 있으며, 그러한 지점에 대한 검토가 면밀히 이루어질 경우 헌법재판소의 논리 자체에 대한 이해의 수준이 달라질 것이라는 점을 보이고자 한다.

필자가 구체적으로 주목하고 있는 대상은 재판에 대한 헌법소원심판의 청구를 예외적으로 인정하는 과정에서[2] 헌법재판소가 제시하고 있는 정당화의 논변이다. 재판에 대한 헌법소원심판을 인정하지 않는 것으로 보이는 헌법재판소법의 명시적인 규정에도 불구하고, 그것을 인정하기 위해서는 (비록 극히 예외적으로 인정하려는 것이라 할지라도) 매우 각별한 정당화 논변의 구성이 필요할 것임은 너무도 명백하다. 오히려 (아무리 각별한 것이라 하더라도) 몇 마디 정당화 논변의 제시만으로 법률이 명시적으로 규정하고 있는 바와 상반되는 법적 판단에 도달할 수 있는 것인지가 의심스러울 지경이다. 아래에서 살펴보겠지만, 필자가 보기에, 헌법재판소가 제시하고 있는 정당화 논변의 핵심은 법원의 재판이라도 그것이 헌법의 결단에 "**정면으로 위배**[directly against]"되는 것이라면 헌법재판소법 제68조 제1항 본문의 규정에도 불구하고 헌법소원심판의 대상이 된다는 명제로 요약될 수 있다. 따라서 이 명제가 얼마나 설득력 있는 것인지를 살펴보는 것이 바로 이 글의 주된 관심사라 할 것이다.

아래에서는 먼저 재판소원에 관한 (헌법재판소) 결정의 분석을 통해 이른바 "정면으로 위배" 논변에 대해 상세히 기술하고, 그러한 논변의 법사상적 배경이 되는, 가치와 규범에 대한 '**직접적 위반**'과 '**간접적 위반**'의 구별, 또는 달리 표현하여 '가치와 규범에 정면으로 위배되는 것'과 '일견 가

---

2) 대표적으로 헌법재판소 1997. 12. 24. 96헌마172·173(병합) 결정 및 헌법재판소 2001. 2. 22. 99헌마461, 2000헌마258(병합) 결정을 들 수 있다.

치와 규범에 위배됨을 알면서도 부득이 그러한 결과를 산출하는 것'의 구별[direct/indirect distinction]이 필요한 것인지, 혹은 도대체 그러한 구별이 가능한 것인지 여부를 놓고 벌어진 20세기의 윤리신학적 논쟁에 대해 간략히 소개하고자 한다. 차차 확인하게 되겠지만 이 논쟁은 단순히 윤리신학의 영역 내에서만 의의를 갖는 것이 아니라, 법철학을 포함한 다양한 인접 학문 분야의 논의 전개 과정에 영향을 미치고 있음을 주목할 필요가 있다.[3] 마지막으로 "정면으로 위배" 논변을 재판소원의 예외적인 승인 문제에 대해서만이 아니라, 그와 문제 구조가 같거나 유사한 다른 사안들에 대해서도 적용할 수 있는지를 생각해 봄으로써 당해 논변에 의존한 헌법재판소의 정당화 작업이 얼마나 충실한 것이었는지 평가해 보고자 한다.

변형결정의 기속력

헌법재판소는 1997. 12. 27. 96헌마172 · 173(병합) 결정을 통해 법원의 재판을 헌법소원심판의 대상에서 제외시키고 있는 헌법재판소법 제68조 제1항에 대하여 한정위헌이라는 뜻을 밝혔다. 사건의 직접적인 발단은 헌법재판소가 이미 한정위헌결정[4]을 내렸던 구 소득세법(1990. 12. 31. 법

---

3) 법철학 분야에서는 특히 존 피니스(John Finnis)의 사상 형성에 결정적인 영향을 미친 것으로 알려져 있다. 이에 대해서는 Bernard Hoose, *Proportionalism: The American Debate and its European Roots* (Georgetown University Press, 1987), 제4장 및 제5장 참조. 피니스 자신도 그러한 사실을 분명히 하고 있다. 이에 대해서는 John Finnis, *Natural Law and Natural Rights* (Oxford University Press, 1980), vii 참조.
4) 헌법재판소 1995. 11. 30. 94헌바40, 95헌바13(병합) 결정.

률 제4281호로 개정되기 전의 것)의 특정 법률조항과 관련하여, 대법원이 그 조항을 단순 유효인 것으로 봄으로써 그에 근거한 과세처분 역시 적법한 것으로 판단[5]한 데 있었다. 대법원은 이른바 한정위헌결정이라는 결정 방식이 헌법 및 헌법재판소법이 예정하고 있는 위헌결정의 일종으로 이해될 수 없으며, 사실상 법률해석에 불과하다는 주장을 폄으로써 한정위헌결정의 기속력을 부정했던 것이다.[6]

특정 법률 또는 법률조항의 전부나 그 일부가 소멸되지 아니하거나 문언이 변경되지 않은 채 존속하고 있는 이상, 구체적 사건에 있어서 당해 법률 또는 법률조항의 의미·내용과 적용범위가 어떠한 것인지를 정하는 권한 곧 법령의 해석·적용 권한은 바로 사법권의 본질적 내용을 이루는 것으로서, 전적으로 대법원을 최고법원으로 하는 법원에 전속하는 것이다. 이러한 법리는 우리 헌법에 규정된 국가권력분립구조의 기본원리와 대법원을 최고법원으로 규정한 헌법의 정신으로부터 당연히 도출되는 이치로서, 만일 법원의 이러한 권한이 훼손된다면 이는 … 헌법 제101조는 물론이요, 어떤 국가기관으로부터도 간섭받지 않고 오직 헌법과 법률에 의하여 그 양심에 따라 독립하여 심판하도록 사법권 독립을 보장한 헌법 제103조에도 위반되는 결과를 초래하는 것이다. 그러므로 한정위헌 결정에 표현되어 있는 헌법재판소의 법률해석에 관한 견해는 법률의 의미·내용과 그 적용범위에 관한 헌법재판소의 견해를 일응 표명한 데 불과하여 이와 같이 법원에 전속되어 있는 법령의 해석·적용 권한에 대하여 어떠한 영향을 미치거나 기

---

5) 대법원 1996. 4. 9. 선고 95누11405 판결.
6) 한정위헌결정에 대한 이와 같은 대법원의 입장은 최근까지도 변화되지 않고 있다. 대법원 2013. 3. 28. 선고 2012재두299 판결 참조.

속력도 가질 수 없다고 하지 않을 수 없다.[7]

사건의 당사자가 대법원의 판결에 불복하면서 제기한 헌법소원 사건들[8]을 통해 반격의 기회를 얻은 헌법재판소는 다음과 같은 원론적인 입장을 밝히는 것으로 논의를 시작하고 있다. 법원의 재판을 헌법소원심판의 대상에서 제외시키는 것이 헌법소원제도의 본질에 반하는 것이라 단정할 수는 없으며, 잠재적인 기본권 침해자라 할 수 있는 입법부나 행정부와 달리 일차적인 기본권 보호자라 할 수 있는 사법부의 공권력 작용을 헌법소원심판의 대상에서 제외시키는 것은 합리적으로 정당화할 수 있는 차등 취급으로서 평등권을 침해하는 것이 아니고, 기본권 침해에 대한 구제절차가 반드시 헌법소원의 형태로 이루어져야 할 이유는 없으므로 (법원의 재판으로 인한 기본권 침해의 구제절차로서) 헌법소원을 인정하지 않는다고 해서 재판청구권을 침해하는 것도 아니다. 그러나 이내 헌법재판소는 헌법재판소법 제68조 제1항을 "헌법재판소가 위헌으로 결정한 법률을 적용함으로써 국민의 기본권을 침해한 법원의 재판"에 대해서도 헌법소원이 허용되지 않는다는 식으로 해석한다면, 바로 그러한 한도 내에서 동 조항은 헌법에 위반된다고 선언함으로써 이른바 재판소원의 예외적인 승인이라는 반전을 이끌어내고 있다.

헌법재판소의 판단은 이번에도 한정위헌결정의 형식을 취하고 있어서

---

7) 대법원 1996. 4. 9. 선고 95누11405 판결.
8) 사건의 당사자는 문제의 과세처분이 기본권을 침해하는 공권력의 행사에 해당한다는 취지의 헌법소원심판(96헌마173)과 법원의 재판을 헌법소원심판의 대상에서 제외시키고 있는 헌법재판소법 제68조 제1항과 문제의 대법원 판결 자체가 기본권을 침해하는 공권력의 행사에 해당한다는 취지의 헌법소원심판(96헌마172)을 각각 청구하였다.

변형결정의 합법성 여부를 둘러싼 논란으로부터 자유로울 수 없으며, 앞에서 언급한 바와 같이 실제로도 이에 대한 대법원의 입장은 여전히 헌법재판소의 그것과 날카로운 대립각을 유지하고 있다. 여기에 더해, 이제 헌법재판소가 재판에 대한 헌법소원심판의 가능성마저 인정하면서 갈등의 수위는 그야말로 최고조에 이르게 되었다. 그런데 헌법재판소가 제시하고 있는 '예외성'의 정당화 논변이란 과연 어떤 것일까? 다른 재판의 경우와는 달리 헌법재판소가 위헌으로 결정한 법률을 적용한 재판에 대해서는, 그리고 그러한 재판에 대해서만,[9] (물론 그로 인한 기본권의 침해를 전제로) 헌법소원심판을 인정하는 것은 도대체 어떠한 논리에 의해 정당화되고 있는 것일까?

정면으로 위배?

헌법재판소가 위헌으로 결정하여 그 효력을 상실한 법률을 적용하여 한 법원의 재판은 헌법재판소 결정의 기속력에 반하는 것일 뿐 아니라, 법률에 대한 위헌심사권을 헌법재판소에 부여한 헌법의 결단(헌법 제107조 및 제111조)에 **정면으로 위배**된다. 결국, 그러한 판결은 헌법의 최고규범성을 수호하기 위하여 설립된 헌법재판소의 존재의의, 헌법재판제도의 본질과 기능, 헌법의 가치를 구현함을 목적으로 하는 법치주의의 원리와 권력분립의 원칙 등을 송두리째 부인하는 것이라 하지 않을 수 없는 것이다.[10]

---

9) 헌법재판소 1998. 4. 30. 92헌마239 결정 및 헌법재판소 2001. 2. 22. 99헌마461, 2000헌마258(병합) 결정 참조.
10) 헌법재판소 1997. 12. 24. 96헌마172·173(병합) 결정[필자의 강조].

여기서 헌법재판소가 위헌결정의 기속력을 거론하고 있는 부분은 '예외성'의 정당화 논변으로(혹은 적어도 그 핵심적인 논변으로) 볼 수 없다. 그 것은 이미 한정위헌결정도 기속력 있는 위헌결정에 해당하는지에 대한 대법원과 헌법재판소의 상반된 견해가 노정되어 있는 상황에서 그저 "한정위헌결정도 위헌결정이므로 기속력이 있다."는 종래의 자기주장을 되뇌었던 것에 불과하기 때문이다.

헌법재판소가 제시하고 있는 정당화 논변의 핵심은 바로 그러한 재판이 헌법적 가치에 "정면으로 위배[directly against]"되는 것이라는 데 있다. 앞에서 언급한 헌법재판소의 원론적인 입장에 따르면 법원의 재판에 의한 기본권 침해의 가능성을 헌법재판소는 부정하지 않는다. 심지어 그러한 가능성이 있음에도 불구하고 왜 일반적인 경우 법원의 재판을 헌법소원심판의 대상에서 제외시키는 것이 합리적으로 정당화될 수 있는지를 설명하고 있다. 하지만 그러한 모든 사정에도 불구하고 헌법재판소가 위헌으로 결정한 법률을 적용한 재판만은 헌법소원심판의 대상에서 제외시킬 수 없으며, 그 이유는 그러한 재판이 '일견 헌법적 가치에 반함을 알면서도 부득이 그러한 결과를 산출하는 것'이 아니라, 그야말로 '헌법적 가치를 전면적으로 부인하는 것'이기 때문이라는 논리를 헌법재판소는 구사하고 있는 것 같다.[11]

---

11) 흥미로운 사실은 헌법재판소 1997. 12. 24. 96헌마172 · 173(병합) 결정과 헌법재판소 2001. 2. 22. 99헌마461, 2000헌마258(병합) 결정의 다수의견만이 아니라 반대의견과 별개의견도 모두 "정면으로 위배" 논변 자체는 공유하고 있으며, 단지 헌법적 가치에 정면으로 위배되는 재판의 포섭 범위에 대해서만 실질적인 견해차를 보이고 있다는 점이다. "다수의견도 지적하고 있듯이 이 사건 재판과 같이 법원이 헌법재판소가 한 법률에 대한 위헌결정의 효력을 부정하고 위헌으로 결정된 법률을 그대로 적용하여 재판을 한 것은 법원이 실질적으로 헌법상 헌법재판소의 권한으로 되어 있는 법률에 대한 위헌심판을

"글쎄요, 헌법적 결단에 '정면으로 위배'된다는 헌법재판소의 말은 하나의 논변(argument)이라기보다는 그저 수사적 표현(rhetoric)에 불과한 것 아닐까요? 기껏해야 헌법에 대한 '중대한 위반'을 의미하는 정도랄까 ⋯."

뭐 복잡하게 생각할 필요 없지 않느냐는 뜻인 것 같다. 과연 그러할지, 질문을 두 부분으로 나누어 확인해 보자. 첫째, 결정의 이유를 밝히는 '논변'이 아니라 알맹이 없는 '수사'에 불과하다는 반론(O-1)과, 둘째, 헌법에 대한 '중대한 위반'을 에둘러 지적했을 뿐이라는 반론(O-2). 사실 두 반론은 기본적으로 유사한 입장에 서 있지만, 약간은 다른 문제를 겨냥하는 듯하다. 당연히 다른 대응도 필요하게 될 것이다.

첫 번째 반론(O-1)과 같이 만일 "정면으로 위배"니 어쩌니 하는 것이 일정한 논변을 구성하는 것이 아니라 단지 수사적인 표현에 불과한 것으로 보고자 한다면, 헌법재판소가 채택하고 있는 논변이 달리 무엇인지를 대안으로 제시할 수 있어야 할 것이다. 그렇지 못할 경우, 이는 헌법재판소가 지극히 중요한 사안을 두고 말장난이나 하고 있는 것으로 보는 견해가 될 것이기 때문이다. 하지만 필자가 보기에 헌법재판소의 결정문 전체에서 딱히 대안적 논변이라고 할 만한 것은 존재하지 않는다. 나아가

한 것으로서 법원과 헌법재판소의 기능과 권한을 규정한 헌법 제101조, 제107조, 제111조에 **정면으로 위반**되는 것이므로 ⋯ 도저히 허용될 수 없고"(헌법재판소 1997. 12. 24. 96헌마172 · 173(병합) 결정의 반대의견); "이와 같은 입론(立論)은 법률의 위헌여부심판권을 헌법재판소에 부여한 취지에 **정면으로 어긋날** 뿐만 아니라 헌법이 추구하는 법체계의 통일성과 정합성을 크게 해치게 되는 것이다. 이것은 국민의 권리구제를 외면하고 나아가서 법의 지배와 권력분립의 원리를 뒤흔들어 헌법의 최고이념인 민주주의의 근간(根幹)을 파괴하는 결론이라고 말하지 아니할 수 없다."(헌법재판소 2001. 2. 22. 99헌마461, 2000헌마258(병합) 결정의 별개의견)[필자의 강조].

두 번째 반론(O-2)과 같이 만일 "정면으로 위배"니 어쩌니 하는 것이 단지 헌법에 대한 '중대한 위반'을 지적함에 불과한 것으로 보고자 할 때는, 단지 그러한 경우에 해당하기만 하면 명시적인 법률의 규정에 반하는 대응조치('재판소원의 인정')도 당연히 할 수 있는 것인지에 대해 선결적으로 해명할 수 있어야 할 것이다. 그렇지 못할 경우, 이는 헌법재판소가 이른바 '선결문제 요구의 오류'를 범하고 있는 것으로 보는 견해가 될 것이기 때문이다. 하지만 필자가 보기에 헌법재판소가 결정문 전체에서 강조하고 있는 것은 (반론의 표현을 써서 나타내자면) 바로 문제의 사안이 헌법에 대한 '중대한 위반'에 해당한다는 점을 보이는 것일 뿐, 그러한 경우 과연 명시적인 법률의 규정에 반하는 조치를 (그것도 '헌법재판소'가) 할 수 있는 것인지에 대한 논의는 따로 이루어지지 않고 있다.[12]

결국 이상의 간략한 검토에 의할 때, 헌법적 결단에 "정면으로 위배"된다는 말이 주목할 만한 **논변**을 구성하는 것으로 볼 수 없다는 (상호 연관된) 두 반론은, 굳이 헌법재판소의 결정 자체를 이해불가한 (unintelligible) 것으로 보게 만들거나, 한결 취약한(unsound) 것으로 보게 만든다는 점에서 받아들일 수 없다.[13] 헌법재판소가 다른 결정에서도

---

12) 두 번째 반론을 지지하는 견해는 은연중에 '라드브루흐 공식'과 같은 것을 헌법재판소의 논증에 투사시키고 있는 것인지도 모른다. 헌법에 대한, 참을 수 없는 '중대한 위반'이 있으면 명시적인 법률의 규정도 효력을 잃는다는 생각을 논증 불요의 공식으로 자의적으로 동원하는 셈이다. 여기서 상론할 수는 없지만 필자는 오히려 '라드브루흐 공식'의 논증 구조가 진지한 검토와 비판적 숙고의 대상이라는 점, 그리고 그 구조를 해명하는 데 이중 효과 원리가 결정적인 단서를 제공하고 있다는 점을 지적하고 싶다. 아마도 헌법재판소로서는 현재의 사례가 제2장에서 살펴보았던 "정의를 파기함으로써 비로소 도달하게 되는 정의"의 문제에 해당한다고 믿었을지도 모른다. 하지만 그와 같은 방향에서의 논증은 시도되지 않았다.

13) 더 상세한 설명이 필요하다면 비트겐슈타인(L. Wittgenstein)이나 로널드 드워킨(R.

여러 차례 "정면으로 위배"라는 표현을 단순하게 사용해 왔다는 (혹시 모를) 항변 역시 마찬가지이다. 헌법재판소가 그때마다 (원칙과 예외의 경계를 정하며) 명시적인 법률의 규정에 반하는 조치를 취했던가?

주의할 점은 필자의 해석에 따른다고 해서 문제가 해소되는(따라서 그만 생각해도 되는) 것은 아니라는 사실이다. 오히려 정확히 그 반대라 할 수 있는데, 이는 "정면으로 위배" 논변이 다음과 같은 본질적인 질문들로 이어질 수밖에 없는 것이기 때문이다. 헌법적 가치에 위배되는 양상을 이렇게 두 종류로 (다시 말해서 '일견 헌법적 가치에 반함을 알면서도 부득이 그러한 결과를 산출하는 것'과 그야말로 '헌법적 가치를 전면적으로 부인하는 것'으로) 구분할 수 있는 것일까? 혹은 헌법재판소가 제시하고 있는 경우가, 그리고 그 경우만이, 헌법적 가치에 "정면으로 위배"되는 것에 해당한다고 단언할 수 있는 것일까? 도대체 "정면으로 위배"된다는 표현의 정확한 의미는 무엇일까? 아쉽지만 이러한 의문점들에 대해서 헌법재판소의 결정문은 (다소 장황한 부연 설명에도 불구하고) 납득할 만한 답변을 제공해 주지 못하고 있다.

규범의 직접적/간접적 위반

헌법재판소가 구사하고 있는 "정면으로 위배" 논변에 대한 보다 사려 깊은 설명은 (다소 의외일 수 있지만) 윤리신학자들의 저술 속에서 발견된다. 물론 이는 우리 헌법재판소가 윤리신학자들의 저술을 참조하여 그

Dworkin)의 해석학적 입장을 참조하는 편이 좋을 듯하다.

로부터 "정면으로 위배" 논변을 빌려 왔다는 (확인되지 않은) 말은 아니다. 피터 윈치(Peter Winch)의 표현을 빌리자면, 사회생활의 다양한 양상들은 상호 간에 내면적으로 연관되어 있어서 그중 하나가 나머지와 분리되어 존재하는 것으로는 생각할 수 없는 경우가 있다.[14] 하나의 논증으로서 "정면으로 위배" 논변의 구조도 어느 날 갑자기 생겨난 것이 아니라, 오랜 역사와 문화 경험 속에서 정립된 것이고, 특히 윤리신학의 영역에서는 거의 진부하기까지 한 것(platitude)[15]이다. 당연히 알게 모르게 우리의 사고방식에 영향을 미쳤을 수도 있다.

티모시 오코넬(Timothy O'Connell)의 규정에 따르면 윤리신학(moral theology)이란 (사실 '신학'이라기보다는) "믿음을 가진 자들에 의해 수행되는 도덕철학(moral philosophy)"이라고 한다.[16] 그가 말하려 했던 것은 윤리신학의 영역에서 다루어지는 문제가 단지 특정한 믿음의 체계 속에서만 의미를 가질 수 있는 것이 아니라는 점이다. 특히 인간 행위에 대한 지도·평가 원리의 탐구라는 윤리신학의 주제는 그 자체 법학의 관심사라고도 할 수 있어서, 그에 관한 논의 성과에 주목할 필요가 있다.[17]

---

14) Peter Winch, *The Idea of a Social Science and Its Relation to Philosophy*, Second edition (Routledge, 1990/1958)[박동천 편역, 『사회과학의 빈곤』(모티브북, 2011)], 43-44면 참조[인용 면수는 번역문의 것임].

15) D. Lewis, *Convention: A Philosophical Study* (Blackwell Publishers, 2007/1969), p.1 및 p.203 참조.

16) Timothy E. O'Connell, *Principles for a Catholic Morality* (Seabury Press, 1978), p.40. Christopher Kaczor, *Proportionalism and the Natural Law Tradition* (The Catholic University of America Press, 2002), p.5에서 재인용.

17) 윤리신학에 관한 국내 법학자들의 연구 관심이 필요하다는 지적으로는 최병조, "17세기 카톨릭倫理神學의 契約槪念 및 契約分類에 관한 小攷", 『서울대학교 법학』, 제34권 제2호(서울대 법학연구소, 1993), 222면 이하 참조. 이 글에서는 윤리신학을 "인간의 자유로운 의사와 행위의 규범을 교회가 선포하는 그리스도교적 계시와 초자연적 목표설정에

가치와 규범에 대한 직접적 위반과 간접적 위반의 구별 가능성 및 구별 필요성 여부를 둘러싸고 벌어진 20세기의 윤리신학적 논쟁은 이른바 **이중 효과 원리**(principle of double effect)의 재해석 과정에서 촉발되었다. 이중 효과 원리에 대한 전통적인 설명에 따르면, 그것은 원래 토마스 아퀴나스가 『신학대전』 제2부 제2편에서 '자기방어적 살인'의 문제, 즉 자신을 죽이려고 하는 공격자에 맞서다 오히려 공격자를 사망에 이르게 한 방어자의 행위를 어떻게 평가할 것인가라는 매우 특수한 실천적 문제를 다루는 과정에서 사용했던 하나의 논증(reasoning)[18]에 불과한 것이었는데, 19세기 중반 장 피에르 귀리의 『윤리신학 강요』 이후 윤리신학자들에 의해 모든 윤리적 문제에 적용될 수 있는 보편적 원리로 인식되기 시작했다.[19] 이러한 변화가 가능했던 이유는 거의 모든 인간 행위가 자기 방어적 살인의 문제에 등장하는 방어자의 행위처럼 선한 효과 내지 측면('방어자 자신의 생명을 구하게 되는 것')과 해악적 효과 내지 측면('공격자의 생명을 앗아가게 되는 것')을 동시에 지닐 수밖에 없다는 점을 직시하게 되었기 때문이다. 다시 말해서 토마스 아퀴나스의 논증의 출발점을 이루는 상황 인식, 즉 "어떤 선한 목적을 달성하고자 하나 그것을 달성하기 위해서는 반드시 일정한 해악을 야기할 수밖에 없는 상황"[20]이라는 것은 인간이

근거하여 체계적으로 발전시키는 학문"(226면)으로 기술하고 있다. (비록 특정한 믿음 체계의 역할이 강조되어 있기는 하지만) 이러한 기술에서도 나타나 있듯이, 윤리신학이 다루고 있는 문제 자체는 모든 실천적 학문이 공유하고 있는 인간의 자유와 규범의 문제임에 주목할 필요가 있다.

18) *S.T.*, II-II, q.64, a.7.
19) 자세한 내용은 제6장의 내용을 참조.
20) 박준석, "토마스 아퀴나스의 이중 효과 논증", 『법사학연구』 제45호(한국법사학회, 2012), 102-103면.

처하게 되는 예외적인 상황인 것이 아니라 오히려 아주 전형적인 상황이기 때문에, 그러한 상황하에서 이루어진 행위임을 전제로 정당화될 수 있는 행위인지 그렇지 못한 행위인지를 판단하는 것이야말로 무릇 인간 행위 일반에 대한 적절한 판단 형식이 될 수밖에 없다고 하는 생각이 (19세기 이후 윤리신학자들 사이에) 널리 확산되었던 것이다.

(제6장에서 이미 살펴본 바와 같이) 하나의 보편적 원리로 인식되기 시작한 이후, 이중 효과 원리는 대체로 다음과 같이 정식화된 형태로 표현되고 있다.

다음 네 가지 조건이 동시에 만족될 경우 행위자는 선한 효과와 해악적 효과를 산출할 것으로 자신이 예견한(foresees) 바의 행위를 하는 것이 허용될 수 있다. (1) 행위 그 자체는 그 대상의 면에서 보아 선한 것이거나 최소한 중립적인 것이어야 한다. (2) 해악적 효과가 아니라 선한 효과가 의도되었어야(be intended) 한다. (3) 선한 효과는 해악적 효과를 수단으로 하여(by means) 산출된 것이 아니어야 한다. (4) 해악적 효과를 허용해야 할 비례적으로 중한 이유(a proportionately grave reason)가 있어야 한다.[21]

이와 같이 정식화된 이중 효과 원리에 따르면 예컨대 **치료적 낙태**(therapeutic abortion)의 정당성을 인정할 수 있는 나름의 가능성이 열리게 된다. 자궁암에 걸린 임산부의 사례[22]를 놓고 생각해 보면, 암이 퍼져 수술을 받지 않으면 태아와 산모 모두가 죽게 되는 반면, 자궁을 적출하

---

21) Joseph T. Mangan, "An Historical Analysis of the Principle of Double Effect", *Theological Studies* 10, 1949, p.43.

22) Bernard Hoose, *op. cit.*, p.6 참조.

는 수술을 받는다면 비록 죄 없는 태아가 죽게 되겠지만 산모는 살릴 수 있는 상황이 있을 수 있다. 이중 효과 원리는 이러한 상황에서의 수술이 죄 없는 태아의 죽음을 초래하는 효과를 산출함에도 불구하고 정당하다고 말해 준다: (1) 질병의 치료를 위한 의료적 개입은 그 자체로 선한 것일 뿐 아니라, (2) 산모의 목숨을 구하려는 의도로 수술한 것이지, 태아를 죽일 의도로 수술한 것이 아니며, (3) 산모의 목숨을 구하기 위해 태아의 죽음을 수단으로 삼았다고 볼 수 없고, (4) 수술을 하지 않았더라도 태아는 (산모와 함께) 죽었을 것이지만, 수술을 함으로써 산모의 목숨만은 건지게 되었다는 점에서 수술에 수반되는 태아의 죽음이라는 해악적 효과를 허용해야 할 비례적으로 중한 이유가 있기 때문이다.

요컨대 전통적인 이중 효과 원리의 정식화에 따르면, 이와 같은 상황에서 태아의 죽음이라는 해악적 효과는 단지 '간접적으로(indirectly)' 발생했을 뿐이며, 따라서 비록 태아를 죽게 하는 것이 일반적으로 금지되고 있다 하더라도 이 상황에서는 (즉 단지 그것이 간접적으로 발생했을 뿐인 상황에서는) 정당하다고 보게 된다. 장 피에르 귀리는 만일 원인 행위가 '직접적으로(directly)' 해악적 효과를 야기하고, 선한 효과는 오직 그러한 해악적 효과를 수단으로 하여 발생토록 한다면, 해악적 효과가(혹은 최소한 해악적 효과도) 의도된 것이라 설명함으로써[23] 이중 효과 원리가 동시에 가치와 규범에 대한 직접적 위반과 간접적 위반의 구별 원리임을 밝힌 바 있다. 여기서 분명히 지적되어야 할 점은 20세기의 윤리신학적 논쟁이 이중 효과 원리의 재해석 과정에서 촉발되었다고는 하나, 그것이 이중 효과 원리가 대변하고 있는 지극히 보편적이고 상식적인 수준의 사고

---

23) Joseph T. Mangan, *op. cit.*, pp.61-62.

규범(예컨대, "목적이 항상 수단을 정당화하지는 않는다."[24])을 문제삼으려 했던 것은 아니라는 점이다. 그러한 논쟁은 이미 언급한 바와 같이 이중 효과 원리가 특히 가치와 규범에 대한 직접적 위반과 간접적 위반의 '세련된' 구별 원리로 애용되고 있었던 1960-1970년대의 역사적 상황을 배경으로 하여, 과연 그러한 구별이 필요한 것인지 혹은 심지어 가능한 것인지를 둘러싸고 벌어진 것이었다.[25]

비례주의적 전회

이중 효과 원리에 대한 20세기의 재해석 논쟁은 페터 크나우어에 의해 촉발되었다. 그는 전통적인 이중 효과 원리의 정식화가 불러일으킬 수 있는 오해를 제거하고, 토마스 아퀴나스의 진의를 제대로 반영할 수 있는 형태로 이중 효과 원리를 재구성할 것을 제안하고 있다. 그에 의하면 전통적인 정식화 속 네 개의 조건들 중에서 마지막 조건을 제외한 나머지는 사실상 독자적인 의미를 지니고 있지 않으며,[26] 해악적 효과와 선한

---

24) 선한 목적을 내세워 어떠한 수단도 정당화할 수 있다고 보고자 하는 견해에 대해 칸트는 "불의(不義)의 장막"(혹은 "부정의의 가면")이라 적고 있다. 이러한 칸트의 언급 부분에 대한 번역은 I. Kant, 이충진 역, 『법이론』(이학사, 2013), 103면 및 백종현 역, 『윤리형이상학』(아카넷, 2012), 201면 참조.

25) 후술하는 바와 같이 이러한 논쟁의 역사에서 '초기 문제 제기자'의 역할을 담당하고 있는 비례주의자들의 견해는 대체로 이중 효과 원리를 내세워 가치와 규범에 대한 직접적 위반과 간접적 위반의 구별이라는 의심스러운 결론을 너무도 손쉽게 지지하려던 당시의 경향에 대한 반론으로 자리매김해 볼 수 있을 것이다.

26) 크나우어는 자신의 기념비적인 초기 논문에서는 이 점을 직접적이고 명시적인 형태로 기술하지 않았지만, 1980년에 발표된 후속 논문에서는 이 점을 분명히 밝

효과를 아울러 발생시키는 행위가 정당화될 수 있는 가능성이 마치 전자가 후자에 인과적으로 선행하는지 여부에 달려 있는 것처럼 오해하게 만든다.[27] 결국 그는 전통적인 정식화에서 마지막 조건에 해당하는 "해악적 효과를 허용해야 할 비례적으로 중한 이유"의 요구를 새로운 정식화의 핵심으로 제시한다.

한 가지 주의해야 할 점은 크나우어가 가치와 규범에 대한 '직접적 위반'과 '간접적 위반'의 구별이라는 기존의 설명 틀을 (적어도 표면적으로는) 포기하지 않고 있다는 사실이다. 그가 새로운 정식화의 제안을 통해 강조하는 것은 윤리적·규범적 평가와 심리적·물리적 사실을 혼동하지 말아야 한다는 점이다. 따라서 어떤 해악적 효과가 '의도된' 것인지에 대한 윤리적 평가는 행위자가 실제로 그러한 효과의 발생에 대해 어떠한 심리적 태도(psychological attitude)를 지니고 있었는가에 좌우되지 않는다. 비슷하게 어떤 해악적 효과가 '간접적인' 것인지에 대한 윤리적 평가도 행위자가 실제로 그러한 효과의 발생에 대해 어떠한 물리적 관계(physical relation)를 형성하고 있었는가에 좌우되지 않는다. 다시 말해서 행위자와 시간적·공간적으로 가까운 효과가 '직접적인' 것이고 먼 효과가 '간접적인' 것이라 할 수 없다는 뜻이다. 요컨대 윤리적 관점에서는 그가 말하는 "비례적 근거(commensurate reason 또는 proportionate reason)"의 유무에 따라 어떤 해악적 효과가 직접적으로 의도된 것인지 아니면 단지 간접적

히고 있다. Peter Knauer, "Fundamentalethik: Teleologische als deontologische Normenbegründung", *Theologie und Philosophie* 55, 1980, p.330. Christopher Kaczor, "Double-Effect Reasoning from Jean Pierre Gury to Peter Knauer", *Theological Studies* 59, 1998, p.303에서 재인용.

27) Peter Knauer, "The Hermeneutic Function of the Principle of Double Effect", *Natural Law Forum* 12, 1967, pp.136-137.

으로 수반된 것에 불과한지 여부가 판가름나게 될 뿐이다.[28]

크나우어의 시도는 실질적으로 가치와 규범에 대한 '직접적 위반'과 '간접적 위반'의 구별을 무의미하게 만들었다고 평가받는다.[29] 그가 제시한 새로운 정식화가 설득력을 얻을수록, 해악적 효과가 직접적인 것인지 여부에 대한 판단은 그저 비례적 근거의 유무에 대한 판단으로부터 자동적으로 도출되는 것으로 간주될 것이기 때문이다.

하지만 크나우어가 제시한 '비례주의적 전회'가 "전래의 사상을 명료하게 한다는 미명하에 원리 그 자체를 혁명적으로 바꿔 놓으려는"[30] 시도라며 경계했던 일군의 학자들은 가치와 규범에 대한 '직접적 위반'과 '간접적 위반'의 구별에는 비례적 근거의 유무에 대한 판단으로 환원될 수 없는 고유한 이론적 역할 몫이 있다고 반박하기에 이르렀다. 저메인 그리세츠(Germain Grisez), 존 피니스(John Finnis), 폴 램지(Paul Ramsey) 등이 바로 그 대표적인 예라 할 수 있는데, 이들의 주장을 관통하는 핵심 사상은 이른바 기본적인 인간적 선들(basic human goods) 사이의 **통약불가능성**(incommensurability)이다.[31] 크나우어의 정식화에 의하면

---

28) 초기 저술에서 크나우어는 "행위자는 자신의 행위가 유발하는 해악적 효과가 그 자체로서 의도된 것이 아니라 간접적으로 수반된 것으로서 비례적 근거에 의해 정당화될 경우에만 그것을 허용할 수 있다."고 말함으로써 마치 전통적인 정식화의 조건들을 솜씨 좋게 압축해 놓은 것에 지나지 않아 보일 수 있는 빌미를 제공한 면이 있었다. 하지만 이후의 저술에서 "간접적으로 수반된" 것은 단지 "그 자체로서 의도된" 것의 반면에 불과하고, 윤리적 관점에서 "의도된" 것으로 평가되는 경우는 "비례적으로 중한 이유" 내지 "비례적 근거"에 의해 정당화되지 않는 때라는 점을 명기함으로써, 자신이 제안하는 새로운 정식화의 핵심은 어디까지나 "비례적 근거"의 유무에 있음을 명확히 하였다. *Ibid.*, p.136 및 Peter Knauer, *op. cit.* (*supra* note 26), p.330 참조.

29) Bernard Hoose, *op. cit.*, p.139.

30) Christopher Kaczor, *op. cit.* (*supra* note 16), p.6.

31) Bernard Hoose, *op. cit.*, pp.113-117 참조.

"어떤 행위가 그것의 총체적인 존재의 지평 안에서(in its total existential entirety) 비례적 근거에 의해 정당화되지 않는다면, 그 행위의 해악적 효과는 곧 객관적으로 의도된 것"[32]으로 보게 되는데, 여기서 "총체적인 존재의 지평"을 설정한다는 것은 곧 다양한 가치와 선들을 단일한 준거에 따라 비교·형량할 수 있다는 것 즉 통약가능성(commensurability)을 함축하고 있다고 이해되면서[33] 위의 학자들과의 사상적 대립은 일견 불가피한 것처럼 보였다.

크나우어가 주목하는 것은 비윤리적 행위들에서 발견되는 (총체적 수준에서의) "자기모순(self-contradictions)"[34]과 "주관적 자의성(subjective arbitrariness)"[35]이다. 앞에서 살펴본 자궁암에 걸린 임산부의 사례에서[36] 자궁을 적출함으로써 산모를 살리는 와중에 발생하는 태아의 죽음이라는 해악적 효과는 허용될 수 있다는 것이 전통적인 이중 효과 원리의 정식화에 따른 결론이지만, 만일 자궁에서 태아를 제거함으로써 새로운 암 치료법을 적용할 수 있게 된다고 하면 사정은 달라진다. 태아만을 적출하는 것이 더 바람직할 수 있는 것이다. 산모가 나중에라도 다시 아이를 가질 수 있기를 원한다면 자궁을 적출하지 않으면서 산모를 살릴 수 있는 조치의 선택은 거의 필수적으로 보인다. 문제는 이와 같은 조치가 태

---

32) 박준석, 앞의 글, 116면. 크나우어가 군이 이와 같은 논리 구성을 취하고 있는 까닭은 "도덕적 행위는 의도치 않은 바가 아니라 의도된 바에 따라서 그것의 종이 결정되는데, 그 이유는 … 전자가 우연적인 것이기 때문이다."라고 한 토마스 아퀴나스의 기준을 충족시키기 위함이라 할 수 있다. 이에 대해서는 S.T., II-II, q.64, a.7 참조.

33) 사실 이는 크나우어의 견해를 오해한 것이라 할 수 있다.

34) Peter Knauer, op. cit. (supra note 27), p.149.

35) Ibid., p.150.

36) 이 장의 주 22) 참조.

아의 죽음이라는 해악적 효과를 그야말로 '직접적으로' 산출하는 것이며, 산모의 목숨을 구하고 출산 능력을 보존하기 위해 태아의 죽음을 수단으로 삼는 것이라는 반론에 취약하다는 점이다.[37] 크나우어의 새로운 정식화는 이 같은 반론에 대한 체계적인 대응을 제공하는 것이라 할 수 있다. 그에 따르면, 사례에서 자궁을 적출함으로써 태아의 죽음을 수반하는 것이 태아만을 적출할 수 있게 하는 것보다 차라리 낫다고 보는 견해는, 낙태의 남용 위험으로부터 생명의 가치를 두텁게 보호하기 위함이라 강변하지만, 얼마든지 새로운 생명을 잉태할 수 있는 산모에게서 출산 능력을 영구적으로 박탈하는 것이 더 바람직하다고 판단함으로써 궁극적으로는 생명의 가치 보호에 역행하고 있으며, 이 점에서 자기모순성을 노출하게 된다.[38] 그리고 이와 같은 자기모순이 발생하게 된 원인은 태아의 죽음이라는 해악적 효과가 '의도된' 것인지 또는 '직접적인' 것인지 등을 판단함에 있어 윤리적·규범적 평가와 심리적·물리적 사실을 혼동했기 때문이다.

비례주의에 대해 비판적인 학자들 역시 자궁암에 걸린 임산부의 사례에서 제기될 수 있는 비상식적 반론을 극복하려고 하지만, 크나우어의 논리와는 다른 방식으로 접근해 들어간다. 대표적으로 그리세츠의 이론에 따르면, 인간의 인격을 구성하는 모든 선들(goods)에 대한 **개방성**(openness)의 이상에 기초하여, 저마다 나름의 개성을 형성하는 데 필수적인 "기본적인 인간적 선들" 사이의 통약불가능성을 인정할 수 있다고 한다. 그리고 이러한 사실로부터 기본적인 인간적 선들 하나하나가 인

37) Bernard Hoose, *op. cit.*, pp.5-6 참조.
38) Peter Knauer, *op. cit.* (*supra* note 27), pp.143-144 참조.

간 행동의 목적이 되며, 그것들 중 어느 것을 다른 것의 확보를 위한 수단으로 삼아서는 안 된다는 명제를 도출할 수 있게 된다.[39] 인간의 삶 속에서 이들 기본적인 선이 서로 충돌함으로써 부득이 어느 한 가지 선을 확보하기 위한 선택을 해야만 하는 상황이 있다는 것은 사실이지만, 윤리적인 관점에서 중요한 것은 행위자가 근본적으로 통약불가능한 선들 사이에 자의적인 서열을 도입함으로써 '특정한 선을 다른 선의 확보를 위한 수단으로 전락시키는 것'과 (자의적인 서열화 없이) '어디까지나 부득이 특정한 선의 확보와 그에 수반한 다른 선의 희생이라는 결과를 산출하는 것' 사이의 구별[direct/indirect distinction]이라고 한다. 전자는 후자와 달리 기본적인 인간적 선들의 통약불가능한 본질 및 그것이 터 잡고 있는 개방성의 이상에 정면으로(directly) 위배되는 것이어서 처음부터 정당화의 여지가 결여되어 있기 때문이다. 그리세츠는 이러한 구별이 결코 비례적 근거의 유무에 대한 판단으로 환원될 수 없다고 본다. 요컨대 그의 시각에서 보면, 자궁암에 걸린 임산부의 사례에서 태아를 적출하는 것은 태아의 생명을 수단으로 전락시키는 자의적인 서열화가 아니라 "생명을 구하기 위한 조치에 수반하여 부득이하게 산출된 결과(unavoidable *side effect*, incidental to the lifesaving operation)"[40]에 해당한다고 말할 수 있을 것이다.[41]

---

39) Bernard Hoose, *op. cit.*, pp.114-115 참조. 피니스, 램지 등의 설명도 이와 대동소이하다. 법철학적 관점에서는 그리세츠의 자연법 사상이 어떻게 피니스에게 영향을 미쳤는지를 점검해 보는 것도 흥미로울 것이다.

40) G. Grisez and R. Shaw, *Beyond the New Morality* (University of Notre Dame Press, 1974), p.153. *Ibid.*, p.115에서 재인용.

41) 실제로 그리세츠가 들고 있는 예는 자궁의 적출을 통한 태아의 죽음과 산모의 생명 보호가 충돌하는 단순한 버전의 자궁암 사례였지만, 태아의 적출과 산모의 생명 및 출산

미국의 대표적인 비례주의 이론가라 할 수 있는 리처드 맥코믹(Richard A. McCormick)은 이러한 비판 진영의 논리에 대해 강한 의문을 제기하고 있다. 도대체 그리세츠, 피니스, 램지 등이 "**정면으로**(directly)"라는 단어를 추가했어야 할 이유가 무엇인지 알 수 없다는 것이다.[42] 맥코믹은 자궁암에 걸린 임산부의 사례에서 태아를 적출하는 행위가 정당화될 수 있는 것은 어디까지나 그러한 경우가 상대적으로 덜 파괴적인 대안이기 때문이라고,[43] 다시 말해서 "비례적 근거"에 의해 정당화되고 있기 때문이라고 강조하며, 그러한 정당화가 인정될 경우 기본적인 선에 위배됨(turning against a basic good)이라는 것 자체가 궁극적으로 성립하지 않는다고 말한다.[44] 나아가 그는 기본적 선에 그저 "**우회적으로**(indirectly)" 위배된다는 관념은 생각하기 힘들다고 지적하는 한편, 그리세츠 등이 단순히 "기본적 선에 위배되지 않아야 한다."(S-1)고 말하는 대신에 "기본적 선에 **정면으로**(directly) 위배되지 않아야 한다."(S-2)고 말함으로써 어떤 실질적인 차이를 만들어 내는 것 같지는 않다고 비판하고 있다. 다시 말해서 "정면으로(directly)"라는 단어가 덧붙여짐으로써, 기존의 문장(S-1)에는 없었던 모종의 의미가 새로운 문장(S-2)에 추가되고

능력 보호가 충돌하는 변형된 사례에서도 결국 자의적인 서열화 및 수단화를 개입시키지 않는 불가피한 선택은 존중되어야 한다는 결론에 이를 것으로 보인다.

42) Bernard Hoose, *op. cit.*, pp.118-120 참조.
43) 의료적 개입이 없다면 태아와 산모가 모두 사망하게 되고, 태아와 연결되어 있는 자궁을 한꺼번에 적출하는 방식으로 개입하게 되면 태아의 생명과 산모의 출산 능력을 잃는 대신 산모의 생명을 구할 수 있게 되는 데 비해, 태아만을 적출하여 치료를 마칠 수 있다면 태아의 생명을 잃는 대신 산모의 생명과 함께 그의 출산 능력(혹은 미래의 태아의 생명!)도 구할 수 있게 된다는 점에서 '현재로서는' 이것이 가장 덜 파괴적인 대안이 된다고 말할 수 있다.
44) *Ibid.*, p.118 참조.

있는 것 같지 않다는 것이다.[45] 이는 결국 가치와 규범에 대한 '직접적 위반'과 '간접적 위반'의 구별이 유지될 수 없다는 주장인 것이다.

법학적 논쟁과 인식적 논쟁

앞에서 이미 언급한 바와 같이, 가치와 규범의 '직접적 위반'과 '간접적 위반'의 구별을 둘러싼 윤리신학적 논쟁을 이 글에서 검토하고 있는 것은 우리 헌법재판소가 재판에 대한 헌법소원심판의 청구를 예외적으로 인정하는 과정에서 그러한 윤리신학적 논쟁을 참조했다는 주장을 펴기 위함이 아니다. 당연한 이야기이지만, 필자는 그러한 (가상의) 주장을 뒷받침할 수 있는 증거(?)에 대하여 전혀 아는 바가 없다. 그러한 논쟁을 검토했던 까닭은 헌법재판소가 결정문에서 사용하고 있는 "정면으로 위배"라는 말이 단순한 수사적 표현에 불과한 것이 아니라, 하나의 논변(그것도 핵심적인 논변)을 구성하는 것일 수밖에 없다고 보기 때문이다.[46] 이중 효과 논증과 그것에 반영된 논쟁적인 입장들을 통해서 볼 때 비로소 (문제의) 헌법재판소의 결정은 (최소한) 이해가능한 것이 된다.[47] 적어도 "정면

---

45) *Ibid.*, p.119 참조.

46) 어떤 언어적 표현이 일정한 주장을 정당화하기 위한 논변의 역할을 담당한다는 것은 (그것의 논리적 구조 아래서) 보편적인 언어적 경험을 산출할 것이 기대되고 있다는 점을 전제한다. 그 외에 가령 헌법재판소가 "정면으로 위배" 논변을 제시하는 과정에서 윤리신학적 논쟁을 (의식적으로) 참조했는지 여부는 문제되지 않는다.

47) 특히 이 대목에서, 다음과 같은 의문이 제기될 수도 있다: '이중 효과 논증의 틀이 헌법재판소의 결정을 분석하는 데 적용될 수 있기 위해서는, 무엇보다 사안이 전제하고 있는 이중 효과라는 것 자체를 특정하여 제시할 수 있어야 한다. 그렇지만 이 사안에서 그와 같은 것은 보이지 않는다.' 그러나 사실 이중 효과 논증에 대한 학설의 불만은 대부분

으로 위배"된다는 개념 자체의 명확한 의미나 왜 특정한 사안이 그러한 경우에 해당하는지 등에 대한 (제대로 된) 설명을 헌법재판소가 제공해 주지 않는 상황이라면, 이상의 검토가 헌법재판소의 결정을 이해하고 평가하는 데 분명 도움을 줄 수 있을 것이다.

사실 헌법재판소의 결정에서 의미 있는 논변을 찾는 일을 성급히 포기하는 입장도 얼마간 이해가 가지 않는 것은 아니다. 헌법재판소의 부실한 논증에 대한 불만이 어제오늘의 일이 아니고 보면, "정면으로 위배"라는 말은 헌법재판소가 어떤 세련된(sophisticated) 문법을 좇아 구사한 것이 아닐 가능성이 크다. 그럼에도 불구하고, (법의 해석과 마찬가지로) 판례의 해석이라는 것이 작성자의 머릿속에 실제로 떠올랐던 생각을 충실히 재현하는 일에 불과한 것이 아닌 한, 해석자의 (합당한) 실망이 판례에 대한 '확장된 이해'의 가능성을 차단해서는 안 될 것이다.

한편, (부실한 논증의 문제[48])를 이렇듯 잠시 제쳐두더라도) 우리의 '확장된 이해'를 전제로 할 때조차 발생하게 될 문제에 대해서는 여전히 언급해야 할 것으로 보인다. (비례주의의 등장과 더불어 뜨겁게 달아오른) 이른바 가치와 규범에 대한 '직접적 위반'과 '간접적 위반'의 구별을 둘러싼 논쟁이 그 출생지에 해당하는 윤리신학의 영역에서조차 채 끝나지 않았다는 점을 고려한다면, 다음과 같은 문제를 제기할 수밖에 없다: "한창 진행 중인

그것이 어떤 상황에서는 무력하다는 점이 아니라, 모든 상황에서 나름의 밝은 면과 어두운 면을 (너무 자의적이다 싶을 정도로) 구미에 맞게 특정해 낸다는 점에 대한 것이다 ("耳懸鈴鼻懸鈴"). 따라서 이 사안에서도 조금만 생각해 보면, 대법원이 '한정위헌결정의 기속력을 부정'했던 것에 대하여 나름의 명과 암을 누구라도 (설령 조금씩 다른 형태일지라도) 특정해 낼 수 있을 것이다.

48) 이에 대해서는 제8장과 제9장에서 다룰 예정이다. 제8장에서는 헌법재판소의 논증을, 제9장에서는 대법원의 논증을 각각 검토하게 될 것이다.

(기초 학술적) 논쟁의 어느 한 축에 가담하는 입장을 사실상 핵심적인 '논변'으로 삼아, 우리나라의 전체 사법질서에 관한 문제들 중 가장 민감한 사안을 판단하고 있는 현상을 과연 어떻게 볼 것인가?" (심지어 판단의 결과마저 심히 충격적인 것임에야!)

재판소원의 예외적 승인을 정당화하는 과정에서 군이 "정면으로 위배"라는 말을 사용하기로 했을 때, 아마도 헌법재판소는 그토록 짧은 논변 하나가 결코 간단치 않은 인식적(epistemic) 주장을 함축하는 것임을 알지 못했을 것이다. 그 결과 예컨대 사형제도를 합헌으로 볼 것인지를 둘러싼 '법학적' 논쟁과는 판이한 차원의 논쟁, 즉 실로 '인식적' 차원의 논쟁을 법의 실무에 끌어들이고 만다. 이러한 헌법재판소의 태도는 일견 신중한 것과는 거리가 있어 보인다. 넓게는 이 문제 역시 부실한 논증이 야기하는 많은 결과들 중 하나이겠지만, 그것이 법의 실무에 대해 가지게 되는 함의는 사뭇 다를 수 있는 것이다.

정의 · 전일성 · 정치도덕

이상의 논의를 현대 주류 법철학의 시각에서 되짚어 보려 한다면, 아마도 헌법재판소에 의한 "정면으로 위배" 논변의 채택이 **정의**(justice)나 **전일성**(integrity)[49]의 측면에서 어떻게 이해되는지를 검토해 볼 만할 것

---

49) 드워킨의 "integrity" 개념에 대해서는 기왕에 여러 번역어들이 제시되어 왔다. "통합성"(장영민), "통일성"(김도균), "정합성"(최봉철) 등이 그 대표적인 예이다. 이 와중에 불쑥 또 다른 번역어를 제안한다는 것은 다소 부담스러운 일이지만, 기존의 번역어들은 오히려 'unification', 'unity', 'coherence', 'consistency', 'fidelity', 'sincerity' 등의 개념과 가깝

이다. 먼저 '정의'라는 법이념의 관점에서는 일차적으로 "정면으로 위배" 논변의 적용에 있어서 "같은 것을 같게" 취급하라는 정의의 요구가 얼마나 관철될 수 있을지를 따져 봐야 할 듯하다. 이 점은 다음의 두 가지 질문을 통해서 구체화될 수 있다. (1) "정면으로 위배" 논변이 자칫 동질적인 것들을 자의적으로 달리 취급하고 있지는 않는가? (예컨대, 직접적 안락사와 간접적 안락사는 과연 확연히 다른 것인가?) (2) "정면으로 위배" 논변을 비슷한 논리적 구조의 여러 사안들에 확장·적용할 수 있을 것인가? (예컨대, 그것을 통해 간접적 안락사의 정당성도 공식적으로 인정하게 될 것인가?)

다음으로, 법체계의 '전일성'이라는 관점에서는 "정면으로 위배" 논변의 원리적 표현이라 할 수 있는 전통적인 이중 효과 원리의 정식화, 혹은 그것에 반영되어 있는 논쟁적인 입장들이 (단순히 형식적 일관성의 충족이라는 측면에서가 아니라) "가치와 이념의 수준에서" 우리 법체계를 구성하는 원리의 하나로 수용될 만한 것인지를 살펴봐야 할 것이다.[50] 이와 관련하여 한 가지 문제를 생각해 보자. 앨리슨 매킨타이어(Alison McIntyre)는 해악적 효과에 대한 '**의도**'와 '단순한 **예견**'의 구별[intended/foreseen

---

지 않은가 하는 의문이 있었다. 한편 필자가 제시하는 "전일성"이라는 말은 '완전성'을 강조하기보다는[全一性], '한결같음'을 지향하는[專一性] 의미를 갖는다. 이는 단순히 사무의 일관됨을 좇는 것이 아니라, 도덕적 행위자로서 갖추어야 할 덕을 추구하는 것이다. 또한 '결'이 있다는 것은 그 자체가 조리(條理) 내지 원리가 구현되어 있다는 뜻이다. Ronald Dworkin, 장영민 역, 『법의 제국』(아카넷, 2004), 240-390면; 김도균, "우리 대법원 법해석론의 전환: 로널드 드워킨의 눈으로 읽기—법의 통일성(Law's Integrity)을 향하여—", 『법철학연구』, 제13권 제1호(한국법철학회, 2010), 96면 주 1); 김정오 외 4인, 『법철학: 이론과 쟁점』(박영사, 2012), 56면 참조.

50) 이 같은 방식의 검토 작업을 보여 주는 구체적인 예로는 김도균, 위의 글, 95면 이하 참조.

distinction)을 두고 대체로 다음과 같은 질문을 던지고 있다.[51] 이중 효과 원리에 의하면, 어떤 선한 의도를 실현하는 과정에서 의도치 않은 해악의 발생이 예견된다 해도, 비례적으로 중한 이유가 있다면 그와 같은 부득이한 해악의 산출은 허용된다. 이제 자신이 처한 상황이 바로 이러한 경우임을 알고 있는 성찰적 행위자가 '유감스럽지만, 어차피 허용될 것임에 틀림없다면 제대로 하자.'는 심정으로 그러한 해악의 산출을 수단으로 하여(혹은 부수적으로 의도하여) 애초의 선한 의도를 실현했다면 그의 행위는 비난받아야 하는가?[52]

이중 효과 원리에 관해서 지금까지 살펴본 내용에 의하면, 그것을 지지하는 견해가 이 질문에 어떻게 답할 것인지 추측하기는 어렵지 않다. 하지만 '전일성'의 측면에서 정작 중요한 것은 다른 데 있다. 아마도 그것은 답변에 전제되어 있는 정치도덕적 입장이 (가령) 우리 법체계상 책

---

51) Alison McIntyre, "Doing Away with Double Effect", *Ethics* 111, 2001, p.227
52) *Vacco v. Quill* 사건의 참고인 의견서(amicus brief)에서 드워킨(R. Dworkin)은 위와 같은 구별에 반대하는 입장을 밝힌 바 있다. 자세한 내용은 Ronald Dworkin, Thomas Nagel, Robert Nozick, John Rawls, Judith Jarvis Thomson, et al., "Assisted Suicide: The Philosophers' Brief", *The New York Review of Books* March 27, 1997 참조. 에드워드 라이언스(Edward C. Lyons)는 여기서 주로 문제되고 있는 것이 미국 연방헌법상의 "동등 보호(equal protection)"라고 본다. Edward C. Lyons, "In Incognito—The Principle of Double Effect in American Constitutional Law", *Florida Law Review* 57, 2005, p.491 n.87 참조. 그렇다면 정작 드워킨은 이 사안을 그저 '정의'의 측면에서 바라보고 있는 것 아닐까? 생각건대, 이러한 의문과 관련해서는 다음과 같은 두 가지 사실을 떠올릴 필요가 있을 것이다. 첫째, 참고인 의견서의 앞머리 부분(Interest of the Amici Curiae)에서 밝히고 있는 바와 같이 이 의견서는 "공적 도덕과 정책에 관한 많은 쟁점들에 대하여 견해를 달리하는" 철학자들의 일치된 신념의 범위 내에서 작성되었다. 따라서 주로 자유와 정의의 측면이 강조될 수밖에 없었다. 둘째, '정의'와 '전일성'을 날카롭게 구별하는 드워킨의 견해를 따르더라도 이 두 가지 측면에서의 검토가 (최소한 부분적으로) 연관되어 있는 것임을 부정할 수는 없다. 이 점에 대해서는 Ronald Dworkin, 앞의 책, 269면; 김도균, 위의 글, 100면 이하 참조.

임 원리에 전제되어 있는 그것과 어울리는지를 고민해 보는 일이다. 꽤나 극단적인 관점이지만, 이렇게 접근하는 것은 어떨까?: '더 사려 깊고, 덜 가식적인 행위자를 응징하는 것'이 우리 법체계의 정치도덕적 입장일 수 있는가?

8

소꿉作亂

내가 어렸을 때는 사내아이가 소꿉장난에 끼는 경우는 거의 없었다. 끼고
싶지도 않았던 것인지는 잘 모르겠지만, 이상하게도 어른들의 언어에서
이 놀이 이름이 다소 비하적인 은유로 쓰이는 걸 보면, 은근히 끼고 싶었
던 사내아이들이 많지 않았나 싶다.

판례의 논증에 깔려 있는 다양한 모습의 '생각 뭉치'는 재판실무와 법사상이 한데 뒤엉켜 있는 '혼돈의 바다'라 할 수 있다. 그 안에서 법사상의 의미 있는 흔적들을 낚는 작업이 바로 글머리에서 밝힌 이 책의 밑그림이었다. 덕분에 종종 불가피하게 논증의 문제를 파고들게 되고 만다.

　제7장에서 헌법재판소의 논증에 대한 해묵은 불만에 관하여 언급했지만, 어디까지나 재판에 대한 헌법소원심판의 가능성을 정당화하는 데 쓰인 이중 효과 원리의 논쟁적인 면을 되짚어 보는 것이 주목적이었다. 다른 한편, 논증의 문제를 좀 더 선명하게 드러내 보이는 판례들이 따로 있다. 만일 판례 스스로 공들여 논증에 임하는 경우라면 좋건 궂건 얘기할 거리가 많을 것이다. 물론 법사상적 논의와 얽혀 있는 얘기는 좀 더 드물겠지만.

　아래에서는 흄(D. Hume)의 철학이나 (가벼운) 분석철학의 모티프가 판례의 논증과 만나는 모습을 지켜보게 될 것이다. 그것이 판례의 입장을 더 견고하게 만들 수도 있고, 거꾸로 논쟁의 빌미가 될 수도 있음을 직접 눈으로 확인해 보자.

관습헌법의 난(亂)

일명 '관습헌법 결정'으로 알려진, 신행정수도의 건설을 위한 특별조치법(2004. 1. 16. 법률 제7062호로 제정된 것. 이하 신행정수도법으로 약칭)이 위헌이라는 헌법재판소의 결정[1]이 있은 지도 벌써 10년이 훌쩍 지났다. 그동안 이 결정에 대해서는 정말 많은 글들이 쏟아져 나왔는데, 덕분에 결정 자체에 대한 다채로운 비평들이 쌓였을 뿐만 아니라, 제정법의 시대에 한물간 것으로 보이던 관습법에 대한 연구 관심도 되살아났다. (결정이 드러낸 상상력의 빈곤을 생각하면 얄궂은 미덕이 아닐 수 없다.)

하나의 글이 어디 한 가지 시각의 비평만 담고 있겠는가마는, 대충 단순화하여 분류해 보면, 헌법 이론적 논의[2] 외에도, 문헌학적 논의[3], 사료

---

1) 헌법재판소 2004. 10. 21. 2004헌마554 · 566(병합) 결정
2) 김상겸, "성문헌법국가에 있어서 관습헌법의 의미에 관한 연구—헌재 2004. 10. 22. 2004헌마554 · 566과 관련하여—", 『헌법학연구』 제11권 제1호(한국헌법학회, 2005), 295면 이하; 김경제, "신행정수도건설을위한특별조치법 위헌결정(2004 헌마 554, 566 병합)의 헌법적 문제점—적법성요건 판단과 관련하여", 『헌법학연구』 제11권 제1호(한국헌법학회, 2005), 511면 이하; 김경제, "신행정수도건설을위한특별조치법 위헌결정(2004 헌마 554, 566 병합)의 헌법적 문제점—본안판단과 관련하여—", 『공법연구』 제33집 제4호(한국공법학회, 2005), 269면 이하; 방승주, "수도가 서울이라는 사실이 과연 관습헌법인가? 헌법재판소 2004. 10. 21. 2004헌마554 · 566(병합) 신행정수도의건설을위한특별조치법 위헌결정에 대한 비판", 『공법학연구』 제6권 제1호(한국비교공법학회, 2005), 153면 이하; 전광석, "수도이전특별법 위헌결정에 대한 헌법이론적 검토", 『공법연구』 제33집 제2호(한국공법학회, 2005), 113면 이하; 김명재, "관습헌법의 성립가능성과 한계", 『토지공법연구』 제30집

비판적 논의[4], 혹은 법철학적 논의[5]에 해당하는 글들이 (드물게도) 제법 균형을 맞추고 있는 것 같다. 비록 비평의 관심이 다수의견의 관습헌법론에 많이 쏠려 있기는 하지만,[6] 이는 관습헌법론이 그만큼 논쟁적이라는 사실을 반영하는 것으로 볼 수 있다.

하지만 위에서 언급한 바와 같이 '**논증의 문제**'에 초점을 맞추려 하면, 소수의견(특히 재판관 김영일의 별개의견)이 더 흥미로운 예일 수 있다. 사실 다수의견의 경우 관습헌법이라는 논쟁적인 개념에 의존해 논지를 펴

(한국토지공법학회, 2006), 239면 이하; 정태호, "성문헌법국가에서의 不文憲法規範과 慣習憲法", 『경희법학』 제45권 제3호(경희법학연구소, 2010), 299면 이하; 이부하, "헌법의 개념과 관습헌법—헌재 2004. 10. 21. 2004헌마554·566(병합) 결정을 평석하며—", 『한양법학』 제20권 제2집(한양법학회, 2009), 75면 이하 등.

3) 김승대, "憲法慣習의 法規範性에 대한 考察", 『헌법논총』 제15집(헌법재판소, 2004), 133면 이하; 김기창, "성문헌법과 '관습헌법'", 『공법연구』 제33집 제3호(한국공법학회, 2005), 71면 이하

4) 이영록, "수도(首都) 및 국기(國旗)에 관한 관습헌법론 검토", 『세계헌법연구』 제11권 제1호(세계헌법학회 한국학회, 2005), 259면 이하; 최병조, "로마법상의 慣習과 慣習法—고전 법률가들의 사례를 중심으로—", 『서울대학교 법학』 제47권 제2호(서울대 법학연구소, 2006), 1면 이하

5) 양선숙, "수도-서울 명제의 '관습헌법' 성립에 대한 비판적 검토", 『법철학연구』 제9권 제2호(한국법철학회, 2006), 231면 이하; 오세혁, "관습법의 현대적 의미", 『법철학연구』 제9권 제2호(한국법철학회, 2006), 145면 이하; 오세혁, "관습법의 본질과 성립요건에 관한 고찰—관련 판례에 나타난 논증에 대한 분석 및 비판—", 『홍익법학』 제8권 제2호(홍익대 법학연구소, 2007), 119면 이하

6) 물론 이는 소수의견에 대한 분석이 이루어지지 않았음을 의미하지는 않는다. 예컨대 김배원, "국가정책, 관습헌법과 입법권에 대한 헌법적 고찰—신행정수도건설특별법 위헌확인결정 2004헌마554·566(병합)사건을 중심으로—", 『공법학연구』 제5권 제3호(한국비교공법학회, 2004), 180면 이하; 서경석, "신행정수도의건설을위한특별조치법 위헌결정에 대하여—헌법재판소 2004. 10. 21. 선고, 2004헌마554·566(병합) 결정—", 『민주법학』 제27호(민주주의법학연구회, 2005), 414면 이하; 정연주, "신행정수도의건설을위한특별조치법 위헌결정에 대한 헌법적 검토—헌재결 2004. 10. 21, 2004헌마554·566병합—", 『공법학연구』 제7권 제1호(한국비교공법학회, 2006), 278면 이하 참조.

고 있다는 점 외에, 전반적인 논리 자체는 비교적 단순한 편이어서 딱히 논증 분석 같은 것을 요하지는 않는다. (많은 글들이 관습헌법이라는 논지 전개의 '출발점'을 문제삼는 데 만족하는 이유 중 하나가 여기에 있다.[7]) 반면에 재판관 김영일의 별개의견은 다수의견이 취한 논쟁적인 출발점을 포기하는 대신, 이미 정립된 헌법 이론에 의하더라도 논증만 제대로 구축하면 실질적으로 다수의견과 동일한 결론('신행정수도법의 위헌')을 얻을 수 있다는 것이어서, 그 비장의(?) 논증이 어떤 것일지 자못 궁금해진다.

물론 다수의견의 경우도 그것을 헌법 이론의 차원에서 바라보느냐 아니면 논증의 차원에서 바라보느냐에 따라 느낌이 다를 수 있다. 다만, (방금 이야기한 대로 그 전반적인 논리가 유별난 것은 아니기 때문에) 여전히 우리의 시선은 주로 관습헌법 개념의 언저리를 향하기 쉬울 것이다. 가령 헌법 이론의 차원에서는 (헌법재판소가 말하는) 관습헌법이라는 것을 과연 성문헌법 체제하의 위헌법률심판에 끌어들일 수 있는지를 묻는다면, 논증의 차원에서는 관습(헌)법의 기초를 일러두는 헌법재판소의 말 자체가 얼마나 정연한 것인지를 물을 수 있다: "헌법재판소는 과연 스스로 제시하는 관습(헌)법의 정의에 충실하게 판단하고 있는가?", 혹은 "헌법재판소가 제시하는 관습(헌)법의 정의 자체는 논란의 여지가 없는 것인가?"

이제 아래에서 살펴볼 내용도 차츰 윤곽이 드러나는 것 같다. 이른바 '관습헌법 결정'의 다수의견과 소수의견이 제기하는 '논증의 문제'를 살피되, (1) 다수의견에 대해서는 관습(헌)법의 정의와 관련된 일련의 의문점

---

7) 관습헌법론을 헌법 이론적 관점에서 검토하면서 부수적으로 논증 분석을 시도하는 경우도 있다. 그러한 예로는 이종수, "관습헌법이 제기하는 헌법이론적 문제점―신행정수도의 건설을위한특별조치법 위헌결정(헌재결 2004.10.21, 2004헌마554 · 566(병합))에 대한 평석―", 한국헌법판례연구학회 편, 『헌법판례연구』 제6권 (박영사, 2004), 78면 이하 참조.

에 주목하고, (2) 소수의견에 대해서는 (비교적 자주 소개되지 않았던 것인 만큼) 논증 자체를 꼼꼼히 분석하는 것이 목표이다. 전반적으로 이미 잘 알려진 쟁점을 다시 들여다보기보다는, 필자가 보기에 논의가 부족한 부분을 채워 나가는 형태가 될 것이다.

관습(헌)법의 개정?

'수도-서울' 명제가 관습헌법에 해당한다는 점을 논증하기 위해서 다수의견이 (일종의) **일상 언어 분석**(ordinary language analysis)을 시도하고 있다는 지적은 새로운 것이 아니다.[8] 학설에 의하면 다음과 같은 언급은 다수의견이 (초보적이나마) 언어 분석의 방법론을 채택하고 있는 것처럼 보이게 한다.

우리 헌법전상으로는 '수도가 서울'이라는 명문의 조항이 존재하지 아니한다. 그러나 서울은 사전적 의미로 바로 '수도'의 의미를 가지고 있다. 1392년 이성계가 조선왕조를 창건하여 한양을 도읍으로 정한 이래 600여 년 간 전통적으로 현재의 서울 지역은 그와 같이 일반명사를 고유명사화하여 불러 온 것이다. 따라서 현재의 서울 지역이 수도인 것은 그 명칭상으로도 자명한 것으로서 ⋯ 우리 헌법제정의 시초부터 '서울에 수도(서울)를 둔다.'는 등의 동어반복적인 당연한 사실을 확인하는 헌법조항을 설치하는

---

8) 양선숙, 앞의 글(주 5), 235면 참조.

것은 무의미하고 불필요한 것이었다.[9]

당연한 이야기이지만, 언어 분석적인 해명을 시도하고 있는 점 자체가 문제되지는 않는다. 학설의 취지도 단지 그와 같은 시도가 흥미롭다는 점을 언급하려는 데 있을 뿐이다. 하지만 하나의 판례 속에서 이 같은 (언어 분석의) 방법론적 태도가 전혀 일관성 없이 등장하고 있다면 어떨까? 필자가 보기에 이것은 다수의견이 노출하고 있는 문제점들 중에서 놀랍게도 거의 이목을 끌지 못했던 부분 중의 하나이다. (달리 생각할 여지가 있을지 모르겠지만) 그러한 비일관성의 예는 일차적으로 (다수의견에 의한) "**개정**"이라는 말의 사용에서 드러나는 것 같다.

어느 법규범이 관습헌법으로 인정된다면 그 필연적인 결과로서 개정가능성을 가지게 된다. 관습헌법도 헌법의 일부로서 성문헌법의 경우와 동일한 효력을 가지기 때문에 그 법규범은 최소한 헌법 제130조에 의거한 헌법개정의 방법에 의하여만 개정될 수 있는 것이다.[10]

"개정"이라는 말은 일상적인 언어 사용에서는 물론 전문적인 학술 용어의 사용에서도 거의 예외 없이 '성문의 형식으로 존재하는 규정을 고쳐 다시 정함'이라는 의미를 지니는 것으로 보이는데,[11] 다수의견은 이를 '불

---

9) 헌법재판소 2004. 10. 21. 2004헌마554 · 566(병합) 결정[4, 다, (3), (가)]

10) 헌법재판소 2004. 10. 21. 2004헌마554 · 566(병합) 결정[4, 다, (4), (가)]

11) 재판관 전효숙의 반대의견은 다음과 같이 말하고 있다. "헌법의 개정이란 … 헌법전의 조문 내지는 문구를 명시적으로 고치거나 바꾸는 것을 말하며, 따라서 헌법의 개정은 '형식적 의미'의 헌법, 즉 성문헌법과 관련된 개념이다." 헌법재판소 2004. 10. 21. 2004헌마554 · 566(병합) 결정[7, 가, (4)]

문의 형식으로 존재하는 규정을 고쳐 다시 정함'이라는 의미도 가지는 것으로 자의적으로 의제하고 있다. 하지만 위에서와 같이 헌법개정절차에 관한 근거 조항을 어색하게 끌어들이고 있는 부분을 제외하면, 결정문의 도처에서 다수의견은 스스로 관습헌법의 "개정"이 아니라 관습헌법의 "폐지" 또는 관습헌법 사항의 "변경"이라는 말만을 사용함으로써, "개정"이라는 말이 불문의 규정과는 어울리지 않음을 언어 행위(speech-act)의 차원에서 털어놓고 있다.

우리나라의 수도가 서울이라는 점에 대한 관습헌법을 폐지하기 위해서는 헌법이 정한 절차에 따른 헌법개정이 이루어져야만 한다. 이 경우 성문의 조항과 다른 것은 성문의 수도조항이 존재한다면 이를 삭제하는 내용의 개정이 필요하겠지만 관습헌법은 이에 반하는 내용의 새로운 수도설정조항을 헌법에 넣는 것만으로 그 폐지가 이루어지는 점에 있다. 예컨대 충청권의 특정지역이 우리나라의 수도라는 조항을 헌법에 개설하는 것에 의하여 서울이 수도라는 관습헌법은 폐지될 수 있는 것이다. … 앞서 설시한 바와 같이 우리나라의 수도가 서울인 것은 우리 헌법상 관습헌법으로 정립된 사항이며 여기에는 아무런 사정의 변화도 없다고 할 것이므로 이를 폐지하기 위해서는 … 이 사건 법률은 우리나라의 수도를 서울로부터 충청권의 어느 특정지역으로 이전하는 것을 확정함과 아울러 그 이전의 절차를 정하는 법률로서 '수도는 서울'이라는 위 불문의 헌법사항을 변경하는 내용을 가진 것이라고 할 것이다. … 이 사건 법률은 우리나라의 수도는 서울이라는 불문의 관습헌법에 배치될 뿐만 아니라, … 헌법적 절차를 이행하지 아니한 채 단순법률의 형태로 변경한 것으로서 헌법에 위반된다고 할 것이다. … 이 사건 법률은 우리나라의 수도가 서울이라는 불문의 관습헌법사항을 …

법률의 방식으로 변경한 것이어서 … 헌법에 위반된다.[12]

이는 결국 다수의견이 '수도를 변경하려면 단순히 법률의 형식을 취하는 것으로는 부족하고, 헌법 (제128조 내지) 제130조에 규정된 헌법개정절차를 거쳐야 한다.'는 주장을 펴기 위해 "개정"이라는 말의 의미를 무리하게 늘리고 있다는 의심을 갖게 만든다.

'헌법'과 '이 헌법'의 차이

다수의견은 나아가 헌법 "개정" 절차를 규정하고 있는 헌법 제10장(제128조 내지 제130조)에서 그 대상을 (가령 '이 헌법'이 아니라) 단지 "헌법"이라고만 하고 있기 때문에, 헌법개정절차가 적용될 대상은 성문 헌법전의 범위 내에 그치지 않고, 널리 "헌법"이라 부를 수 있는 모든 형식의 것을 포함한다는 논리를 펴고 있다. 당연히 관습헌법도 "헌법"인 이상, 헌법개정절차 조항이 적용된다는 주장이다.

우리 헌법의 경우 헌법 제10장 제128조 내지 제130조는 일반법률의 개정절차와는 다른 엄격한 헌법개정절차를 정하고 있으며, 동 헌법개정절차의 대상을 단지 '헌법'이라고만 하고 있다. 따라서 관습헌법도 헌법에 해당하는 이상 여기서 말하는 헌법개정의 대상인 헌법에 포함된다고 보아야 한다. 이와 같이 헌법의 개정절차와 법률의 개정절차를 준별하고 헌법의 개정

---

12) 헌법재판소 2004. 10. 21. 2004헌마554 · 566(병합) 결정[4, 다, (4), (다)-4, 바[필자의 강조]

절차를 엄격히 한 우리 헌법의 체제 내에서 만약 관습헌법을 법률에 의하여 개정할 수 있다고 한다면 이는 관습헌법을 더 이상 '헌법'으로 인정한 것이 아니고 단지 관습'법률'로 인정하는 것이며, 결국 관습헌법의 존재를 부정하는 것이 된다. 이러한 결과는 성문헌법체제하에서도 관습헌법을 인정하는 대전제와 논리적으로 모순된 것이므로 우리 헌법체제상 수용될 수 없다.[13]

만일 다수의견이 이러한 주장을 언어 사용의 민감성에 대한 '방법론적 헌신에 기초해(methodologically committed)' 전개하고 있는 것이라면, 다수의견은 심각한 딜레마에 직면할 수밖에 없다. 그 이유는 우리 헌법의 부칙 제5조가 "이 헌법시행 당시의 법령과 조약은 이 헌법에 위배되지 아니하는 한 그 효력을 지속한다."고 규정함으로써, 현행 헌법 시행 당시 존재했을 모든 법령과 조약의 유효성 판단 기준을 (그냥 '헌법'이 아니라) "이 헌법" 즉 성문 헌법전이라고 단언하고 있다는 해석을 거부할 수 없기 때문이다. 만일 다수의견이 주장하는 바와 같이 불문헌법의 일종인 관습헌법 또한 (헌법제정 이전부터[14]) 존재해 왔다는 점이 그토록 자명하다면,[15] 그리고 당연히 그것 역시 법률의 위헌성 심사의 기준이 될 것이었다면,[16] 법령과 조약의 유효성 판단 과정에서 (부칙 제5조가) 오로지 성문 헌법전만을 기준으로 삼을 수는 없었을 것이다. 이로부터 생각해 볼 수 있는 자연스러운 귀결은 최소한 현행 헌법의 시행 당시만 하더라도 관습헌법 같

---

13) 헌법재판소 2004. 10. 21. 2004헌마554·566(병합) 결정[4, 다, (4), (나)]
14) 헌법재판소 2004. 10. 21. 2004헌마554·566(병합) 결정[4, 다, (3), (다)]
15) 헌법재판소 2004. 10. 21. 2004헌마554·566(병합) 결정[4, 다, (3), (다)]
16) 헌법재판소 2004. 10. 21. 2004헌마554·566(병합) 결정[4, 다, (1), (가)-(나)] 참조. 여기서 다수의견은 관습헌법이 "성문의 헌법과 동일한 법적 효력"을 가지며, "입법권자를 구속"한다고 말한다.

은 것의 존재는 전혀 상정되지 않았을 것이라는 점이다.[17]

분석적 관점에서 (아래와 같은 가벼운 사고 실험을 통하여) 다수의견의 논리에 대한 간단한 의문을 하나 더 제기해 보자. 다수의견의 주장은 결국 다음과 같이 요약할 수 있을 것이다. (1) 대한민국의 수도가 서울인 것은 관습헌법에 해당하고, (2) 이를 의도적으로 변경하려면 헌법 제128조 내지 제130조에 규정된 헌법개정절차에 의해야 하는데, (3) 법률에 불과한 신행 정수도법의 제정을 통해 대한민국의 수도를 "서울로부터 충청권의 어느 지역으로 이전하는 것"[18]은 헌법개정절차를 위반한 위헌적 시도이다.

그런데 만일 법률로써 수도를 서울이 아닌 충청권의 어느 지역으로 이전하는 것이 '수도-서울' 규범에 대한 위헌적인 변경 시도라면, (극단적인 유추일 수 있지만) 하위 법령 등으로써 서울의 '외연을 확장하여' 충청권의 어느 지역까지 포함하도록 만드는 것도 마찬가지로 위헌적이지 않을까? 혹은 그러한 법적 형식을 통해 그저 충청권의 어느 지역을, (마치 독일 통일 전의 서베를린과 같이) 충청권에 둘러싸여 있지만 서울의 일부라고 선언하고 그곳에다 국회와 청와대[19]를 옮기려는 것도 마찬가지인 것 아닐까? 요컨대 다수의견의 논리를 좇으면 서울의 외연을 헌법이 아닌 다른 하위 법령에 의해 변경하는 것 역시 '수도-서울' 규범에 대한 위헌적인 변경 시도의 일종으로 보게 될 것 같다. 그러나 만일 이러한 논의가 합당하다면,

---

17) 물론 다음과 같은 극단적인 견해의 가능성이 없지는 않다: "부칙 제5조는 (현행) 헌법 시행 당시의 법령과 조약에 대한 유효성 판단의 기준을 성문 헌법전('이 헌법')에 한정시키려는 헌법개정권력의 결단을 반영하고 있다. 그런데 신행정수도법은 '(현행) 헌법 시행 당시의 법령과 조약'에 해당하지 않는다." (이 정도면 거의 'constitutional joke'가 아닐까?)

18) 헌법재판소 2004. 10. 21. 2004헌마554 · 566(병합) 결정[4, 라, (1)]

19) 이들은 다수의견이 수도를 결정하는 데 있어 그 소재지가 특히 결정적인 요소가 된다고 보는 대표적인 두 기관이다. 헌법재판소 2004. 10. 21. 2004헌마554 · 566(병합) 결정[4, 가, (2)]

그리 아득한 시기로 거슬러 올라갈 필요도 없이, 과거 1949년, 1963년, 1973년 등의 시기에 헌법개정절차에 의하지 않고, 서울이 아닌 지역을 서울로 그때그때 편입시켰던, 즉 서울의 '외연을 확장하여' 서울이 아닌 특정 지역까지 포함하도록 만들었던 사실은 어떻게 설명할 것인가?[20]

관행 · 관습 · 관습법

주지하듯이 다수의견의 이른바 관습헌법론은 많은 비판에 직면하게 되었고, 심지어 '수도 이전 반대'를 외치던 사람들조차 이를 비판하기에 이르렀다.[21] '수도-서울' 관습헌법론을 거의 논리적 가사상태에 빠지게 한 비판은 기존의 법철학적 논의를 통해 이미 주어진 바 있다. 학설은 흄(D. Hume)의 관행(convention) 이론[22]을 좇아서 "설사 관습헌법이 성립 가능하다고 해도 수도-서울 명제는 그 조항들 중 하나가 될 수 없음"[23]을 (다음과 같이) 선명하게 드러내고 있다.

첫째, 관행은 행위의 누적적 반복을 통해 성립한다는 기준에 비추어 보자면, 수도-서울 명제는 관습헌법 조항이 될 수 없다. 무엇인가가 관행의

---

20) 서울특별시(2013. 11. 30.방문) 〈http://www.seoul.go.kr/v2012/seoul/review/general/now.html〉 "행정연혁" 부분 참조.
21) 김상겸, 앞의 글(주 2), 310−311면; 김배원, 앞의 글(주 6), 177면 이하; 이광윤, "관습헌법 무엇이 문제인가?,"『시민과변호사』2005년 1월호(서울지방변호사회, 2005), 17면[이에 대해서는 이영록, 앞의 글(주 4), 268면에서 재인용].
22) 이에 대해서는 제10장에서 다시 언급하게 될 것이다.
23) 양선숙, 앞의 글(주 5), 251면

범주로 분류될 수 있기 위해서는 반복 가능한 '행위'여야 한다. 특정 개체나 조직체가 어느 한 장소에 계속하여 위치해 왔다는 것이 의미하는 바는 단순히 중단 없이 하나의 사태가 지속했다는 것일 뿐이고 관행 성립에 필요한 별도의 반복된 행동이 없는 한 이 사태의 지속 자체로 인해 어떤 규범력이 발생하는 것은 아니다. … 둘째, 관행은 의도를 지닌 합리적인 행위자들 간에 성립한다. … 이런 점에서 관행은 동일 행동의 단순한 반복이 아니다. 우연한 행동의 합치가 아닌, 합리적 이유를 지닌 행동의 합치만이 관행이 되고 규범력을 획득하게 된다. 헌재는 수도-서울 명제의 성립을 관행으로 설명하면서 관행의 수범자를 국민으로 들고 있기는 하나 이때의 국민은 합리적인 견지에서 적극적으로 어떤 행동을 할 것인가를 숙고하여 상호 합치되는 행동을 하기에 이르게 되는 합리적 행위자들이 아니다. 헌재 결정문에서 국민은 철저하게 수동적인 주체, 왕가나 정부에서 내린 결정에 복종하여 일정 사실을 받아들이는 주체로 상정되고 있다. 국민들 각자의 합리적 의도는 수도-서울 명제의 정립에 개입하지 않으며 따라서 국민들 각자에 내재화된 관행의 합리적 이유도 있을 수 없다. … 셋째, 일정 관행이 규범성을 발휘한다는 것은 관행의 존재 이유가 행위자에게 내재화되어 행위자가 관행 위반으로 인해 일정한 책무감을 느낀다는 것, 즉 타인의 비난이나 내면의 비난을 의식하게 되는 것을 말한다. … 어떤 것이 관행이기 위해서는 위반 행위가 가능하고 또한 그 위반 행위로 인해 일정한 책무감을 느껴야 한다고 말할 수 있다. 하지만 우리는 어떻게 해야 수도-서울 명제에 반하는 행동을 하게 되어 일정한 규칙 준수 위반의 책무감을 느끼게 되는지에 대해 답할 수 없다.[24]

---

24) 양선숙, 위의 글, 240-242면[원문의 각주는 생략하였음]. 관습헌법론에 대한 양선숙의

다수의견은 관습헌법이 성립하기 위해서는 관습법 일반에 요구되는 성립 요건을 충족해야 한다고 하면서, 그러한 성립 요건으로 ① 관행의 존재, ② 관행의 반복·계속성, ③ 관행의 항상성(또는 실효적 지속성), ④ 관행 내용의 명료성, ⑤ 국민적 합의(또는 국민의 법적 확신)를 들고 있다.[25] 하지만 대한민국의 수도가 서울이라는 점은 그 자체 어떤 '**행위**'인 것이 아니라 '**사태**'에 불과하기 때문에, 일차적으로 "**관행**"이라는 말의 의미에 들어올 수가 없다는 점을 학설은 지적하고 있다.[26] 이를 예증이라도 하는 듯, 다수의견 스스로도 대한민국의 수도가 서울이라는 점이 계속성, 항상성, 명료성, 국민적 합의의 요건을 갖추었다는 나름의 증명을 시도하면서, 정작 그것이 왜 "관행"인지에 대해서는 아무런 증명 없이 단순히 전제해 버리고 있다.

비판 논거는 이것(즉 흄의 관행 이론을 좇은 논거)에 그치지 않지만, 이 글의 목적을 위해서는 위의 논거를 소개하는 것만으로 충분하다고 본다. 나아가 나머지 논거들에 대해서는 약간의 법철학적 반론도 제기되고 있어서, 자칫 논의의 초점을 흐리지 않기 위해서라도 모든 논거를 다 소개할 필요는 없을 듯하다. 방금 언급했던 법철학적 반론에 대해서는 오세혁, 앞의 글(주 5, 2007), 134면 주 34) 참조.

25) 헌법재판소 2004. 10. 21. 2004헌마554·566(병합) 결정[4, 다, (1), (라)]

26) 방승주, 앞의 글(주 2), 164면도 동일한 지적을 하고 있다. 이에 대하여 (가령 한국전쟁 당시 서울의 수복을 위한 처절한 노력처럼) 대한민국의 수도가 서울임을 지향하는 구체적인 '행위'가 끊임없이 이어진 것이라는(따라서 "관행"의 존재를 상정하는 것이 불가능하지 않다는) 반론을 생각해 볼 수 있다. 하지만 필자가 보기에 이 같은 반론은 규칙을 형성하는 행위와 규칙을 준수하는 행위를 구분하지 못하는 것 같다. 어떤 법령에 따른 행위가 무수히 쌓이더라도 그것은 (특별한 사정이 없는 한) 어디까지나 규칙을 준수하는 행위이며, 이를 두고 (그 법령과 동일한 내용의) 새로운 관습법을 형성하는 것이라 말하지는 않는다. 한편으로 조선의 건국과 더불어 왕명에 의해 한양을 수도로 정한 이후 계속되는 규범적 전통이라는 것을 말하면서, 다른 한편으로 이 규범적 전통의 토대인 (실정법 규칙으로서) 왕명의 존재를 생략하는 것은 바로 이 같은 혼동을 초래하게 된다. 한국전쟁 당시 서울의 수복을 위한 노력 또한 (수도 탈환 명령과 같은) 법령의 존재를 떠나 자생적으로 조직화된 실천으로만 보기는 어려울 것이다.

앞서 본 관습헌법의 요건의 기준에 비추어 보면, 서울이 우리나라의 수도인 것은 서울이라는 명칭의 의미에서도 알 수 있듯이 조선시대 이래 600여 년 간 우리나라의 국가생활에 관한 당연한 규범적 사실이 되어 왔으므로 우리나라의 국가생활에 있어서 전통적으로 형성되어있는 계속적 관행이라고 평가할 수 있고(계속성), 이러한 관행은 변함없이 오랜 기간 실효적으로 지속되어 중간에 깨어진 일이 없으며(항상성), 서울이 수도라는 사실은 우리나라의 국민이라면 개인적 견해 차이를 보일 수 없는 명확한 내용을 가진 것이며(명료성), 나아가 이러한 관행은 오랜 세월간 굳어져 와서 국민들의 승인과 폭넓은 컨센서스를 이미 얻어(국민적 합의) 국민이 실효성과 강제력을 가진다고 믿고 있는 국가생활의 기본사항이라고 할 것이다. 따라서 서울이 수도라는 점은 우리의 제정헌법이 있기 전부터 전통적으로 존재하여온 헌법적 관습이며 우리 헌법조항에서 명문으로 밝힌 것은 아니지만 자명하고 헌법에 전제된 규범으로서, 관습헌법으로 성립된 불문헌법에 해당한다고 할 것이다.[27]

흥미로운 점은 다수의견이 제시하는 관습법 일반의 성립 요건 하나하나에 대해서는 학설에 의한 비판적 검토가 이루어지고 있지만,[28] 다수의견이 보여주고 있는 관습법 개념에 대한 전반적인 이해 방식에 대해서는 딱히 문제 제기가 없다는 사실이다.[29] 다수의견의 논리는 대체로 관습법의 개념이 '관행의 반복 ⇒ (사실인) 관습의 정립 ⇒ 법적 확신의 부여'라는 (단선적인) **발생 단계 모델**을 통해 해명될 수 있다고 보는 통속적인 견해

---

27) 헌법재판소 2004. 10. 21. 2004헌마554·566(병합) 결정[4, 다, (3), (다)] 참조.
28) 예컨대 방승주, 앞의 글(주 2), 160면 이하; 오세혁, 앞의 글(주 5, 2007), 125면 이하 참조.
29) 예컨대 정태호, 앞의 글(주 2), 310면 이하; 이부하, 앞의 글(주 2), 78면 이하 참조.

를 전제하는 것 같다.[30] 하지만 이러한 견해가 결코 자명하거나 논란의
여지가 없는 것은 아니며,[31] 이것은 그야말로 관행·관습·관습법이라는
개념들(concepts)의 관계를 이해하는 다양한 방식들(conceptions) 중의
하나에 지나지 않는다.

"관습법"이라는 개념은 꽤나 근대적인 것이다. 로마에서는 그것이 아주
늦은 시기에 이르기까지 출현하지 않았고, 독일에서는 시민법의 교설로부
터 생겨난 것이었다. 그 학문적 기원에는, 특히 관습이 법이 되기 위해서는

---

30) 대법원 1983. 6. 14. 선고 80다3231 판결 참조. "관습법이란 사회의 거듭된 관행으로 생
   성한 사회생활규범이 사회의 법적 확신과 인식에 의하여 법적 규범으로 승인 강행되기
   에 이르른 것을 말하고 사실인 관습은 사회의 관행에 의하여 발생한 사회생활규범인 점
   에서는 관습법과 같으나 다만 사실인 관습은 사회의 법적 확신이나 인식에 의하여 법적
   규범으로서 승인될 정도에 이르지 않은 것을 말하여 관습법은 바로 법원으로서 법령과
   같은 효력을 갖는 관습으로서 법령에 저촉되지 않는 한 법칙으로서의 효력이 있는 것이
   며 이에 반하여 사실인 관습은 법령으로서의 효력이 없는 단순한 관행으로서 법률행위
   의 당사자의 의사를 보충함에 그치는 것이다."
31) 이러한 견해는, 무엇이 관습법상의 규칙인지를 결정함에 있어서 문제점을 드러내게 된
   다. 그 문제점이란 관행의 존재로부터 법적 확신(*opinio juris*)을 인식할 수는 없다는
   사실과 관련이 있다. 특정한 관행적 실천이 있게 되는 이유는 무척이나 다양할 수 있
   기 때문이다. 하지만 어떤 관행적 실천이 그에 대한 법적 확신으로부터가 아니라 다른
   이유에서 비롯하고 또 지속되고 있다면, 그것을 관습법의 토대로 보기는 힘들 것이다.
   따라서 관습법 여부의 결정을 위해서는 법적 확신에 대한 인식이 선행되어야 할 터인
   데, 이미 언급한 바와 같이 관행의 존재가 그것을 보장해 주지는 않기 때문에, 달리 객
   관적인 인식 수단이 마련되지 않는 한, 이른바 법적 확신이라는 것은 실체가 없는 수사
   에 불과하게 된다. 특히 국제 관습법과 관련하여, 관습법의 개념이 문제되고 있는 상황
   에 대해서는 Anthony D'Amato, "New Approaches to Customary International Law", *The
   American Journal of International Law* 105, 2011, pp.166-167; John Tasioulas,
   "Customary International Law and the Quest for Global Justice" in Amanda Perreau-
   Saussine & James Bernard Murphy (ed.), *The Nature of Customary Law* (Cambridge
   University Press, 2007), P.320 이하 참조.

실제로 지켜져야 하고, 구속력이 있다고 통상 여겨져야 하며, 합리적인 것이어야 한다는 이론이 자리하고 있었다. 모든 근대적인 정의들 또한 이론적 구조물에 지나지 않지만, 법 도그마틱의 목적을 위해서는 관습법의 개념이 여전히 불가결하다. … 하지만, 우리의 문제, 즉 불문의 규범들이 유효한 관습법으로 떠오르게 되는 경험적 과정을 발견하는 것과 관련해서는 사정이 전혀 다르다. 이 문제에 관해서는 전통적인 교설들이 우리에게 알려 주는 바가 거의 없다. 사실, 그것들은 과거, 특히 제정법이 거의 혹은 전혀 없던 시절에 법이 실제 어떻게 발전했었는지를 설명하고 있노라 내세우는 점에서는 심지어 부정확하기까지 하다.[32]

베버(Max Weber)의 개념 이해 방식에 따르면, **관습**(*Sitte*)이란 단지 사람들의 비성찰적 모방(unreflective imitation)에 의해 유지되는 집단적 행위 방식(a collective way of acting, *Massenhandeln*)[33]일 뿐이어서, 누군가 그러한 방식을 따르지 않는다 해도, 그것 자체로는 다른 이들에게 아무런 불승인(disapproval)의 반응도 불러일으키지 않는다.[34] 이와 달리 **관행**(*Konvention*)을 따르거나 어기는 행동에 대해서는 (비록 어떤 식의 강제가 개입하지는 않더라도[35]) 승인과 불승인의 반응이 뒤따르게 된다.[36] 한

---

32) Max Weber, edited by Guenther Roth and Claus Wittich, *Economy and Society: An Outline of Interpretive Sociology* Volume 2 (University of California Press, 1978), p.753

33) Max Weber, edited by Guenther Roth and Claus Wittich, *Economy and Society: An Outline of Interpretive Sociology* Volume 1 (University of California Press, 1978), p.319

34) *Ibid.*, pp.319-320

35) 베버의 개념 이해 방식에서, 이른바 강제 기구(coercive apparatus)의 유무는 "관행"과 "관습법"을 구분 짓는 현저한 특징이 된다. *Ibid.*, pp.319-320 참조.

36) *Ibid.*, p.319

편, 베버도 "관습"과 "관행"의 (인식적) 경계는 매우 유동적임을 인정하고 있다.[37] 하지만 (관행이 누적·반복됨으로써 관습에 이르게 된다는) 통속적 견해에 의하면, "관행을 수반하지 않는 단순한 관습의 존재만으로도 광범위한 경제적 중요성을 지닐 수 있다."[38]는 그의 설명은 여전히 이해불가한(unintelligible) 것이다.[39]

물론 베버의 견해 역시 관습법 개념을 이해하는 여러 방식들 중의 하나일 뿐이라 할 수 있다. 하지만 만일 그것이(혹은 다른 어떤 이해 방식이) '관행의 존재'가 반드시 관습법의 요건일 필요는 없음을 보이고 있다면,[40] 지금 우리에게 주어진 문제와 관련하여 분명 의미심장한 결과를 가져올 것이다. 이는 일차적으로 다수의견의 오류를 지적하는 것이면서, 동시에 다수의견에 대한 종래의 비판이 피상적이었음을 드러내는 것이기 때문이다. 만일 '관행'이 관습법의 필수적인 요소가 아니라면, 대한민국의 수도

---

37) *Ibid.*, p.320

38) *Ibid.*, p.320[필자의 강조]

39) 현대 민법학의 (단선적인) 발생 단계 모델을 전제로 베버의 개념 이해 방식을 가미하여 이른바 법사학적 관습법 개념을 모색하고 있는 심희기의 연구에서, 베버가 말하는 "*Sitte*"를 "custom"이 아니라 굳이 "usage"로 옮겨야 했던 사정도 아마 이러한 문제와 관련이 있을 것이다. 심희기, "동아시아 전통사회의 관습법 개념에 대한 비판적 검토 – 일본식민지 당국에 의한 관습조사를 중심으로 – ", 『법사학연구』 제46호(한국법사학회, 2012), 207–210면 참조. 그러나 본래 베버의 개념 이해 방식에 의하면 "*Sitte* (custom)"와 "*Brauch* (usage)"는 구별되어야 할 개념들이다. Max Weber, *op. cit.* (*supra* note 33), p.29 참조.

40) 따라서 어떤 종류의 관습법은 관행에서 비롯하더라도, 다른 종류의 관습법은 사태의 오래됨에서 비롯하거나, 혹은 관행의 전제가 되기는 하지만 그 자체는 결코 관행적이지 않은 규범에서 비롯한다고 말해야 하는 것일지 모른다. (특히 세 번째로 언급한 유형과 관련해서는 이 책 제10장의 내용을 참조.) 키케로의 『법률론 *De Legibus*』이나 『발상론 *De Inventione*』 등에서 간혹 이러한 생각을 만나 볼 수 있다. 구체적으로는 Marcus Tullius Cicero, 성염 역, 『법률론』(한길사, 2007), 71면 및 155면 주 213); C.D. Yonge, *The Orations of Marcus Tullius Cicero* Vol. IV (G. Bell and Sons Ltd., 1913), p.374 참조.

가 서울이라는 점이 '관행'일 수 없다는 학설의 지적은 (여전히 옳은 지적임에도 불구하고) 경우에 따라 큰 의미를 지닐 수 없을지 모른다. '관행'이 아니기 때문에 '관습법'일 수 없다는 논리가 더 이상 성립하지 않기 때문이다. 결국 학설이 '다수의견이 별다른 논증도 없이 관행의 존재를 관습법의 요건으로 삼고 있는 점'(P-1)을 문제삼지 않고서, 단지 '다수의견이 관행이라고 생각하는 것이 실은 관행이 아니라는 점'(P-2)을 보이는 데 그치는 것은 어떤 면에서(적어도 관습법 개념의 이해 면에서는) 핵심을 비껴간 분석일 수 있다.

'관습헌법 결정' 덕에 관습법에 대한 전반적인 연구 관심이 되살아났음에도 불구하고, 여전히 기초적인 연구가 필요한 상황임을 이상의 논의에서 알 수 있다.[41] 한편 법철학적 관점에서 관습법의 문제를 생각하다 보면, 우리 헌정질서에 관한 한 그것이 **'과거청산'**의 문제와 강하게 연결되어 있다는 것도 느낄 수 있다. '전통사회의 유물로 전해진 몇몇 관습법과 현행 헌정질서 간의 관계'는 그들 사이의 **이념적 충돌**이라는 면에서 볼 때,[42] (다소 과장해서 말한다면) '나치 체제가 낳은 법률적 불법과 전후 독

---

41) 특히 그러한 기초적인 연구의 예로 근래 법사학계에서 벌어지고 있는 '동아시아의 관습법 개념'에 대한 논쟁을 눈여겨 볼 필요가 있다. 이 논쟁 역시 관습법 개념에 대한 기존의 이해 방식이 타당한지를 문제삼는 것이기 때문이다. 이에 관해서는 Marie Seong-Hak Kim, "Customary Law in Korean and World History" (제6회 세계한국학대회 발표문, 2012), pp.1–10; 심희기, 앞의 글(주 39) 205면 이하 참조.

42) 대법원 2005. 7. 21. 선고 2002다1178 전원합의체 판결 참조. "대법원이 이 판결에서 종중 구성원의 자격에 관하여 위와 같이 견해를 변경하는 것은 그동안 종중 구성원에 대한 우리 사회일반의 인식 변화와 아울러 전체 법질서의 변화로 인하여 성년 남자만을 종중의 구성원으로 하는 종래의 관습법이 더 이상 우리 법질서가 지향하는 남녀평등의 이념에 부합하지 않게 됨으로써 그 법적 효력을 부정하게 된 데에 따른 것 …." 관습법과 현행 헌정질서의 이념적 충돌이라는 문제와 관련하여 (비록 법학자의 글이 아니라는 점에 기인하는 약간의 오류가 있기는 하지만) 귀기울여 볼만한 글로는 이승환, "유교적 이념에서

일의 헌정질서 간의 관계'와 유사한 구석이 있기 때문이다.

진짜 메시지

이제 본격적으로 소수의견을 향해 눈을 돌려 보자. 재판관 김영일의
별개의견은 크게 두 묶음의 논증으로 이루어져 있다. 하나는 다수의견의
문제점을 보이기 위해 그것이 보여 주고 있는 논증을 분석하고 있는 부
분(R-1)이고, 다른 하나는 다수의견에 대한 대안적 논리를 제시하고 있는
부분(R-2)이다. 편의상 이들을 각각 **'분석 논증'**(R-1)과 **'대안 논증'**(R-2)이라
부르기로 하자.

우선 별개의견은 비교적 짧은 '분석 논증'을 통해서 다수의견이 아래와
같은 논리를 펴고 있는 것으로 해석하고 있다. (이렇게 해석된 다수의견의
논리를 바탕으로 별개의견의 다수의견 비판이 시작된다.)

(1) 관습헌법의 폐지는 헌법 제130조에 따른 헌법개정이 있거나, 국민
　　의 법적 확신이 변화·소멸함으로써 이루어진다.
(2) 헌법 제130조에 따른 헌법개정은 관습헌법에 반하는 명문 조항을
　　추가함으로써 이루어진다.
(3) 국민의 법적 확신이 변화·소멸되었는지 여부는 헌법 제72조의 국
　　민투표를 통해 확인할 수 있다.

바라본 행정수도 이전 논의", 『철학논총』 제42호(새한철학회, 2005), 319면 이하 참조.

(4) 이 사안의 사실관계를 놓고 볼 때, 국민의 법적 확신이 변화·소멸되었다는 사정은 확인되지 않는다.

(5) [(1), (3), (4)로부터] 이 사안에서 관습헌법의 폐지는 헌법 제130조에 따른 헌법개정에 의해야만 한다.

(6) [(2), (5)로부터] 이 사안에서 관습헌법의 폐지는 그에 반하는 명문조항을 헌법전에 추가함으로써만 가능하다.

별개의견에 의하면 다수의견은 전제 (4)에서 전제 (5)로 넘어가는 지점에서 오류를 범하고 있다. 국민의 법적 확신이 변화·소멸되었다는 사정이 확인되지 않았다면 전제 (3)에 따라 헌법 제72조의 국민투표를 통해서 그러한 사정 여하를 확인할 수 있음에도 불구하고, 그와 같은 가능성을 무시하고 관습헌법의 폐지를 위한 방법으로 헌법 제130조에 따른 헌법개정만을 인정하는 오류를 범하고 있다는 것이다. 이와 관련하여 별개의견은 다수의견이 국민의 현실의사에 대한 "**예상**"과 "**실제**"를 혼동하고 있다는 비판도 곁들이고 있다.

국민투표는 그 결과가 법적 확신의 소멸로 결론이 날 경우뿐만 아니라 법적 확신의 상존으로 결론이 날 경우에도 시행될 수 있는 것으로서 국민투표의 결과에 대한 예상에 따라 국민투표권이 있기도 하고 없기도 하는 것이 아니다. 더구나 위와 같은 법적 확신에 대한 예상이 실제와 다를 수도 있다. 또한 법적 확신도 변할 수 있는 것이어서 어느 시점에서 확고한 법적 확신이더라도 추후 소멸될 가능성이 있는 만큼 이에 대한 국민투표의 가능성은 의연히 남아 있는 것이다.[43]

별개의견에 의하면 다수의견처럼 당장 헌법 제130조에 따른 (관습)헌법개정만을 인정하는 것은 첫째, 국민의 법적 확신에 대한 확인 수단인 헌법 제72조의 국민투표를 마치 '필요한 경우에는 사용할 수 없고, 필요치 않은 경우라야 사용할 수 있는' 자기모순적인(self-contradictory) 제도로 간주하는 것이며 둘째, (이후에라도 수도를 변경하려면 반드시 헌법전에 수도에 관한 명문 조항을 추가하도록 함으로써) 특정 헌법규범의 존재양식에 대한 국민의 선택권을 박탈하는 것이라고 한다.

이러한 논리는 국민의 법적 확신이 변화·소멸되었다는 사정이 확인되지 않은 경우에는 헌법 제72조의 국민투표를 실시할 수 없고 반드시 헌법 제130조의 국민투표를 실시하여야 한다는 취지로서, 이에 따르면 헌법 제72조에 의하여 국민의 법적 확신의 존부를 확인할 수 있는 경우란 오로지 국민의 법적 확신이 변화·소멸되었음이 다른 방법에 의하여 미리 확인된 경우에 한한다는 결론이 된다. 그러나 다른 방법에 의하여 국민의 법적 확신이 변화·소멸되었음이 확인된 경우에는 헌법 제72조에 의한 국민투표를 실시할 필요가 없는 것이[다.] … 다수의견에 의할 때, 수도이전에 관한 의사결정은 반드시 헌법개정절차에 의하여서만 이루어져야 하기 때문에 이후 대한민국의 수도의 위치가 변경될 때에는 반드시 헌법전에 명시하여야만 하는 결과가 될 수 있다. … 어떠한 헌법규범을 성문규범의 형태로 정하는가, 불문규범의 형태로 정하는가 하는 것은 오로지 헌법제정·개정권력만이 정할 수 있는 것이다. 다수의견에 따른 헌법재판소의 이 사건 결정으로 수도위치에 관한 규범의 형태가 관습헌법규범에서 성문헌법규범으로

---

43) 헌법재판소 2004. 10. 21. 2004헌마554·566(병합) 결정[6, 사, (4), (가)]

변경되는 결과가 된다면, 이는 헌법개정권력의 권한을 헌법재판소가 실질적으로 행사하는 것과 다르지 아니하다.[44]

그러나 별개의견의 이러한 주장은 다수의견에 대한 오해에서 비롯된 것이라 할 수 있다. 첫째, 다수의견은 별개의견이 말하고 있는 것처럼 '국민의 법적 확신이 소멸되었음이 확인되지 않으면 헌법 제72조의 국민투표를 실시할 수 없다.'는 취지의 자기모순적인 주장을 펴고 있지 않다. 단지 '국민의 법적 확신이 소멸되었다고 볼 만한 사정이 전혀 없으므로 헌법 제72조의 국민투표를 실시할 여지가 없다.'고 주장하고 있을 뿐이다. 다수의견과 별개의견의 차이는 헌법 제72조의 제도적 정합성 여부에 대한 것이 아니라, 현재의 상황 인식에 대한 것일 뿐이다.[45] 심지어 양자는 국민의 현실의사에 대한 (서로 다른) "예상"을 근거로 판단을 내리고 있다는 점에서도 동일하다.

[다수의견] 헌법규범으로 정립된 관습이라고 하더라도 세월의 흐름과 헌

---

44) 헌법재판소 2004. 10. 21. 2004헌마554·566(병합) 결정[6, 사, (4), (가)-(나)]
45) 별개의견은 나중에 보게 될 바와 같이 '대안 논증'에서 이 사안을 헌법 제72조의 국민투표에 부의해야만 하는 상황으로 보고 있지만, 다수의견은 오히려 헌법 제72조의 국민투표에 부의할 여지가 없는 상황으로 보고 있는 것이다. 참고로 김기창은 다수의견의 "흥미로운" 면모로서 관습헌법의 '생성'과 관련해서는 재판관 스스로의 추론적 판단으로 제도적 확인절차에 갈음하면서, 그것의 '소멸'과 관련해서는 굳이 헌법개정절차나 국민투표를 통한 확인절차를 요구하는 (편향된) 태도를 꼬집고 있다. 김기창, 앞의 글(주 3), 107-108면 참조. 여기에 살짝 보탠다면, 다수의견은 관습헌법의 '소멸'에 관해서도 적극적 판단의 경우는 매우 엄격한 확인절차를 요구하면서, 소극적 판단의 경우는 그저 "그런 사정은 확인되지 않는다."는 말로 슬쩍 넘어가는 (역시 편향된) 태도를 보이고 있는 것이다.

법적 상황의 변화에 따라 이에 대한 침범이 발생하고 나아가 그 위반이 일반화되어 그 법적 효력에 대한 국민적 합의가 상실되기에 이른 경우에는 관습헌법은 자연히 사멸하게 된다. 이와 같은 사멸을 인정하기 위하여서는 국민에 대한 종합적 의사의 확인으로서 국민투표 등 모두가 신뢰할 수 있는 방법이 고려될 여지도 있을 것이다. 그러나 이 사건의 경우에 이러한 사멸의 사정은 확인되지 않는다. 따라서 앞서 설시한 바와 같이 우리나라의 수도가 서울인 것은 우리 헌법상 관습헌법으로 정립된 사항이며 여기에는 아무런 사정의 변화도 없다고 할 것이므로 이를 폐지하기 위해서는 반드시 헌법개정의 절차에 의하여야 한다.[46]

[별개의견] 이 사건 법률이 제정·공포된 2004. 1.경의 여론조사에 의하면, 주요국가기관을 신행정수도로 이전하는 것에 관하여 찬성과 반대의 의견이 균등하였고, … 2004. 6. 이후 여론조사에 의하면, 국민투표에 의하여 결정하여야 한다는 여론이 60% 내외인 사실을 인정할 수 있다. 위 인정사실에 의하면, 우리 국민은 주요국가기관을 신행정수도로 이전하는 것을 포함한 수도이전문제에 관한 의사결정을 대통령이나 국회와 같은 대의기관에 위임하지 아니하고 직접 결정하겠다는 위임철회의 의사를 가지고 있다고 볼 상당한 이유가 있고, 실체사안에 대하여도 신행정수도로 이전하는 것에 반대하는 의사를 가지고 있다고 볼 상당한 이유가 있다고 판단된다.[47]

이러한 별개의견의 오해가 문제인 이유 중 하나는 그로 인하여 다수

---

46) 헌법재판소 2004. 10. 21. 2004헌마554·566(병합) 결정[4, 다, (4), (다)]
47) 헌법재판소 2004. 10. 21. 2004헌마554·566(병합) 결정[6, 라, (2), (가), (ㄹ)]

의견에 내재되어 있는 진짜 문제점을 간과하게 되기 때문이다. 다수의견의 문제는 (관습)헌법의 변경(또는 이른바 '개정')을 둘러싼 세부 절차의 이해에 있다기보다는, 헌법의 변경이라는 관념 자체의 도입[48]에 있을 수 있다. 사회의 규범이 자연의 법칙과 구별되는 특징 중 하나는 그것에 따를지 여부를 (어떻든지) 인간이 선택할 수 있다는 점이다.[49] 즉 사회의 규범은 본래 규범의 '위반'이라는 것을 논리적으로 배제할 수 없다. 그렇다고 해서(심지어 실제로도 '위반'이 발생한다고 해서) 당장 규범이 쓸모없어지는 것도 아니고, 규범이 효력을 잃는 것은 더더욱 아니다. 여기서 구별되어야 하는 관념이 바로 규범의 **'위반'**과 규범의 **'변경'**이다.

만일 다수의견이 이미 밝힌 바와 같이 (대한민국의 수도는 서울이어야 한다는) "관습헌법도 헌법의 일부"[50]이고 "성문헌법의 경우와 동일한 효력"[51]을 가진다면, 그리고 (국민의 법적 확신에 영향을 줄) "아무런 사정의 변화도 없다"[52]고 단언할 수 있다면, 신행정수도법의 문제는 일견 전형적인 '위헌적 법률'의 문제에 불과하다고 볼 수 있을 것이다. '위헌적 법률'은 말 그대로 헌법의 내용과 양립할 수 없는 것을 법률의 형식으로써 구현하려는 시도인데, 신행정수도법은 대한민국의 수도가 서울이어야 한다는 (관습)헌법에 반하는 법률일 것이기 때문이다.[53] 하지만 다수의견은

---

48) 이는 앞에서 지적했던 '개정'이라는 말의 부적절한 사용보다 더 근본적인 문제라 할 수 있다.

49) 이에 대해서는 이 책의 제10장에서 다시 다루게 될 것이다.

50) 헌법재판소 2004. 10. 21. 2004헌마554·566(병합) 결정[4, 다, (4), (가)]

51) 헌법재판소 2004. 10. 21. 2004헌마554·566(병합) 결정[4, 다, (4), (가)]

52) 헌법재판소 2004. 10. 21. 2004헌마554·566(병합) 결정[4, 다, (4), (다)]

53) "이 사건 심판의 대상은 이 사건 법률의 위헌여부이고 … 법률의 위헌여부가 헌법재판의 대상으로 된 경우 당해법률이 정치적인 문제를 포함한다는 이유만으로 사법심사의 대상에서 제외된다고 할 수는 없다." 헌법재판소 2004. 10. 21. 2004헌마554·566(병합) 결

이에 그치지 않고 신행정수도법을 아예 '헌법의 내용을 변경해 버린 것'[54]이라 새기고 있다.

도대체 어떻게 헌법의 '위반'이 갑자기 헌법의 '변경'으로 탈바꿈한 것일까? 다수의견은 이에 대하여 아무런 설명이 없다. 한번 추측해 보자: 헌법의 '위반'을 슬쩍 헌법의 '변경'으로 바꿔 놓으면 어떤 차이가 생길까?

"어라, 이제까지 관습헌법 위반의 문제였던 것이 갑자기 헌법개정조항 위반의 문제로 바뀌게 되는 것 같습니다."

빙고. 그런데 다수의견도 무작정 헌법의 '위반'과 헌법의 '변경'을 동일시할 수는 없는 노릇이다. 만일 그렇게 되면, 모든 위헌적 법률에 대하여 매번 헌법개정절차 조항 위반이라 말해야 할 것이기 때문이다. (두말할 것도 없이 헌법재판소는 여태 그렇게 해 오지 않았다.) 이제 다수의견은 신행정수도법의 문제가 여느 위헌적 법률의 문제와 같은 것이 아니라고 주장할 수밖에 없다.

일반적으로 법률의 위헌이 문제되는 것은 그 내용이 헌법조항이나 헌법원칙에 위배되는 경우일 것이나 이러한 정도를 넘어서서 당해 법률이 반드시 헌법에 의하여 규율되고 개정되어야 할 사항을 단순법률의 형태로 규정

정[3, 라, (2)]

54) "우리나라의 수도가 서울인 점이 … 관습헌법에 속하는 것임이 확인된다면, 수도의 이전을 내용으로 하는 이 사건 법률은 우리 헌법의 내용을 헌법개정의 절차를 거치지 아니한 채 하위 법률의 형식으로 변경하여버린 것이 된다." 헌법재판소 2004. 10. 21. 2004헌마554·566(병합) 결정[3, 가]

하고자 한 경우에는 이는 국민이 주권자로서 헌법의 제·개정에 관하여 가지는 권한을 직접적으로 침해하는 것이 된다.[55]

이와 같은 과정을 거쳐 결국 앞에서 살펴본 것처럼 또다시 관습(헌)법의 '개정'이라는 관념이 무리하게 끼어들고 있다. 그것도 (국민의 법적 확신이 확고한 만큼) 개정가능성은 없다고 믿어 의심치 않는 다수의견에 의해서! 차분하게 한번 생각해 보자: "다수의견의 진짜 메시지는 과연 무엇이었을까?" '헌법개정절차를 제대로 밟으라.'는 것이었을까? 아니면 '수도이전은 어떻게 해도 안 된다.'는 것이었을까?[56]

둘째, 다수의견에 따를 때 앞으로 수도의 위치를 변경하려면 '반드시' 헌법전에 명시해야만 하는 것도 아니다. 판단 시점의 상황 인식에 따라서는 여전히 헌법 제72조의 국민투표를 실시하여 국민의 법적 확신이 소멸했는지를 확인해 볼 수 있는데, 이때 '반드시' 헌법개정이 필요한 경우란 국민의 법적 확신이 소멸하지 않은 것으로 드러났음에도 무슨 이유에

---

55) 헌법재판소 2004. 10. 21. 2004헌마554·566(병합) 결정[4, 마, (1)][필자의 강조] 다수의견은 지금 '기본권 침해의 직접성' 요건을 다루고 있는 것이 아니다. 적법요건에 관한 판단은 이미 마친 상태에서 여기서는 본안에 관해 판단하고 있을 뿐 아니라, 구체적인 집행행위의 불필요성을 입증하려 하지도 않기 때문이다. 오히려 다수의견은 보통의 헌법 위반과 그것의 정도를 넘어서는 이른바 헌법 관할 위반(?)을 대비시키고 있다. 어딘지 낯익은 논리이지 않은가? 벌써 알아챈 독자들도 있을 것이다. 제7장에서 살펴보았던 지극히 논쟁적인 구별, 즉 가치와 규범에 대한 '직접적 위반'과 '간접적 위반'의 구별[direct/indirect distinction]이 다시 한 번 등장하고 있다!

56) 이상의 문맥에서 필자는 정태호의 다음과 같은 판단에 전적으로 동의할 수는 없다. "헌재의 해당 판시는 헌법해석론적인 논증이라기보다는 행정수도이전과 관련한 정치적 갈등을 국민투표나 헌법개정절차를 통해서 해소하라는 정치적 주문이었다고 보아야 할 것이다." 정태호, 앞의 글(주 2), 324면. 다수의견이 헌법해석론적인 논증의 성격을 결여하고 있다는 지적에는 동의하지만, 필자가 보기에 다수의견의 정치적 주문은 그렇게 개방적인 것이 아니었다.

서인지 굳이 관습헌법을 개폐하기 위해 헌법개정절차를 밟으려 하는 경우밖에 없다. 국민의 법적 확신이 소멸한 것으로 드러날 경우, 그것은 다른 관습헌법에 대한 새로운 법적 확신의 존재 때문일 수도 있으며, 그러한 상황이라면 기존의 법적 확신이 소멸했어도 수도의 위치는 여전히 (다른) 관습헌법의 규율 영역으로 남는 것이기 때문이다.

국민투표의 무한소급

이상과 같이 별개의견은 다수의견의 "결론"에는 동의하지만, 그 논거 구성에는 결코 동의할 수 없다는 입장을 보이고 있다. 이에 따라 별개의견은 다수의견과는 다른 접근 방식을 제시하고 있다. 별개의견이 내어놓는 '대안 논증'의 가장 큰 특징은 무엇보다 관습헌법이라는 논쟁적인 개념에 호소하지 않는 점이다.

(1) 수도이전에 관한 의사결정은 헌법 제72조가 정한 '외교·국방·통일 기타 국가안위에 관한 중요정책'에 해당한다.

(2) 대통령의 국민투표부의행위는 자유재량행위이며, 재량권의 일탈·남용에 관한 법리는 대통령의 국민투표부의행위에 대하여도 그대로 적용된다.

(3) 재량권을 부여한 근거규범의 입법목적과 입법정신에 위반되거나, 헌법원칙 및 법의 일반원칙에 위반될 경우 재량권의 일탈·남용이 인정된다.

(4) 이 사안의 사실관계를 놓고 볼 때, 수도이전에 관한 의사결정을 국

민투표에 부의하지 않는 것은 헌법 제72조의 입법목적과 입법정신에 반한다.

(5) 이 사안의 사실관계를 놓고 볼 때, 수도이전에 관한 의사결정을 국민투표에 부의하지 않는 것은 자의금지원칙과 신뢰보호원칙에 반한다.

(6) [(2), (3), (4), (5)로부터] 이 사안에서 수도이전에 관한 의사결정을 국민투표에 부의하지 않는 것은 재량권의 일탈·남용에 해당한다.

(7) [(6)으로부터] 이 사안에서 대통령은 수도이전에 관한 의사결정을 국민투표에 부의할 의무가 있다.

(8) 국민은 대통령의 국민투표부의의무에 상응하는 국민투표부의요구권이라는 청구권을 갖는다.

(9) 국민투표부의요구권은 국민투표권의 존재를 전제로 한다.

(10) [(7), (8), (9)로부터] 이 사안에서 대통령이 수도이전에 관한 의사결정을 국민투표에 부의하지 않는 것은 국민투표권을 침해하는 것이다.

(11) 이 사안에서 대통령의 법률안제출행위는 수도이전에 관한 의사결정을 국민투표에 부의하지 않겠다는 결정을 토대로 한 것이다.

(12) [(10), (11)로부터] 이 사안에서 대통령의 법률안제출행위 자체도 국민투표권을 침해하는 것이다.

(13) '대통령'의 법률안제출행위에 흠이 있으면, '국회'의 의결을 거쳐 성립한 법률 자체에도 동일한 흠이 있는 것으로 평가된다.

(14) [(12), (13)으로부터] 이 사안에서 수도이전에 관한 법률은 그 자체로 국민투표권을 침해하는 것이다.

(15) 이 사안에서 헌법 제37조 제2항에 따라 국민투표권에 대한 침해

를 정당화하는 사유는 존재하지 않는다.

(16) [(14), (15)로부터] 이 사안에서 수도이전에 관한 법률은 그 자체로
정당한 사유 없이 국민투표권을 침해하는 것이다.

별개의견에 대한 기존의 비판으로 가장 널리 알려진 것은 전제 (2)에
대한 것이라 할 수 있다. 헌법이 고도의 정치적 결단 상황을 염두에 두고
대통령에게 직접 인정한 재량권에 대하여, 일반적인 행정적 결정에서 재
량을 통제하기 위한 법리를 적용할 수는 없다는 비판이 바로 그것이다.[57]

논증의 측면에서는 전제 (4) 역시 심각한 문제점을 안고 있는 것으로
보인다. 앞에서 언급한 바와 같이 별개의견은 '분석 논증'을 통해 다수의
견을 비판하는 과정에서 국민의 현실의사에 대한 "예상"과 "실제"를 혼동
해서는 안 된다고 지적한 바 있다.[58] 하지만 이러한 구분에 충실할 경우
별개의견은 심각한 논리적 딜레마에 봉착하게 된다. 전제 (4)에 관한 판
단에서 별개의견이 주장하고 있는 것은 헌법 제72조의 국민투표가 직접
민주제를 정하고 있어서 그것이 문제되는 상황에서는 대의기관이 국민
의 현실의사와 다른 결정을 할 수 없도록 하는 입법목적을 지닌다는 점
이다. 다시 말해서 헌법 제72조의 입법목적에 비추어 볼 때 국민의 현실
의사가 '국민투표에 부의할 것'을 원한다면 대의기관인 대통령의 재량적
판단의 여지는 없게 되며, 반드시 국민투표에 부의해야만 한다는 것이
다. 그런데 국민의 현실의사가 '국민투표에 부의할 것'을 원하는지는 어
떻게 알 수 있을까? 국민의 현실의사에 대한 "예상"과 "실제"를 엄격히 구

---

57) 임지봉, "제3기 헌법재판소와 정치적 사건, 그리고 소수자의 인권", 『서강법학』 제10권 제
1호(서강대 법학연구소, 2008), 81면; 방승주, 앞의 글(주 2), 171면
58) 헌법재판소 2004. 10. 21. 2004헌마554 · 566(병합) 결정[6, 사, (4), (가)]

별해야 한다는 전제에서는 결국 국민의 현실의사가 '국민투표에 부의할 것'을 원하는지를 확인하기 위한 별도의 국민투표(이를 국민투표*라고 하자.)를 하는 것 외에는 마땅한 방법이 없을 것이다.[59] 그런데 국민투표*에 부의할 것인지에 관하여 다시 대통령의 재량적 판단의 여지가 있다면 반드시 국민투표*에 부의해야 한다고 말할 수는 없게 된다. 따라서 그 재량적 판단의 여지가 없다고 확신할 수 있으려면 국민의 현실의사가 '국민투표*에 부의할 것'을 원한다고 확신할 수 있어야 한다. 그리고 그러한 확신을 얻기 위한 유일한 방법은 다시 국민의 현실의사가 '국민투표*에 부의할 것'을 원하는지를 확인하기 위한 별도의 국민투표(이를 국민투표**라고 하자.)를 하는 것 외에는 마땅한 방법이 없을 것이다. 요컨대 이런 식으로 국민의 현실의사에 대한 "예상"과 "실제"를 엄격히 구별하게 되면, 국민투표의 **무한소급**(infinite regress)[60]이라는 문제에 직면하게 되는 것이다.

이러한 딜레마를 피하기 위해 별개의견은 전제 (4)에 관한 판단을 하면서 국민의 현실의사에 대한 "상당한 이유 있는 예상"을 "실제"와 동일시하는 조작을 감행하고 있다. 그리하여 국민투표의 결과로만 확인되는 국민의 현실의사의 "실제"를 대신하여 어디까지나 "예상"에 불과한 여론조사 결과만으로도 대통령의 재량적 판단의 여지를 부정할 수 있다고 선언

---

59) 이 경우 단순히 그냥 국민투표를 해 보면 되지 국민투표*가 필요하지는 않다고 말할 수는 없을까? 이러한 반론이 염두에 두고 있는 것은 국민의 현실의사가 '국민투표에 부의할 것'을 원하지 않는 것이라면 투표참여율이 저조한 현상으로 나타날 것이라는 점이다. 하지만 (1) 현재의 논의가 무엇보다 '논리적' 차원에서 "예상"과 "실제"의 구별이 함축하는 바를 분석하는 것이라는 점, 그리고 (2) '경험적' 차원에서 보더라도, 투표에 소요되는 엄청난 사회적 비용을 고려할 때, 국민이 진정 원하는지 알 수 없는 투표를 "일단 하고 보자."는 주장은 문제가 있다는 점 등을 생각해야 할 것이다.

60) '무한 퇴행' 또는 '무한 후퇴'라고 번역하기도 한다.

하고 있는 것이다. (기억을 되살리기 위해 다시 한 번 별개의견의 주장을 옮겨
보자.)

이 사건 법률이 제정·공포된 2004. 1.경의 여론조사에 의하면, 주요국
가기관을 신행정수도로 이전하는 것에 관하여 찬성과 반대의 의견이 균등
하였고, … 2004. 6. 이후 여론조사에 의하면, 국민투표에 의하여 결정하여
야 한다는 여론이 60% 내외인 사실을 인정할 수 있다. 위 인정사실에 의하
면, 우리 국민은 주요국가기관을 신행정수도로 이전하는 것을 포함한 수도
이전문제에 관한 의사결정을 대통령이나 국회와 같은 대의기관에 위임하
지 아니하고 직접 결정하겠다는 위임철회의 의사를 가지고 있다고 볼 상당
한 이유가 있고, 실체사안에 대하여도 신행정수도로 이전하는 것에 반대하
는 의사를 가지고 있다고 볼 상당한 이유가 있다고 판단된다.[61]

이러한 조작이 과연 정당화될 수 있는 것인지도 문제이지만,[62] 최소한
별개의견이 다수의견을 비판함에 있어서는 "예상"과 "실제"의 구별을 강
조하면서도, 자신의 주장을 내세움에 있어서는 그러한 구별을 무디게 만
들고자 한 것은 일관성을 결여한, 정당화될 수 없는 태도라 할 수 있다.
애기할 거리가 많은 판례이지만 이쯤에서 마무리를 해도 좋을 듯싶다.
이미 살펴본 사항들만으로도 판례에 있어 '논증의 문제'가 얼마나 중요한
것인지 실감하기에 충분할 것으로 보인다. 몇 가지 추가적인 의문들은
각자 생각의 몫으로 남겨 두도록 하자: 전제 (6)에서 전제 (10)까지 이행하

61) 헌법재판소 2004. 10. 21. 2004헌마554·566(병합) 결정[6, 라, (2), (가), (ㄹ)]
62) 이에 대한 비판은 전광석, 앞의 글(주 2), 132면; 방승주, 앞의 글(주 2), 167면; 정연주, 앞
    의 글(주 6), 281면 참조

는 과정에서, 이른바 재량행위의 기속 전환이라는 별개의견의 발상을 고려할 때, 만일 국민투표부의요구권이라는 것이 있고, 그것이 행사되면 이른바 '신청된 대로의 행위를 할 의무'에 따라 대통령은 반드시 국민투표에 부의해야 한다고 하더라도, 국민투표부의요구권이 (가령 청원과 같은 형태로) 실제 행사되지 않았을 경우에도 과연 '권리 침해'를 말할 수 있는가? 혹은 권리의 행사에 따른 (권리 상대방의) 이행의 문제를 남기지 않는 '청구권'이라는 것이 과연 가능한 것인가? 전제 (13)의 경우 과연 서로 독립적인 두 기관 사이의 하자 승계라는 것이 당연한 것인가(오히려 상호 견제의 제도적 프로세스를 거치면서 하자가 치유되는 것으로 볼 수는 없는가)?

9

가위바위보

가위바위보의 변형된 형태 중에는 손동작을 낼 때 그것의 이름을 외치면서 하는 것들이 있다. 어렸을 적 종종 다툼이 벌어졌던 장면은, 누군가 실수로 예컨대 가위(찌, 칠월)를 내면서 "바위(묵, 구월)!"라고 말할 때였다. 손동작이 우선이라는 녀석, 손동작과 이름이 일치하지 않으면 무조건 지는 것이라는 녀석, 그냥 다시 해야 한다는 녀석.

제8장에 이어 판례가 드러내 보이는 논증의 문제를 마저 살펴보기로 하자. 여기서는 대법원의 판례를 놓고 고민해 볼 차례이다. 대법원 판결의 경우, 선행하는 하급심 판결이 있어서, 종종 판사들[1] 간의 생각의 차이가 법원의 위계(hierarchy)에 따라 억압되는 것처럼 느껴질 때가 있다. 이 부분에서 대법원의 판례와 관련된 논증의 문제는 독특한 무엇인가가 한 겹 더 덧대어진 것이라 말할 수 있다.

판례의 논증을 따져 묻는 바탕에는 우리가 판례에서 무엇을 기대할 수 있는가의 문제가 깔려 있다. 더욱이 그러한 기대가 단지 도의적 · 이성적

---

1) 앞에서 계속 "판사"라는 용어를 편하게 써 오고 있었지만, 이 장에서만큼은 이후 "법관"이라고 쓰게 될 것이다. "판사"라고 쓰면서도 굳이 대법원장 · 대법관을 제외하는 전문적인 의미로 한정한 것은 아니었는데, 아래에서는 내용상 이 점을 명확하게 표시해 주어야 할 듯하다. 주지하듯이, 헌법(제104조 제3항) 및 법원조직법(제5조 제1항)에 따를 때, 법률용어로서의 "판사"는 "법관"만큼 포괄적인 개념이 아니다.

인 것이 아니라 법적인 근거를 지니고 있다면, 판례의 논증은 지금까지 살펴본 것과는 다른 차원의 중요성을 띠게 될 것이다. 아래에서는 이 점을 아울러 생각해 보고자 한다. 제8장에서 분석철학적 감수성(?)을 살짝 맛보았다면, 여기서는 한 걸음 더 나아가 오스틴(J.L. Austin)의 언어 행위 이론을 통해 법학의 문제, 특히 헌법상 재판청구권의 이해에 관한 문제를 분석하게 될 것이다.

재판청구권과 법원의 논증의무

우리 헌법 제27조는 **재판청구권** 내지 **재판을 받을 권리**를 국민의 기본적 권리의 하나로 보장하고 있다.[2] 여기서 말하는 재판이 단순히 권력적 기관에 의한 사안의 해결 지시를 의미하는 것일 수 없다는 점은 우리 헌법이 재판의 주체, 기준 그리고 이상에 대하여 확고히 규정하고 있는 점을 보더라도 명백하다. 이에 따라 학계와 실무에서도 일정한 실정법상의 절차가 법관에 의한 재판을 받을 권리를 침해하는 것은 아닌지, 법률에

---

2) 제27조 ①모든 국민은 헌법과 법률이 정한 법관에 의하여 법률에 의한 재판을 받을 권리를 가진다.

②군인 또는 군무원이 아닌 국민은 대한민국의 영역 안에서는 중대한 군사상 기밀·초병·초소·유독음식물공급·포로·군용물에 관한 죄중 법률이 정한 경우와 비상계엄이 선포된 경우를 제외하고는 군사법원의 재판을 받지 아니한다.

③모든 국민은 신속한 재판을 받을 권리를 가진다. 형사피고인은 상당한 이유가 없는 한 지체없이 공개재판을 받을 권리를 가진다.

④형사피고인은 유죄의 판결이 확정될 때까지는 무죄로 추정된다.

⑤형사피해자는 법률이 정하는 바에 의하여 당해 사건의 재판절차에서 진술할 수 있다.

의한 재판을 받을 권리를 침해하는 것은 아닌지, 신속한 재판[3]이나 공정한 재판[4] 혹은 공개적인 재판[5]을 받을 권리를 침해하는 것은 아닌지, 이른바 대법원의 재판을 받을 권리라는 것은 있는지[6] 등에 대하여 상세한 논의를 전개해 왔다.

그런데 정작 '재판을 청구한다는 것' 혹은 '재판을 받는다는 것'은 과연 무엇을 의미하는가? 그것이 가질 수 있는 하나의 사실적 행위의 측면에서가 아니라 권리의 행사라는 측면에서 볼 때, 재판을 청구한다는 것 혹은 재판을 받는다는 것은 어떠한 규범적 의미를 갖는가? 기본적 권리의 행사로서 재판을 청구하는 것 혹은 재판을 받는 것의 의미를 어떻게 이해하느냐에 따라 재판을 담당하는 기관이 (그러한 권리 행사에 대응하여) 무엇을 해야 하는지에 대한 이해가 달라질 수 있다는 점에서 이 질문은 매우 근본적인 중요성을 갖는 것으로 보인다. 하지만 동시에 이 질문은

---

3) 이른바 구체적 권리로서 신속한 재판을 받을 권리의 의미에 대한 분석과 현재의 사법 관행에 대한 비판적 논평에 대해서는 한상희, "신속한 재판을 받을 권리—유럽인권재판소의 결정례를 중심으로", 『공법학연구』 제10권 제3호(한국비교공법학회, 2009), 3면 이하 참조.

4) 공정한 재판을 받을 권리의 문제를 증거개시제도와 검찰 측 증인에 대한 변호인 면담의 방해 금지를 중심으로 풀어내고 있는 글로는 민영성, "공정한 재판을 받을 권리와 방어권 강화", 『법학연구』 제49권 제2호(부산대 법학연구소, 2009), 189면 이하 참조. 한편 사법권 독립이 궁극적으로 보호하고자 하는 가치로서 공정한 재판을 받을 권리를 분석하고 있는 글로는 오정진, "법의 공정성: 허구적 당위에서 실천으로", 『법학연구』 제51권 제2호(부산대 법학연구소, 2010), 131면 이하 참조.

5) 형사재판에 있어서 이른바 조서재판을 극복하고 "공개주의"를 하나의 핵심 내용으로 하는 공판중심주의를 활성화해야 한다는 주장에 대해서는 민영성, "공판중심주의와 공정한 재판", 『법조』 통권 제593호(법조협회, 2006), 94면 이하 참조.

6) 소액사건의 경우 상고를 제한적으로만 인정하는 것을 재판청구권에 대한 침해로 볼 수 없다는 헌법재판소의 입장을 분석적으로 비판한 글로는 정종섭, "현행 헌법은 대법원의 재판을 받을 권리를 기본권으로 보장하고 있는가?", 『일감법학』 제2권(건국대 법학연구소, 1997), 161면 이하.

우리 학계와 실무에서 그다지 자주 혹은 직접적인 형태로 던져지지 않았던 것 같다.[7]

이러한 질문에 대하여 필자가 제시하고자 하는 답변을 미리 간추린다면 다음과 같다. 재판을 청구한다는 것 혹은 재판을 받는다는 것은 사안의 종국적 해결 방향에 대한 명확한 판단을 구하는 것일 뿐 아니라, 그러한 판단이 기초로 삼고 있는 이유 내지 근거의 제시를 구하는 것이기도 하다. 우리 헌법이 보장하고 있는 재판청구권 내지 재판을 받을 권리란 최소한 '자의적이지 않은 법적 판단'에 대한 권리로 이해되어야 하며, 이는 곧 '타당한 추론의 과정을 통해 도출된 명확한 결론으로서의 법적 판단'을 구하고 받아 볼 수 있는 권리를 의미하는 것이다. 또한 그것은 받아 보게 된 법적 판단이 정말로 "자의적이지 않은" 것인지 여부에 대해 확인할 수 있는 권리를 포함하는 것이며, 그러한 점에서 '판단의 이유 내지 근거의 제시'에 대한 권리를 의미한다고 말할 수 있다.

재판청구권 내지 재판을 받을 권리의 의미를 이상과 같이 자의적이지 않은 법적 판단에 대한 권리 및 판단의 이유 내지 근거를 제시받을 권리로 이해하는 것은 재판을 하는 법관이나 법원의 입장에서 볼 때 일정한 **논증의 의무**를 부담하게 하는 것이라 할 수 있다.[8] 따라서 이 글은 그러

---

7) 결국 다음의 글들이 말하고자 한 것도 근본적으로 이와 동일하거나 유사한 질문이었다고 생각한다. 김영환, "법적 논증이론의 전개과정과 그 실천적 의의", 한국법철학회 편, 『현대법철학의 흐름』(법문사, 1996), 126면 이하; 이상돈, "법인식론의 실천적 과제와 대화이론―법인식론의 하버마스적 이해―", 같은 책, 183면 이하.

8) 호펠드(W.N. Hohfeld)의 권리분석 논의에 비추어 재판청구권이 "형성권(power)"의 성격을 지닌다는 지적에 의하면 이 경우의 논증의무는 법관이나 법원이 그 이행 여부를 선택할 수 있는 종류의 것(duty)이 아니다. 다시 말해서 재판청구권이 행사될 경우 법관 내지 법원은 그와 같은 논증을 포함하여 법적 판단을 제공할 수밖에 없는 상태(liability)에 처하게 되는 것이다. 이와 관련하여 김도균, 『권리의 문법』(박영사, 2008), 27면 참조. 여기서

한 논증의 의무가 인정될 수밖에 없는 이유를 (간략하게나마) 검토하고 제시하려는 시도로 이해될 수도 있을 것이다. 한편 이러한 일반적인 형태의 법원의 논증의무는 상고심 절차에 있어서는 매우 특수한 형태로 나타날 수 있는데, 그것은 1심 판결과 항소심 판결이 상반된 법적 판단을 제시하면서 이른바 논거 경쟁의 상태가 발생할 수 있기 때문이다. 그러한 경우 상고심 절차에서는 경쟁하고 있는 1심 판결과 항소심 판결의 논거들에 대해서도 적절한 이유 내지 근거를 제시하면서(즉 논증으로써) 그 우열을 가려 줘야 할 것이다.[9]

판결의 근거지음

재판청구권의 의미에 대한 '우회적인' 접근경로를 제공하는 것으로 생각해 볼 수 있는 기존의 논의들은 법적 판단이 '법률에 의해 사전에 주어져 있는 결론을 단순히 기계적으로 인식하는 활동'이거나 '판단을 내리는 주체가 자의적인 결정을 생성해 내는 활동'에 불과한 것이 아니라는 전제에서 출발한다.[10] 이른바 **법적 논증 이론**(theories of legal argumentation

---

김도균은 다음과 같이 적고 있다. "… 권리를 침해당한 개인은 법원에 소를 제기할 권리를 갖는데 … 소를 제기함으로써 법원은 소송을 담당하고 진행할 의무(개인의 소권행사에 법원의 지위가 변하게 되었다는 의미에서 liability라고 할 수 있다)를 진다."

9) 그러한 논증의 상대방이 재판의 양 당사자인지 혹은 1심 법원과 항소심 법원인지가 문제될 수도 있을 것이다. 생각건대 직접적인 상대방은 재판의 양 당사자로 보아야 하겠지만, 1심 법원과 항소심 법원도 간접적인 상대방으로 보아야 할 것 같다.

10) 김성룡, 『법적 논증론 (Ⅰ)—발전사와 유형』(준커뮤니케이션즈, 2009), 8–10면 참조.

혹은 theories on legal reasoning)[11]으로 불리는 일련의 논의에 의하면, "법관은 당사자에 대해 자신의 결정에 관한 근거를 제시함으로써 그 판결을 정당화시켜야"[12] 하는데, 그것은 법관의 판결이 사전에 주어져 있는 법의 기계적인 적용에 의해 얻어질 수 있는 것도 아니고, 동시에 어떤 형태로든 그저 법관의 손끝에서 나오기만 하면 되는 것도 아니라는 점에서 항상 그 정당성에 관한 잠재적인 취약성을 지니는 것이기 때문이다. 여기서 판결의 정당화를 위해 제시되어야 하는 근거 내지 이유는 단지 판결이 법률에 기초하고 있다는 점을 보여 주는 것에 그쳐서는 안 되며, 판결이 그러한 법률적 기초로부터 합리적으로 도출되고 있다는 점 또한 보여 주는 것이어야 한다는, 법적 논증 이론의 핵심적인 명제가 등장하게 된다.[13]

위에서 법적 논증 이론을 재판청구권의 의미에 대한 '우회적인' 접근으로 볼 수 있다고 한 까닭은 그것이 직접적으로 관심을 가지는 대상은 이

---

11) 이러한 명칭은 예컨대 Robert Alexy, trans. by Ruth Adler and Neil MacCormick, *A Theory of Legal Argumentation* (Clarendon Press, 1989)[독일어 원본에 대한 우리말 번역으로는 변종필 · 최희수 · 박달현 역, 『법적 논증 이론』(고려대출판부, 2007)] 그리고 Neil MacCormick, *Legal Reasoning and Legal Theory* (Clarendon Press, 1995) 참조.

12) 김영환, 앞의 글, 132면. 한편 "정당화"는 법관의 판결에 대해서만 요구되는 것이 아니다. 맥코믹(MacCormick)은 재판의 상황을 예로 들면서 다음과 같이 말하고 있다. "실천적 문맥들에서 논증은 통상 설득하기 위해 제시된다. … 설득이라는 실천적 목표의 기저에는 (최소한 표면적인) 정당화의 기능이 자리하고 있는 것으로 보인다. … 따라서 핵심적인 것은 주장, 항변, 혹은 판결을 위한 좋은 정당화적 근거들(로 이해되고 묘사되는 것)을 제시한다는 관념이다." Neil MacCormick, *op. cit.*, pp.14-15

13) 김영환은 이를 "한편으로는 '법관의 법률에의 구속'이라는 법치주의의 요청과, 다른 한편 '논거의 합리성'이라는 도덕적인 요청을 모두 충족하기"라는 말로 표현하고 있다. 김영환, 앞의 글, 181면 참조. 한편 김성룡은 같은 생각을 "정당한 판결은 법률에 정향된 것이기는 하지만 법률을 통하여 결정되고 동시에 정의와 이성이라는 척도에 구속된 판결"이라는 말로 표현하고 있다. 김성룡, 앞의 책, 28-29면 참조.

른바 '법적 판단의 근거지음의 문제'[14]라 할 수 있기 때문이다. 즉 그것은 재판 실무의 관행이 어떻든지 간에 법적 판단 내지 판결은 합리적인 근거지음의 활동이기 때문에 법관 내지 법원이 일정한 논증의 의무를 부담한다는 점에 주목하는 경향이 있다.[15] 나아가 그것은 알렉시(R. Alexy)의 경우에서 볼 수 있는 바와 같이 "실천이성의 법전(a code of practical reason)"[16]과도 같은 논증의 규칙과 형식의 체계를 도출함으로써 법적 판단 내지 판결의 합리적인 근거지음의 기준을 제시하기도 한다. 이러한 논의 흐름을 따라가다 보면 결국 재판을 청구한다는 것의 의미도 단순히 사안의 종국적 해결 방향에 대한 명확한 판단을 구한다는 데 있는 것만이 아니라, 그러한 판단이 기초로 삼고 있는 이유 내지 근거의 제시를 구한다는 데 있기도 하다는 인식에 도달하게 될 것이다.

하지만 필자는 지금부터 보다 '직접적인' 접근 방식을 통해 재판청구권의 의미에 대해 생각해 보고자 한다. 무엇보다 이러한 방식은 재판청구권을 국민의 기본적 권리의 하나로 명시적으로 규정하고 있는 헌법 제27조의 해석이라는 측면에서 접근하는 것이기 때문에, '난해한 것'[17]이면서 심지어 '의심스러운 것'[18]으로 여겨질 수도 있을 법적 논증 이론의 비실정적(non-positive) 요청을 전면에 내세우지 않아도 된다는 이점을 지니고 있

---

14) 김성룡, 앞의 책, 22–33면; Robert Alexy, 앞의 책, 37–40면[이하 인용 면수는 우리말 번역문의 것임]; 이상돈, 앞의 글, 203면 참조.

15) 이상돈, 앞의 글, 203면 및 205–206면 참조.

16) Robert Alexy, 앞의 책, 41면

17) 김성룡은 규범적인 논증이론에 대해서 "어렵고도 결과를 단언할 수 없는 요구에 대한 답을 찾는 것"이라고 말하는 한편, 경험적인 논증이론에 대해서도 "적지 않은 복잡한 문제들을 던져주고 있다."고 말한다. 김성룡, 앞의 책, 33–34면 참조.

18) Robert Alexy, 앞의 책, 52면 참조.

다. 그렇게 함으로써 전통적인 방법론적 사고의 연장선상에서 법적 판단의 근거지음 내지 정당화의 문제를 다루는 것이 가능해질 것이다.[19] 나아가 이러한 방식은 (친숙한) 전통적인 해석을 통해서는 거의 혹은 제대로 던져지지 않았던 중요한 질문들이 보다 분석적이고 비판적인 (그러나 동시에 여전히 전통적 문맥에서 이해가능한 것으로 보이는) 해석을 통해서 던져질 수 있다는 것을 보임으로써 법학의 분발을 촉구하게 되고, 그 결과 법적 논증 이론에 대한 전반적인 관심의 증진으로 이어질 수도 있을 것이다.

법의 지배와 심의 민주주의

법적 판단이 '합리적인 근거지음의 활동' 내지 '정당화가 필요한 활동'이라는 규정으로부터 법관 내지 법원의 논증의무를 긍정하고자 하는 (통상적인) 법적 논증 이론의 접근 방식과 달리, **법의 지배**(rule of law)'라는 이념으로부터 법관 내지 법원의 **이유 제시 의무**를 긍정하고자 하는 견해[20]가 있다. 법적 논증 이론 역시 기본적으로는 법의 지배의 이념에 충실한 법적 판단을 확보하기 위한 이론적 논의라는 점에서, 새로운 견해도 위에서 살펴본 법적 논증 이론의 접근 방식과 그다지 다르지 않다고 볼 수 있지만, 널리 법원의 논증의무가 아니라 (공개적인) 이유 제시 의무에 집중

---

19) 합리적이고 정당화된 법적 판단에 도달하는 것이 '법획득의 방법론' 자체의 기본 과제라는 설명에 대해서는 심헌섭, "법획득방법의 기본구조에서 본 법학과 법실무", 『분석과 비판의 법철학』(법문사, 2001), 264–265면 참조.

20) Mathilde Cohen, "The rule of law as the rule of reasons", *Proceedings of IVR 24th World Congress*, (International Association for Philosophy of Law and Social Philosophy, 2009), pp.335–358

한다는 점에서 양자의 접근 방식에는 다소 차이가 있다고 할 수 있다. 다시 말해서 양자의 차이는 각자가 지향하는 이념의 차원에서 드러나는 것이 아니라, 그러한 이념을 구현해 내는 방식의 차원에서 발견될 수 있는 것이다.

새로운 견해는 법관이 판결을 도출하는 과정이 "이성과 정의"[21]의 규칙에 구속되어야 한다는 점을 직접적으로 추구하기보다는, 법관이 판결을 내림에 있어 그러한 판결을 뒷받침할 수 있는 이유 내지 근거를 공개적으로 제시해야 한다는 점을 관철시키고자 한다. 이러한 입장은 법관의 논증 활동 그 자체를 직접적으로 규율하려는 것이기보다는, 법적 판단의 이유 내지 근거의 제시를 강제함으로써 결과적으로 법관의 논증 활동을 충실하게 하는 효과를 거두고자 기대하는 것이라 할 수 있다.

법원의 논증의무 일반이 아니라, 이유 내지 근거의 공개적 제시 의무를 강조하는 견해는 그와 같은 의무가 법의 지배의 이념의 본질적인 구성요소(an essential component)라고 주장함으로써, 당해 의무의 헌법적 근거가 이를 통해 주어져 있는 것으로 해석한다. 이 경우 법의 지배를 하나의 '절차적(procedural) 이념'으로 볼 것인지 혹은 '실체적(substantial) 이념'으로 볼 것인지가 문제될 수 있겠지만, 이 견해는 법의 지배를 개념적으로 구성해 내는 방식(conceptions of the rule of law) 여하에 상관없이 이유 내지 근거의 제시 의무가 법의 지배의 이념의 '핵심(central)'[22] 내지 '최소(minimal)'[23] 규정요소로 이해될 수 있다고 본다.

첫째, 법의 지배를 '**절차적 이념**'으로 볼 경우 그것은 법에 있어서의 일

---

21) 심헌섭, 앞의 글, 265면; 김성룡, 앞의 책, 29면 참조.
22) Mathilde Cohen, *op. cit.*, p.356
23) *Ibid.*, p.348

관성의 요구(requirement of consistency)로 구체화되는데,[24] 개개의 판결을 뒷받침할 수 있는 이유 내지 근거의 제시가 없다면 우선 전반적인 사법의 정합성(coherence of adjudication)을 달성할 수 없게 되고,[25] 법률 전문가들조차 판결들의 정확한 내용을 확인할 수 없게 함으로써 판결의 의미에 대하여 불완전한 추정에 기초한 편향된 견해를 갖게 만들 뿐 아니라,[26] 결국 민주주의 사회의 시민들에게 자의적 권력(arbitrary power)에 대한 실효적인 항의의 기회(effective opportunity to contest)를 보장하지 않는 것이 된다.[27]

둘째, 법의 지배를 '**실체적 이념**'으로 볼 경우에는 법의 지배를 통해서 도출할 수 있는 정의로운 결과(just outcomes) 내지 권리 보호적 효과(securing certain rights for individuals)에 주목하게 되는데,[28] 공적 결정을 내림에 있어서 이유 내지 근거를 제시하도록 요구하게 되면 결정자를 보다 심사숙고하게 만듦으로써 공적 결정의 질을 향상시킬 뿐 아니라,[29] 심의 민주주의(deliberative democracy)의 구현에 필요한 공적 검증(public scrutiny)의 인식적 토대를 제공하게 된다.[30] 또한 이유 내지 근거를 공개적으로 제시해야 한다는 사실은 공적 의식이 부족한 결정자에게 모종의 압박을 가함으로써 자신의 결정이 일말의 설득력을 지닐 수 있도록 전략적으로라도 공적 의식을 발휘하게끔 만든다는 점에서 일정한 교

---

24) *Ibid.*, pp.340−341
25) *Ibid.*, p.342
26) *Ibid.*, pp.343−344
27) *Ibid.*, p.345
28) *Ibid.*, p.348
29) *Ibid.*, pp.349−351
30) *Ibid.*, p.351

정력(civilizing force)을 지니는 것으로도 볼 수 있다.[31]

그렇지만 한편으로는 (현실적인 측면에서든 규범적인 측면에서든) 법관의 '모든' 법적 판단에 대하여 그 이유를 제시하도록 기대할 수는 없다는 반론[32]도 생각해 볼 필요가 있다. 이에 따르면 일일이 이유 내지 근거를 제시하면서 내리기는 곤란한 법적 판단이 현실적으로 불가피할 뿐만 아니라,[33] 이념적으로도 "이유 내지 근거의 제시라는 덕(the virtues of reason-giving)"은 항상 "법적 판단의 지속적 유연성이라는 덕(the virtues of continuing decisional flexibility)"과 경쟁적으로만 추구될 수 있다.[34] 생각건대 코헨(M. Cohen)의 견해가 이유 내지 근거를 반드시 제시해야 하는 법적 판단의 범위를 어떻게 설정하고 있는지 불분명한 것은 사실이지만, 대체로 샤우어(F. Schauer)가 "법원이 다루었던 사안과 관련하여 당해 법원이 무엇을 한 것인지를 설명하는 데 절대적으로 필요한 것(what is absolutely necessary to explain what it has done in the case before it)"[35]이라 지칭하고 있는 부류의 이유 내지 근거의 제시에 한정하여 생각한다면, 코헨의 분석은 여전히 상당한 설득력을 지닐 수 있을 것으로 보인다.

---

31) *Ibid.*, pp.353–355. 여기서 그녀는 칸트의 "반사회적 사회성(unsocial sociability)" 개념과 존 엘스터(Jon Elster)의 "위선의 교정력(civilizing force of hypocrisy)" 개념을 원용하고 있다.

32) Frederick Schauer, *Thinking like a Lawyer: A New Introduction to Legal Reasoning* (Harvard University Press, 2009), pp.175–180 참조.

33) *Ibid.*, p.175 참조. 여기서는 대체로 소송지휘의 과정에서 나오는 법적 판단들을 그러한 예로 들고 있다.

34) *Ibid.*, p.180 참조.

35) *Ibid.*, p.180

청구와 판단의 언어 행위

앞에서 언급한 바와 같이 필자는 재판을 청구한다는 것 내지 재판을 받는다는 것의 의미를 분석함으로써 헌법 제27조의 규정을 통해 이른 바 자의적이지 않은 법적 판단에 대한 권리 및 판단의 이유 내지 근거를 제시받을 권리가 국민의 헌법적 권리로서 보장되고 있음을 보이고자 한 다. 이와 관련하여 가장 눈길을 끄는 것은 **"행위로서의 청구**(the activity of claiming)"[36]의 의미라고 부를 수 있는 것에 관한 파인버그(J. Feinberg)의 분석이다.[37]

파인버그에 따르면 무엇인가를 청구하는 것(claiming)은 규칙의 지배를 받는 정교한 유형의 행위(activity)라 할 수 있다.[38] 그는 이러한 행위로서의 청구의 의미를 크게 세 가지 차원에서 분석해 낸다. 첫째는 **수행적 의미**(the performative sense)에서의 청구 내지 요구로서, 이는 무엇인가를 청구하는 것(making claim to something) 자체로 일정한 사태 내지 법적 효과가 발생하도록 만들 수 있다는 성질을 지닌다.[39] 이는 호펠드(W.N. Hohfeld)의 "형성권(power)" 개념에 대응하는 법적 권리의 행사라는 의미로 이해될 수 있다.[40] 둘째는 **명제적 의미**에서의 청구 내지 주장

---

36) J. Feinberg, "The Nature and Value of Rights", *The Journal of Value Inquiry* 4, 1970, p.249

37) 권리론 일반에 관한 논의 과정에서 이를 소개하고 있는 연구로는 김도균, 앞의 책, 70 – 74면 참조. 김도균은 파인버그의 분석이 "이미 어느 정도 논의이론적 색깔을 가지고 있다고 생각한다."고 밝힘으로써 그로부터 대체로 법적 논증 이론과 유사한 실천적 함의를 도출하고 있다.

38) J. Feinberg, *op. cit.*, p.250

39) *Ibid.*, p.251

40) 김도균, 앞의 책, 71면 참조.

(propositional claiming)으로서, 이는 그렇게 주장되고 있는 내용이 사실이라는 점을 '적절한 존중 내지 주목을 요구하는 방식으로써' 선언한다는 의미를 지닌다.[41] 이 경우 본질적인 것은 청구 내지 주장의 상대방으로 하여금 주장되고 있는 바에 대하여 반드시 귀를 기울이도록 한다는 "주장의 방식(the manner of assertion)"이라 할 수 있다.[42] 셋째는 **직견적 의미**(*prima facie* sense)에서의 적격성에 관한 주장으로서, 이는 그 자체로 일정한 사태 내지 법적 효과를 발생시키는 것도, 혹은 주장의 내용이 사실이라는 점을 환기하는 것도 아니며, 단지 그 내용이 사실인지 여부에 관해 '소명의 기회를 갖고 공정하게 숙고될 만한' 자격이 있다는 점(being in a position to claim)을 환기하는 의미를 지닌다.[43]

파인버그의 분석은 말을 하는 것이 그 자체로서 어떠한 행위를 하는 것이라는 **언어 행위 이론**(theories of speech-act)을 배경으로 삼고 있는 것으로 보인다.[44] 특히 수행적 발화(performative utterance)와 진위적 발화(constative utterance)를 단절시키지 않는 점에서 오스틴(J.L. Austin)의 후기 이론과 관련지을 수 있을 것이다.[45] 오스틴의 분류에 따르면 재판의 청구와 그에 따른 재판은 기본적으로[46] 각각 행사발화(exercitives)와

---

41) J. Feinberg, *op. cit.*, p.251

42) *Ibid.*, p.252

43) *Ibid.*, pp.253-255

44) 김도균이 "the activity of claiming"을 "'요구·주장한다'는 언어행위"로 번역하고 있는 것도 이와 같은 인식을 전제로 하기 때문인 듯하다. 김도균, 앞의 책, 71면 참조.

45) 김영진, "비트겐슈타인의 언어놀이와 오스틴의 화행", 『철학연구』 제34권(철학연구회, 1994), 251-254면 및 264면 참조.

46) 가령 오스틴은 재판이 판정발화이면서 또한 행사발화에 속하는 발화수반행위도 수행할 수 있다고 말한다. 따라서 어떠한 발화 유형으로 파악하느냐는 다소간 잠정적이고도 중첩적인 성격을 지니는 것으로 보인다. 이 점에 대해서는 J.L. Austin, 김영진 역, 『말과 행

판정발화(verdictives)에 속하는 **발화수반행위**(illocutionary act)를 수행하는 것이라 할 수 있다.[47] 여기서 발화수반행위에 관한 오스틴의 다음과 같은 설명에 주목할 필요가 있다.

어떤 효과가 달성되지 않는 한 발화수반행위는 적절하게 또 성공적으로 수행되어 있지 않을 것이다. 이렇게 말하는 것은 발화수반행위가 어떤 효과를 달성하는 것이라고 말하는 것이 아니다. 청중이 내 말을 듣지 않고 또 내가 말하는 것을 일정한 뜻으로 받아들이지 않는 한 나는 청중에게 경고했다고 말할 수 없다. 발화수반행위가 이루어지려면 청중에게 어떤 효과가 달성되어야 한다. 우리는 이것을 어떻게 가장 잘 말할 수 있는가? 그리고 우리는 이것을 어떻게 제한할 수 있는가? 일반적으로 효과란 수행된 발화행위의 의미와 힘을 이해하도록 해주는 것이다. 그래서 발화수반행위를 수행하는 것은 **이해**의 확보(the securing of uptake)를 필요로 한다.[48]

오스틴은 행사발화에 해당하는 "경고"[49]의 경우를 예로 들어 발화수반행위 전반에 관해 중요한 사실을 지적하고 있다. 그것은 발화수반행위

위』(서광사, 1992), 187면 참조.

47) J.L. Austin, 위의 책, 184면 이하 참조. 오스틴은 발화수반력(illocutionary force)에 따라 발화를 다섯 가지 유형으로 분류한 뒤 다음과 같이 적고 있다. "행사발화는 권능(power), 권리(rights) 또는 영향력을 행사하는 것이다."(184–185면), "… 판정발화는 가치 또는 사실에 관한 증거와 이유를 근거로 해서 공식적 내지 비공식적 판정을 전달하는 행위이다. 판정발화는 행사발화인 입법적 행위 또는 행정적 행위와 구별되는 사법적 행위이다."(187면).

48) J.L. Austin, 위의 책, 146면

49) J.L. Austin, 위의 책, 185면 및 190면 참조.

272

즉 "어떤 관행적인(conventional) 힘을 갖는 발화"[50]를 수행하기 위해서는 듣는 사람으로 하여금 이해할 수 있도록 해야 한다는 사실이다. 더욱이 오스틴의 설명에 따를 때, 행사발화는 "우리에게 사실상 어떤 행동의 과정을 밟도록 책임을 지운다."[51]는 사실을 고려한다면, 파인버그가 ("행위로서의 청구"의 두 번째 의미인) **명제적 의미**에서 본질적인 것은 상대방으로 하여금 청구 내지 주장되고 있는 바에 대하여 "반드시 귀를 기울이도록 하는 것"이라고 한 말을 수긍할 수 있을 것이다.

나아가 (오스틴의 설명에 따를 때) 판정발화도 "판정과 일치하고 또 판정을 지지하는 데 필요한 행동을 하도록 우리에게 책임을 지운다."[52]는 사실을 고려한다면, 재판의 청구만이 아니라 그에 따른 재판도 "이해의 확보를 위한 조치로서", 또한 그것을 "지지하는 데 필요한 행동으로서" 당해 재판의 이유 내지 근거의 제시를 본질적으로 동반해야 한다고 말할 수 있을 것이다.

요컨대 오스틴과 파인버그의 논의로부터 다음과 같은 결론을 도출해 볼 수 있을 것 같다. 첫째, 재판을 청구한다는 것 내지 재판을 받는다는 것은 일정한 발화수반행위를 수행하는 것이다. 둘째, 재판의 청구와 그에 따른 재판은 이해의 확보라는 공통의 기반 위에서 각각의 발화수반행위를 수행할 수 있게 된다. 셋째, 재판이 이해의 확보를 위해서 그 이유 내지 근거의 제시를 동반해야 하는 것이라면, 그러한 재판을 청구한

---

50) J.L. Austin, 위의 책, 139면. [번역문에는 "관습적인"으로 되어 있으나, 원문에는 "conventional"로 되어 있다.] 발화수반행위와 관행(convention)의 관련성에 대한 지적은 여러 차례 반복되고 있다. 가령 133–137면, 146–149면, 151–152면 참조.

51) J.L. Austin, 위의 책, 191면

52) J.L. Austin, 위의 책, 194면. 오스틴은 이에 더해 "판정의 결과 혹은 판정의 결과에 포함될 수 있는 행동을 하도록 책임을 지운다."는 설명도 하고 있다.

다는 것은 사안의 종국적 해결 방향에 대한 명확한 판단을 구하는 것일 뿐 아니라, 그러한 판단이 기초로 삼고 있는 이유 내지 근거의 제시를 구하는 것이기도 하다. 넷째, 재판의 청구가 법적 판단의 이유 내지 근거의 제시도 구하는 것이며, 헌법 제27조가 재판의 청구 가능성을 법적으로 보장하고 있다면, (파인버그가 말하는 "행위로서의 청구"의 첫 번째 의미인) **수행적 의미**에 해당하는 법적 권리의 행사로서 재판의 청구는 그 자체로 일정한 법적 효과가 발생하도록 만들 수 있기 때문에 법원은 "재판 청구의 직접적 효과로서(derivatively), 그리고 재판청구권에 대응하는 (corresponding) 의무로서"[53] 재판의 이유 내지 근거를 제시할 의무를 부담하게 된다.

앞에서의 논의를 통해 법원은 재판청구권 행사의 효과로서, 또한 재판 청구권에 대응하여 재판의 이유 내지 근거를 제시할 의무를 부담한다는 것을 확인하였다. 주의할 점은 이미 언급한 바와 같이 법관의 '모든' 법적 판단에 대해서 항상 그러한 것이 아니라, 샤우어가 지적한 바와 같이 "법원이 다루었던 사안과 관련하여 당해 법원이 무엇을 한 것인지를 설명하는 데 절대적으로 필요한" 이유 내지 근거일 경우에 한하여 그러한 의무를 부담한다고 말할 수 있다는 것이다.

사실 그와 같은 정도의 이유 내지 근거의 제시는 이미 소송법상으로도 요구되고 있는 것이라 할 수 있다. 가령 형사소송법은 제361조의 5 제11 호에서 "판결에 이유를 붙이지 아니하거나 이유에 모순이 있는 때"는 판

---

53) 이는 권리의 우선성을 나타내기 위한 표현이라 할 수 있다. 여기서 특정한 권리와 의무 사이의 대응관계를 인정하는 것이 양자 중 어느 하나에 보다 우선적이고 기초적인 지위를 인정하는 것과 모순되지는 않는다는 점을 유의할 필요가 있다. 이에 관해서는 Jeremy Waldron, *The Right to Private Property* (Clarendon Press, 1990), p.68 이하 참조.

결에 영향을 미쳤는지에 상관없이 바로 그 사유를 항소이유로 할 수 있다고 정하고 있으며, 민사소송법은 제208조 제1항 제4호에서 판결서의 기재사항 중에 "이유"를 포함시키고 있을 뿐 아니라, 제424조 제1항 제6호에서 "판결의 이유를 밝히지 아니하거나 이유에 모순이 있는 때"를 절대적 상고이유로 정함으로써, 바로 그러한 사유가 있다는 사실만으로 "상고에 정당한 이유가 있는 것"으로 취급하고 있다.

그렇지만 이와 같은 소송법 규정들이 제대로 준수되지 않는 경우가 많다는 점은 이미 널리 알려진 사실이라 할 수 있다.[54] 필자가 재판청구권 내지 재판을 받을 권리의 의미에 대한 분석을 통해, 법관이나 법원이 재판의 이유 내지 근거를 제시해야 한다는 요구가 재판청구권의 개념으로부터 도출된다는 점을 밝히고 있는 까닭도 바로 이러한 현실을 교정할 수 있는 실천적인 논거를 마련하고자 함에 있는 것이다. 필자의 분석에 따를 때 법원이 이유를 제시하지 않을 경우 그것은 단순히 항소이유가 되는 데 그치지 않고, 재판청구권 자체를 침해하는 데 이를 것이기 때문이다.

---

54) 예컨대 정종섭은 헌법적 문제의 해결에 있어서 답의 확정보다 그 답을 찾아내는 과정으로서 논증의 작업이 중요하다는 점을 밝히면서, 대법원이 "논증이 전혀 없는 형태로", "결론만 내린" 사례를 제시하며 비판하고 있다. 정종섭, 앞의 글, 162면 및 169면 주 7) 참조; 송기춘은 헌법교육에서 헌법 판례에 대한 비판적 태도를 유지해야 함을 강조하는데, 그것은 판례가 제시하는 이유 내지 근거가 "논리적 비약 또는 모순"이라는 흠을 보이거나, 실제로는 결론과 아무런 관련성이 없어서 단지 "이론적 치장 또는 위장"에 불과하거나, "재판관의 편견"에 기초하여 정당화될 수 없는 경우가 많기 때문이라는 점을 예증하고 있다. 송기춘, "헌법 판례와 법학전문대학원의 헌법교육", 『세계헌법연구』 제16권 제4호(세계헌법학회 한국학회, 2010), 178-189면 참조; 한상희는 신속한 재판을 받을 권리를 공동화하는 헌법재판소의 판례를 논리적·분석적으로 비판하면서 마치 재판의 지연에 합리적인 이유가 있는 듯이 설시하고 있지만, 사실은 "자의적이거나 구조적인 법원운용행태"를 지속하는 과정에서 아무런 "실질적인 이유"의 제시 없이 재판 지연의 사태가 방치되고 있음을 폭로하고 있다. 한상희, 앞의 글, 7면 및 13면 참조.

크레인 게임기 사건

2010년 6월 24일 대법원은 크레인 게임기[55]가 게임산업진흥에 관한 법률(이하 게임산업법으로 약칭) 제2조 제1호의 게임물에 해당한다는 판결[56]을 내린 바 있다. 이 조항에 따르면 게임물이란 기본적으로 "컴퓨터프로그램 등 정보처리 기술이나 기계장치를 이용하여 오락을 할 수 있게 하거나 이에 부수하여 여가선용, 학습 및 운동효과 등을 높일 수 있도록 제작된 영상물 또는 그 영상물의 이용을 주된 목적으로 제작된 기기 및 장치"를 뜻하는데, 이 정의 조항을 어떻게 읽어야 하는지에 대하여 1심 판결[57]과 항소심 판결[58]의 견해가 대립하고 있는 가운데 대법원은 적어도 이 조항의 해석 문제에 있어서는 원심인 항소심의 판단과 동일한 '결론'을 제시하고 있다.

1심 판결과 항소심 판결의 견해가 충돌하고 있는 지점은 이 정의 조항에 대한 문리 해석 부분이다. 항소심 판결은 1심 판결과 다른 문리 해석의 결과를 제시하면서 그것이 역사적 해석이나 목적론적 해석의 관점에서 보더라도 더 합당하다고 보고 있다. 그리고 대법원은 주로 역사적 해석의 측면에서 항소심 판결의 '결론'을 지지하고 있는 것으로 보인다.

이러한 사정으로부터 대법원은 다음과 같은 두 가지 입장 중 하나를 전제로 하고 있을 것으로 생각해 볼 수 있다.[59] 첫째, 문리 해석의 측면에

---

55) (영화 "토이 스토리" 시리즈에 나오는 것처럼) 핸들이나 버튼을 조작하여 기계적인 방식으로 인형 등을 집어 꺼내는 놀이를 할 수 있도록 설계된 기구를 말한다.

56) 대법원 2010. 6. 24. 선고 2010도3358 판결

57) 전주지방법원 2009. 8. 11. 선고 2009고정434 판결

58) 전주지방법원 2010. 2. 11. 선고 2009노890 판결

59) 뒤에서 언급되고 있는 바와 같이 대법원의 입장은 굳이 문리 해석 부분을 따로 떼어

서 최소한 1심 판결과 동등한 수준의 해석적 가능성을 제시하고 있는 항소심 판결이 역사적 해석의 측면에서도 지지를 얻고 있기 때문에 최종적으로 옳은 것이다. 둘째, 문리 해석의 측면에서는 1심 판결이 더 나은 해석을 제시하고 있지만, 역사적 해석의 결과와 종합해 볼 때 최종적으로는 항소심 판결이 옳은 것이다.

만일 대법원이 첫 번째 입장을 전제로 하고 있는 것이라면, 그러한 전제 자체가 올바른 것인지를 확인해 보아야 할 것이다. 그러한 확인을 위해서는 다음과 같은 두 가지 단계의 검토를 필요로 한다. (문리 해석적 측면에 대한 대법원의 판단이 제시되어 있지 않기 때문에) 도대체 어떠한 근거에서 항소심 판결이 1심 판결과 동등하거나 혹은 그보다 나은 문리 해석적 가능성을 제시하는 것으로 판단했을지 추정할 필요가 있으며, 또한 그러한 '추정된' 판단 근거가 대법원의 '실제' 판단 근거라는 가정하에 그것이 과연 '올바른' 판단 근거라 할 수 있는지를 검토해야 할 것이다.

반면에 만일 대법원이 두 번째 입장을 전제로 하고 있는 것이라면, 그러한 종합적 판단의 실질적인 근거가 과연 무엇인지를 확인해 보아야 할 것이다. 왜냐하면 단순히 문리 해석이니 역사적 해석이니 하는 "해석카논"의 서열을 제시함으로써 그러한 판단에 도달할 수 있을지에 대해서는 회의적이라 할 수 있기 때문이다.[60]

결국 대법원의 견해가 무엇인지를 이해하고자 할 경우 던지게 될 구체

서 판단할 필요가 없다는 것이었을 수도 있다. 그러한 입장 자체도 문제라 할 수 있지만 보다 근본적인 문제는 이미 살펴본 바와 같이, 이유 내지 근거의 제시가 제대로 이루어지지 않음으로써 추정의 상황이 발생하고 있다는 것이라 할 수 있다. 이에 대해서는 Mathilde Cohen, *op. cit.*, pp.343–344 참조.

60) Robert Alexy, 앞의 책, 24면 참조.

적인 두 가지 질문은 다음과 같이 요약될 수 있을 것이다. 첫째, 문리 해석의 측면에서 항소심 판결이 과연 1심 판결보다 낫거나 적어도 그와 동등한 수준의 해석적 가능성을 제시하고 있는가? 둘째, 만일 그렇지 않다면, (문리 해석의 측면에서 설득력이 떨어지는) 항소심 판결을 최종적으로 옳은 해석으로 새기도록 하는 조건은 과연 무엇인가?

문언의 통상적 의미

위와 같은 질문에 답하기 위해서는 게임산업법 제2조 제1호에 관하여 문리 해석 및 역사적 해석의 측면에서 고찰해 보아야 할 것이다. 먼저 문리 해석의 측면에서는 기본적으로 1심 판결과 항소심 판결이 제시하고 있는 해석적 대안들에서 출발하여, 이른바 문언의 **'통상적 의미'**[61] 또는 **'가능한 의미'**[62]에 따른 이해와 부합하는 해석이 무엇인지를 살펴보게 될

---

61) 대법원 2002. 2. 21. 선고 2001도2819 전원합의체 판결 참조. "형벌법규는 문언에 따라 엄격하게 해석·적용하여야 하고 피고인에게 불리한 방향으로 지나치게 확장해석하거나 유추해석하여서는 아니된다. 그러나 형벌법규의 해석에 있어서도 <u>법률문언의 통상적인 의미를 벗어나지 않는 한</u> 그 법률의 입법취지와 목적, 입법연혁 등을 고려한 목적론적 해석이 배제되는 것은 아니다."[필자의 밑줄]

62) 대법원 1997. 3. 20. 선고 96도1179 전원합의체 판결 참조. "형벌법규의 해석에 있어서 <u>법규정 문언의 가능한 의미</u>를 벗어나는 경우에는 유추해석으로서 죄형법정주의에 위반하게 된다. 그리고 유추해석금지의 원칙은 모든 형벌법규의 구성요건과 가벌성에 관한 규정에 준용되는데, 위법성 및 책임의 조각사유나 소추조건에 관하여 그 범위를 제한적으로 유추적용하게 되면 행위자의 가벌성의 범위는 확대되어 행위자에게 불리하게 되는 바, 이는 가능한 문언의 의미를 넘어 범죄구성요건을 유추적용하는 것과 같은 결과가 초래되므로 죄형법정주의의 파생원칙인 유추해석금지의 원칙에 위반하여 허용될 수 없다고 할 것이다. 형의 면제는 유죄로는 인정하되 형벌만을 과하지 아니하는 것으로서

것이다.[63] 다음으로 역사적 해석의 측면에서는 과거 '음반 및 비디오물에 관한 법률'이나 '음반·비디오물 및 게임물에 관한 법률'에 따른 게임물의 정의에서 출발하여, 문제가 되고 있는 게임산업법상의 게임물 정의 조항에 대한 이해로 나아가야 할 것이다.

하지만 위와 같은 방법론적 고찰을 여기서 본격적으로 시도하는 것은 그다지 적절해 보이지 않는다.[64] (우리의 주된 관심사는 어디까지나 재판청구권의 개념과 그것의 법적 효과로서 법원의 논증의무를 살펴보는 것이다.) 따라서 현재의 논의 전개에 필요한 최소한의 검토만을 수행하기로 한다면, 대체로 다음과 같은 내용을 확인해 볼 수 있을 것이다.

먼저 1심 판결에 의하면 이 정의 조항의 의미 단위는 크게 두 부분으로 구성되어 있다. 그에 따라 게임물이란 첫째, '컴퓨터프로그램 등 정보처리 기술이나 기계장치를 이용하여 오락을 할 수 있게 하거나 이에 부수하여 여가선용, 학습 및 운동효과 등을 높일 수 있도록 제작된 영상물'이거나 둘째, '그 영상물의 이용을 주된 목적으로 제작된 기기 및 장치'여야 한다는 것이다. 간단히 말해서 게임물은 ① 일정한 범위의 영상물이거나 ② 그러한 영상물의 이용을 주된 목적으로 제작된 기기 및 장치이기 때문에,

---

처벌을 조각하는 사유라고 할 것인바, 형면제 사유에 관하여도 위의 경우와 같이 법규정의 문언보다 축소하는 제한적 유추적용을 하게 되면 처벌되는 범위가 확대되어 행위자에게 불리하게 되므로 허용될 수 없다고 보아야 할 것이다."[필자의 밑줄]

63) 문언의 통상적 의미와 가능한 의미의 대비에 대해서는 최봉철, "대법원의 법해석론", 『법학연구』 제8권(연세대 법학연구소, 1998), 198-199면 참조.

64) 한편, 실제 위에서 제시된 순서에 따라 크레인 게임기 사건에 관한 대법원의 입장을 전통적인 방법론의 차원에서 본격적으로 분석·비판하고 있는 글로는 황승흠, "크레인 게임기는 게임물인가?: 대법원 2010.6.24. 선고 2010도3358 판결의 게임물 정의 조항에 대한 문리해석과 그것에 대한 비판적 검토", 『법학논총』 제24권 제2호(국민대 법학연구소, 2011), 10-44면 참조.

게임물의 개념 규정 요소로서 영상물의 개념은 불가결한 것이 된다.[65]

이에 반하여 항소심 판결은 이 정의 조항의 의미 단위를 세 부분으로 파악하는 것이 (문언의 통상적 의미 범위 내에서) 가능하다고 본다. 다시 말해서 이 정의 조항에 따른 게임물은 첫째, '컴퓨터프로그램 등 정보처리 기술이나 기계장치를 이용하여 오락을 할 수 있게 하거나 이에 부수하여 여가선용, 학습 및 운동효과 등을 높일 수 있도록 제작된 영상물'이거나 둘째, '그 영상물의 이용을 주된 목적으로 제작된 기기'이거나 혹은 셋째, '컴퓨터프로그램 등 정보처리 기술이나 기계장치를 이용하여 오락을 할 수 있게 하거나 이에 부수하여 여가선용, 학습 및 운동효과 등을 높일 수 있도록 제작된 장치'를 포함하는 것으로 해석할 수 있다는 것이다. 간단히 말하자면 게임물은 ① 일정한 범위의 영상물이거나 ② 그러한 영상물의 이용을 주된 목적으로 제작된 기기이거나 ③ 일정한 범위의 장치이기 때문에, 영상물의 개념은 더 이상 게임물의 개념 규정 요소로서 불가결한 것이라 할 수 없게 되는 셈이다.[66]

문리 해석의 측면에서 항소심 판결이 제시하고 있는 이유 내지 근거는 위 정의 조항을 이상과 같이 세 개의 의미 단위로 나눠 읽는 것도 가능하다는 주장밖에 없다. 반면에 1심 판결은 두 개의 의미 단위로 나눠 읽는 것만이 유일하게 가능한 독법이라고 판단하고 있다. 따라서 위 정의 조항을 두 개의 의미 단위로 나눠 읽어야 하는가 아니면 세 개의 의미 단위로 나눠 읽어도 되는가의 문제가 문리 해석 자체와 관련해서는 핵심적인 그리고 유일한 쟁점이 되고 있다고 말할 수 있다. 그럼에도 불구하고 대

---

65) 따라서 영상물과 무관한 크레인 게임기는 게임산업법상의 게임물 규율에서 제외된다.

66) 따라서 비록 영상물과 무관하더라도 크레인 게임기는 게임산업법상의 게임물 규율에서 제외되지 않을 수 있다.

법원이 이 문제를 어떻게 판단하고 있는지 알 수 없는 상황인 것이다. 심지어 그러한 쟁점이 어떻게 판가름 나는지에 따라서 (무려) 형벌 조항이 적용되거나(항소심 판결), 적용되지 않는다는(1심 판결) 극과 극의 결론을 예정하고 있는 상황이었음에도 불구하고 말이다.[67]

이 사례에서 법원의 논증의무, 혹은 (구체적으로) 판단의 이유 내지 근거를 제시할 의무와 관련하여 주목해야 할 점은 크게 두 가지 정도라 할 수 있다.

첫째, 문리 해석의 측면에서 항소심 판결이 제시하고 있는 이유 내지 근거가 사실은 전혀 실질적인 이유 내지 근거가 될 수 없는 것이었다는 점이다. 항소심 판결은 1심 판결을 배척하면서 (밑도 끝도 없이) 그저 '다르게 읽는 것도 가능하다'고 말하고 있을 뿐, 그것이 왜 "문언의 통상적 의미" 기준에 부합한다는 것인지 이유를 제시하지 않고 있다.[68] 이 점을 보다 분명히 짚고 넘어가기 위해 다음과 같은 두 표현을 비교해 보도록 하자.

[S-1] 게임물의 정의: 컴퓨터프로그램 등 정보처리 기술이나 기계장치를 이용하여 오락을 할 수 있게 하거나 이에 부수하여 여가선용, 학습 및 운동

---

[67] 비록 대법원이 다른 이유를 들어 사건을 파기 환송하였지만, 논증의 충실성이라는 측면에서의 우려는 전혀 해소하지 못하고 있다.

[68] 전주지방법원 2010. 2. 11. 선고 2009노890 판결 참조. "그런데 위 정의규정에 대한 문리적인 해석상 위 피수식어를 '영상물'에 국한시키는 해석이나 위 피수식어를 '영상물'과 '장치'로 보는 해석이 모두 가능한 것으로 보이므로 위 피수식어를 '영상물'과 '장치'로 보아, 위 '게임물'의 개념에 ① 위 영상물, ② 그 영상물의 이용을 주된 목적으로 제작된 기기, ③ 장치의 세 가지 개념이 포함되는 것으로 해석하는 것이 법률문언의 통상적인 의미를 벗어난 해석이라고 볼 수는 없다."[필자의 밑줄]

효과 등을 높일 수 있도록 제작된 영상물 **또는** 그 영상물의 이용을 주된 목적으로 제작된 기기 **및** 장치

[S-2] 소설 이해의 포인트: 도발적이면서도 지적이고, 이에 더해 긴장감에다 인간미마저 넘치는 스토리 **또는** 그 스토리의 배후에 자리하는 역사 **및** 작가

[S-1]을 항소심 판결과 같이 읽는다는 것은, [S-2]를 두고 '도발적이면서도 지적이고, 이에 더해 긴장감에다 인간미마저 넘치는 작가'가 소설 이해의 포인트 중의 하나라고 읽는 것과 같다. 이에 대해서 비록 표현의 내적 구조가 동일한 경우라 하더라도 표현의 내용에 따라 읽는 방식이 달라질 수 있다는 반론이 있을 수 있다고 하자. 그러나 항소심 판결이 기대고 있는 "문언의 통상적 의미"는 (1) 예외적 내용의 표현에 대해서만 추가적으로 인정될 수 있는 특별한 독법과 (2) 동일한 구조를 지니는 모든 표현에 대해서(따라서 예외적 내용의 표현에 대해서조차) 인정되는 일반적인 독법 중 어디에서 구해야 하는가? 그리고 어떤 표현의 내용이 (그 표현에 대해서 특별한 독법이 인정되는) 예외적 내용인지 여부는 어떻게 확인할 수 있는가?[69]

둘째, 1심 판결과 항소심 판결이 극단적으로 대립하고 있는 문리 해석의 핵심적 쟁점에 관하여 대법원은 판단 자체를 하지 않고 있거나, 혹은 적어도 판단의 이유 내지 근거를 제시하지 않고 있다는 점이다. 물론 대

---

69) 수범자의 법문 이해가능성을 죄형법정주의의 의미와 긴밀하게 관련짓는 연구로는 김성룡, "유추의 구조와 유추금지", 『법철학연구』 제12권 제2호(한국법철학회, 2009), 66–71면 참조.

법원으로서는 문리 해석 부분을 따로 떼어서 판단하지 않더라도 문제가 되고 있는 법률 조항이 어떻게 해석되어야 하는지에 대해 판단할 수 있다고 본 것일 수도 있다.[70] 그렇지만 1심 판결과 항소심 판결이 매우 구체적인 형태로 현출시킨 쟁점에 대한 판단을 도외시하는 것은 상고심 절차에서의 고유한 논증 과제(하급심 법원들 사이의 논거 경쟁을 해소할 의무)를 포기하는 것일 뿐 아니라, 결과적으로 재판청구권 자체를 침해하는 것이라 할 수 있다.

앞에서 살펴보았듯이 재판을 청구한다는 것 혹은 재판을 받는다는 것이 사안의 종국적 해결 방향에 대한 명확한 판단을 구하는 것일 뿐 아니라, 그러한 판단이 기초로 삼고 있는 이유 내지 근거의 제시를 구하는 것이기도 하다면, 상고심 절차의 판단 대상은 1심 판결과 항소심 판결이 제시하고 있는 상반된 법적 판단의 결론만이 아니라, 각각의 이유 내지 근거들도 포함하는 것이라 할 수 있기 때문이다. 이러한 상고심 절차의 판단 대상에 대하여 역시 적절한 이유 내지 근거를 든 판단이 이루어질 때[71] 최종적으로 사법적 판단의 전체 과정이 마무리되는 것이며, 재판청구권에 대응하는 법원의 의무가 제대로 이행되는 것이라 말할 수 있다.

---

70) 이러한 입장은 사실상 문언의 통상적 의미나 가능한 의미 내에서 해석이 이루어져야 한다는 대법원의 종래 판시 내용에 어긋나는 것이라 할 수 있다.

71) 이에 관해서는 김영환, 앞의 글, 179면 참조. 여기서 김영환은 다음과 같이 말하고 있다. "다시 말해 법적 결정의 정당성은 단지 판결이 해당조문에 따라 이루어졌다는 사실만에 의해서는 확보될 수 없고, 오히려 이와 같은 논거들이 왜 정당한가의 논거를 밝혀야만 한다는 것이다."[필자의 밑줄]

낮은 문턱

이상의 논의를 마무리하는 지점에서 (다소 늦었지만) 한 가지 반드시 생각해 보아야 할 문제가 있다: "헌법재판소는 과연 재판청구권의 의미를 어떻게 새기고 있을까?" 재판청구권이 우리 헌법 제27조의 규정을 통해 보장되고 있는 기본권이니만큼, 헌법에 대한 최종적 해석 권한을 가지는 헌법재판소의 입장이 무엇인지 궁금하지 않을 수 없다.

재판청구권은 국민의 헌법상의 기본권과 법률상의 권리가 법원의 재판절차에서 관철되는 것을 요청하는 것이기 때문에, 헌법이 특별히 달리 규정하고 있지 아니하는 한 하나의 독립된 법원이 법적 분쟁을 사실관계와 법률관계에 관하여 적어도 한 번 포괄적으로 심사하고 결정하도록 소송을 제기할 수 있는 권리를 보장하는 기본권이다. 따라서 재판청구권은 사실관계와 법률관계에 관하여 최소한 한 번의 재판을 받을 기회가 제공될 것을 국가에게 요구할 수 있는 절차적 기본권을 뜻하므로 기본권의 침해에 대한 구제절차가 반드시 헌법소원의 형태로 독립된 헌법재판기관에 의하여 이루어 질 것만을 요구하지는 않는다. 법원의 재판은 법률상 권리의 구제절차이자 동시에 기본권의 구제절차를 의미하므로, 법원의 재판에 의한 기본권의 보호는 이미 기본권의 영역에서의 재판청구권을 충족시키고 있기 때문이다.[72)]

공권력의 행사 또는 불행사로 인하여 헌법상 보장된 기본권을 침해받은

---

72) 헌법재판소 1997. 12. 24. 96헌마172 · 173(병합) 결정

자에게 인정되는 헌법소원 심판청구권은, 기본권의 주체인 국민으로 하여금 … 제도적 장치를 이용하게 하는 수단인 것이다(헌법재판소법 제68조). 헌법은 이 수단을 재판청구권으로 표현하고 있다(제27조 제1항). 이 사법행위청구권은 국민이 사법기관에 접근하는 것을 보장하는 절차적 기본권으로 법의 지배를 담보하는 필수불가결한 전제가 되는 권리이다.[73]

위 결정들에 따르면, 헌법재판소는 재판청구권을 "최소한 한 번의 재판을 받을 기회"에 대한 권리로 이해하고 있다. 이러한 권리는 "(독립적 기관인) 법원의 재판"이라는 절차만 보장되면 곧바로 "충족"되는 것으로, 그것의 본질은 사법기관에 접근할(access) 수 있는 권리, 즉 이른바 **"사법행위청구권"**으로 규정될 수 있다고 한다. 학설에 의하면, "사법행위청구권" 내지 "사법행위청구권으로 이해된 재판청구권"의 핵심은 어디까지나 법원의 설치와 법원에 대한 접근 가능성의 보장에 있다고 한다.

우리 헌법 제27조 제1항은 "모든 국민은 헌법과 법률이 정한 법관에 의하여 법률에 의한 재판을 받을 권리를 가진다."라고 규정하여 '헌법과 법률이 정한 법관에 의하여 재판을 받을 권리'와 '법률에 의한 재판을 받을 권리', 그리고, 단순한 '재판을 받을 권리', 즉 사법행위 청구권을 정하고 있다. … 사법행위 청구권은 앞서 언급한 바와 같이 당사자 간의 권리의무 및 법적 지위에 관한 구체적인 분쟁(법률상의 쟁송)에 관하여 법원의 법적 판단을 구하고 그 집행을 요구할 수 있는 권리를 의미하는 바, 이는 법원의 설치

---

73) 헌법재판소 2001. 2. 22. 99헌마461, 2000헌마258(병합) 결정("재판관 이영모의 별개의견")

및 그 법원에의 접근 가능성 보장을 그 주된 규범적 내용으로 한다.[74]

하지만 우리가 중세적인 사법 인프라 미비의 시대에 살고 있는 것이 아닌 한, 단순히 법원이 설치되고 그에 대한 접근 가능성이 보장된다고 해서 민주주의 국가의 주권자인 국민들에게 재판청구권이 제대로 보장된 것이라 단언할 수는 없다.[75] 분명 과거의 어느 시점에는 그와 같은 여건의 정비야말로 재판청구권의 보장을 이끌어 낸 절박한 과제였을 수 있지만, 법의 의미라는 것은 우리가 발붙이고 있는, 끊임없이 변화하는 현실에 비추어 늘 새롭게 파악될 수 있는 것이다. (사실 이른바 '해석을 통한 법의 발전'은 사법의 오랜 이상이기도 하다.) 헌법 제27조 제1항이 보장하고 있는 재판청구권의 의의를 여전히 사법 서비스에 대한 접근 가능성의 보장에서 찾으면서, 정작 그 서비스의 본질에 대한 탐구는 소홀히 한다면, 이는 마치 "저 문 너머에 무엇이 기다리고 있을지 모르지만, 어쨌든 들어가게는 해 줄게."라고 말하며 으스대는 것이나 다를 바 없어 보인다.

---

74) 장석조, "사법행위청구권—재판을 받을 권리—", 『안암법학』 제6권(안암법학회, 1997), 300—317면

75) 필자의 견해와 유사한 입장으로는 김상겸, "법치국가의 요소로서 절차적 기본권—재판청구권과 관련하여—", 『아 · 태공법연구』 제7집(아세아태평양공법학회, 2000), 167면 참조.

10

수수께끼

A(p⊃q), B(p), ∴ Z(q)로 이어지는 추론이 있다. 거북이는 A·B를 참이라고 보지만, A·B가 참이면 Z도 참이어야 한다는 것(C)은 도저히 못 믿겠다고 말한다. 아킬레스가 C를 믿어 달라 설득하니, 거북이는 알겠노라한다. 여기서 수수께끼 하나. 자, 이제 A·B·C가 참이니까, 거북이는 Z를 참이라고 볼까?

앞서 우리는 몇 차례 '관행' 개념과 마주친 적이 있다. 제8장에서 다루었던 관습헌법 결정은 '관행의 존재'를 관습법의 성립 요건 중 하나로 꼽았지만, 정작 관행 개념에 대한 이해가 없었다는 비판을 받아야 했다. 한편 제9장에서 시도했던 재판청구권 개념의 분석은 '관행의 힘'을 바탕으로 수행되는 발화수반행위에 초점을 둔 것이었다.

여기서는 관행 개념 자체를 주제로 삼아 그에 얽힌 철학적 논의들을 잠시 살펴보려고 한다. 사실 관행 개념은 아직 우리가 온전히 풀어내지 못한, 뒤엉킨 실타래 같은 그 무엇이다. 그것은 어느 순간 법과 제도의 산실을 자처하다가도, 이내 비틀린 욕망의 변명이 되어 있다. 무엇이든 허물고 또 짓는 발랄함을 풍기는가 싶더니, 어느 것 하나 쉽게 바꾸지 않는 완고함을 뽐낸다.

제9장에 이어 다시 분석철학 내지 언어철학의 길 위에서 법의 문제를 위한 실마리를 찾게 될 것이다. 비트겐슈타인(L. Wittgenstein), 콰인

(W.V.O. Quine) 등의 통찰과 유산을 따라, 이제 관행 개념의 엉킨 매듭을 풀어 나가 보자.

사회적 관행과 관행주의

이하의 논의는 "**관행**(convention)"이라는 개념이 법철학적 사고와 만나게 되는 지점을 조망하는 것을 목표로 하고 있다. 국내에서의 상황에 한해 본다면, 관행 개념에 대한 기존의 법철학적 논의는 주로 흄(D. Hume)의 『인간 본성에 관한 논고 *A Treatise of Human Nature*』 제3권의 내용을 토대로 이루어졌다고 말할 수 있을 것이다.[1] 주지하는 바와 같이 이 저서에서 흄은 재산권에 관한 규칙의 점진적인 발생 기제를 관행 개념을 통해 설명하면서, 다음과 같은 유명한 진술을 남긴 바 있다.

관행은 공동의 이익이라는 일반적 감각일 뿐이다. 모든 사회 구성원들이 가지고 있고 서로에게 표현하는 이 감각은 그들로 하여금 일정한 규칙들에 따라 자신들의 행동을 규율하게 한다. 나는 당신이 나에게 동일한 방식으로

---

1) 대표적으로 양선숙의 일련의 연구들을 들 수 있다. 양선숙, "법, 규범성, 그리고 규칙 준수의 동기에 대한 관행론적 이해", 『법철학연구』 제15권 제3호(한국법철학회, 2012)에서는 관행에 대한 흄의 이론을 이해함에 있어 타산적 고려만이 아니라 의무감의 요소도 중요하다는 점을 지적하고 있다. 양선숙, "흄의 정의론 연구—재산권 규칙의 정립과 관련한 묵계(Convention)를 중심으로—", 『법학연구』 제51권 제4호(부산대 법학연구소, 2010)에서는 관행 개념을 통해서 재산권 규칙의 정립 문제를 설명하고 있는 흄의 기본 입장을 비교적 상세히 소개하고 있다. 한편 양선숙, "수도-서울 명제의 관습헌법 성립에 대한 비판적 검토", 『법철학연구』 제9권 제2호(한국법철학회, 2006)의 경우는 이른바 관습헌법의 개념을 언급하고 있는 헌법재판소의 결정에 대해 흄의 관행 이론에 근거한 비판을 제기하고 있다.

행동한다면, 당신이 당신의 물건을 갖도록 내버려두는 것이 나에게도 이익이 될 것임을 안다. 당신도 내가 그럴 것이라면, 당신의 행동을 동일한 방식으로 규율하는 것이 당신에게 이익이 될 것임을 안다. 우리의 이익이 어디에 놓여 있는지에 대한 이 같은 공유된 감각이 상호적으로 표현되고 우리 쌍방에게 알려질 때, 그것은 적절한 결정과 적절한 행위를 산출하게 된다. 이것은 비록 약속을 수반하는 것은 아니지만, 우리 사이의 관행이나 합의라고 부르기에 충분하다. 왜냐하면 우리 각자의 행동들은 상대방의 행동들과 관계되고, 상대방이 어떻게 행동할지에 대한 추정에 입각해 수행되기 때문이다.[2]

관행에 대한 흄의 이해는 대체로 다음과 같은 특징을 지니는 것으로 설명된다.[3] 첫째, 관행은 참여자들의 상호 이익에 기여한다. 둘째, 관행은 명시적인 합의나 약속의 결과물일 것을 요하지 않는다. 셋째, 참여자 각자는 다른 참여자들도 관행을 준수한다고 믿는다. 넷째, 그러한 믿음

---

2) D. Hume, 이준호 역,『인간 본성에 관한 논고: 제3권 도덕에 관하여』(서광사, 2008/1739–40), 254면. 베넷(Jonathan Bennett)의 텍스트와 대조하여 번역본의 문장을 전체적으로 수정했음을 밝힌다. 한 가지 언급할 점은 흄이 사용하고 있는 "agreement"라는 말을 여기서는 그냥 "합의"로 번역하고 있다는 점이다. 양선숙(2012)은 이를 "일치"로 번역하면서, 그 이유를 흄이 말하는 "convention"의 1차적 의미가 "일치"이기 때문이라고 밝히고 있다(43면). 기본적으로는 옳은 해석이라 생각한다. 하지만 이 글에서는 콰인(W.V.O. Quine)과 루이스(D. Lewis)의 논의 맥락을 함께 고려할 필요가 있을 뿐 아니라, 부수적으로는 흄의 표현이 "약속한 것은 아니지만 거의 합의나 진배없다."는 취지라고 해석될 여지도 없지 않아서, 일정한 맥락적 이해의 보충을 전제로 "합의"라는 번역을 유지하기로 했다. 한편 뒤에서 언급하게 될 비트겐슈타인(L. Wittgenstein)의 "agreement in form of life" 개념은 통상적인 예에 따라 "삶의 형식에서의 일치"로 번역했는데, 그 이유는 표현의 취지 같은 것을 감안하더라도 여기서는 "합의"라는 번역이 적절치 않다고 생각했기 때문이다.

3) Michael Rescorla, "Convention", *The Stanford Encyclopedia of Philosophy* (Spring 2011 Edition), Edward N. Zalta (ed.), URL = ⟨http://plato.stanford.edu/archives/spr2011/entries/convention/⟩, section 3.1

을 전제로 참여자 각자는 관행을 준수할 이유를 가지게 된다. 흄의 진술은 오늘날까지도 관행 개념에 대한 가장 핵심적인 통찰을 제공하는 것으로 보이며, 이러한 이유에서 흄의 견해가 관행 개념에 관한 법철학적 검토 작업의 '출발점'으로서 여전히 유효하다고 말할 수 있을 것이다.

하지만 (현재) 필자의 관심은 출발점 자체보다는 이후 어떤 식으로 논의가 이어졌는지를 파악하는 데 더 기울어져 있다. 위에서 관행이라는 개념이 법철학적 사고와 만나게 되는 "지점"을 조망하고자 한다는 말은 (이러한 의미에서 볼 때) 정확하게는 관행 개념이 법철학적 사고로 이어지는 어떤 '경로'를 그려 보고자 한다는 뜻이었음을 분명히 해야 할 것 같다. 그와 같은 경로로서 이제 살펴보게 될 것은 두 가지이다. 하나는 분석/종합의 구별 문제를, 다른 하나는 사실/규범의 구별 문제를 관통하는 경로들이다. **분석/종합의 구별** 문제와 관련해서는 '콰인(W.V.O. Quine)의 회의주의적 도전에 대한 루이스(D. Lewis)의 대응'이라는 맥락에서 관행 개념이 어떠한 역할을 하고 있는지를 생각해 볼 것이다. 또한 **사실/규범의 구별** 문제와 관련해서는 '비트겐슈타인(L. Wittgenstein)의 해석학적 통찰을 사회과학 분야에 도입하고 있는 윈치(P. Winch)의 논의' 맥락에서 관행 개념이 어떻게 자리매김하게 되는지를 살펴보게 될 것이다.

이러한 경로들을 따라가다 보면 법철학이나 사회과학 분야에서 주로 관심을 가지고 있는 **'사회적 관행**(social convention)'의 문제와 언어철학이나 분석철학 분야에서 주로 논의되고 있는 **'관행주의**(conventionalism)'의 문제를 서로 긴밀하게 연결시켜 이해할 수 있을 것으로 본다.[4] 나아

---

4) 사실 이러한 각도에서 접근하는 것은 흄의 철학을 전체적으로 이해하는 데 필요한 것이기도 하다. "관행주의" 논쟁의 근원을 추적하다보면 칸트의 분석/종합 구별에 이르게 되는데, 이러한 칸트의 작업에 직접적인 계기가 된 것이 바로 흄에 의한 관념들의 관계

가 각각의 경로는 그 자체로 관행 개념이 법철학적 사고로 이어지게 되는 지점, 즉 어떤 이론적인 접점과도 같은 것을 예시해 줄 것으로 기대되는데, 하나는 콜먼(J. Coleman)이나 포스테마(J. Postema)의 견해와 같이 '하트(H.L.A. Hart)의 승인율(rule of recognition)을 흄이나 루이스가 설명하고 있는 조정 관행(coordination convention)의 일종으로 이해하는' 지점이고,[5] 다른 하나는 힐(H. Hamner Hill)이나 김현철의 지적에서 보듯이 '하트가 『법의 개념』에서 보여주고 있는 방법론에 대하여, 윈치가 전개하고 있는 비트겐슈타인 해석이 큰 영향을 끼친 것으로 이해하는' 지점이다.[6] 전자는 이론의 '**내용**'적인 측면에서, 후자는 그 '**방법론**'의 측면에서 각각 관행 개념과 법철학적 사고의 접점들을 확보하고 있는 것으로 평가해 볼 수 있을 것이다.

(relations of ideas)/사실 문제(matters of fact)의 구별(Hume's fork)이다. 따라서 어떻게 보면 사회적 관행의 문제와 관행주의의 문제가 모두 흄의 철학에서 비롯된 것이라고도 할 수 있어서, 양자의 문제가 그의 철학 체계 내에서 어떻게 공존하고 있는지를 탐구하는 것은 그의 철학을 제대로 이해하려면 반드시 거쳐야 하는 과정일 수 있다는 것이다. 한편 이 책에서는 "관행주의"라는 개념을 언어철학 내지 분석철학적 논의 전통에 따라 사용하고 있으며, 드워킨(R. Dworkin)의 예에서 볼 수 있는 바와 같이 법의 개념에 대한 특정한 이해 방식을 지칭하는 것으로 사용하지는 않고 있다. 그렇지만 여기서의 논의가 후자의 취지를 보다 잘 이해할 수 있도록 하는 데 도움이 될 것이라는 점은 분명하다고 말할 수 있다.

5) J. Postema, *Legal Philosophy in the Twentieth Century: The Common Law World* (Springer, 2011), p.494 이하 참조. 양선숙(2012)에서도 이러한 논점을 언급하고 있다(44면).

6) B. Bix, "H.L.A. Hart and the Hermeneutic Turn in Legal Theory", *SMU Law Review* 52, 1999, p.187 이하; 김현철, "하트 법이론의 철학적 의의에 대한 비판적 고찰", 『법학논집』 제11권 제2호(이화여대 법학연구소, 2007), 43면 이하 참조. 하트의 방법론에 대한 윈치의 영향을 명시하고 있지는 않지만, 하트의 방법론이 가지고 있는 해석학적 측면을 비교적 상세히 설명하고 있는 글로는 김건우, "하트의 내적 관점이란 무엇인가?", 『법철학연구』 제16권 제1호(한국법철학회, 2013), 113면 이하 참조.

분석/종합 구별

칸트(I. Kant) 이래로 분석적 진리(analytic truth)와 종합적 진리 (synthetic truth)의 구별은 인식론의 과제와 철학의 정체성에 대한 고민의 화두였다고 말할 수 있다. 칸트의 구별 기준에 만족스럽지 못한 점을 발견한 사람들, 특히 분석철학의 발전을 이끌었던 많은 학자들은 대체로 전자를 "사실"과 무관하게 말의 "의미"에 의해서만 참이 되는 경우로, 후자를 "사실"에 의해서 참이 되는 경우로 규정하고 있다.[7] 이에 대하여 콰인은 그러한 구별을 안전하게 확보해 주는 기준을 제시하려는 노력들이 모두 실패로 돌아갔으며, 그 까닭은 애초에 그러한 구별이라는 것이 경험주의자들의 형이상학에 불과하기 때문이라고 지적한다.[8] 콰인의 비판은 주로 "**분석성**(analyticity)" 개념에 대한 명확한 규정이 존재하지 않음을 보이는 데 집중되어 있다. 그중에서도 종래 대표적인 분석적 진리 혹은 필연적인 진리(necessary truth)로 생각되었던 논리적 진리(logical truth)를 일종의 언어 관행(linguistic convention)에 불과한 것으로 보고자 했던 카르납(R. Carnap)과 같은 논리 실증주의자들의 기획[9]이 직접적

---

7) W.V.O. Quine, "Two Dogmas of Empiricism", *From a Logical Point of View* (Harvard University Press, 1961/1953), p.20

8) *Ibid.*, p.37

9) 논리 실증주의자들이 왜 그러한 시도를 하는 것인지에 대해서는 민찬홍, "월라드 반 콰인", 『현대 철학의 흐름』(동녘, 1996), 443–445면; 한상기, "콰인과 분석/종합 구별", 『범한철학』 제24집(범한철학회, 2001), 212–216면; 한상기, "분석성 개념과 철학의 임무", 『범한철학』 제57집(범한철학회, 2010), 202–208면 참조. 본문에서 convention을 "관행"으로 번역하고 있는 것과 달리 민찬홍은 "규약"으로, 한상기(2010)는 "약정"으로 번역하고 있다. 본문의 내용과 관련하여 주목을 요하는 부분은 카르납과 같은 논리 실증주의자들이 "논리적 진리를 일종의 언어 관행에 불과한 것으로 보고자" 했다고 적고 있는 지점이다. 콰

인 극복 대상이었다고 할 수 있다.[10]

한편 사회적 관행[11]의 개념을 천착했던 루이스가 스스로를 콰인의 회의주의적 도전에 답한 것으로 생각한다는 점[12]은 쉽사리 납득하기 어려운 면이 있다. 통상적인 평가는 루이스가 콰인이 도전하고 있는 주제 자체, 즉 분석성 개념이나 논리적 진리 개념의 지위에 관한 문제를 직접적으로 다루지 않았다는 것이다.[13] 하지만 루이스는 자신이 "나름의 방식으로" 분석성 개념을 구출해 냈다고 생각하고 있다.[14] 그 방식이라는 것

인의 서술에 충실한 학자들은 "논리적 진리를 언어 관행에 의한 진리(truth by convention)로 보고자" 했다고 적을 것이기 때문이다. 벤-메나헴(Ben-Menahem)은 이들 두 표현이 갖는 근본적인 차이점을 다음과 같은 말로 지적하고 있다. "관행주의자의 관점에서는 '관행에 의한 진리'라는 것은 잘못된 호칭이다. 왜냐하면 그런 진리는 없기 때문이다. 관행주의자는, 실재론자보다 더, 진리가 명령에 의해 가정되거나 창설될 수 있다고는 믿지 않는다. 오히려 관행주의자의 주장은 진리라고 주장된 것들이 사실은 관행들에 불과하다는 것이다. 구체적으로 말해서, 전통적으로 확고한 우주적 진리로 여겨졌던 필연적 진리라는 것들이 실은 사실이 아닌 관행에 기초를 두고 있는 정의(definitions) 내지 언어 규칙에 불과하다는 것이다. … 이러한 입장에 대하여 관행에 의한 진리라는 관념을 문자 그대로 받아들이는 것보다 더 심각한 오해는 없을 것이다." Y. Ben-Menahem, *Conventionalism* (Cambridge University Press, 2006), pp.232-234

10) 궁극적으로는 콰인 스스로 제시하고 있는 바와 같이 "사변적 형이상학과 자연과학의 경계라고들 하는 것을 흐리게 하기" 그리고 "실용주의로 나아가기"를 위한 것이라 할 수 있을 것이다. W.V.O. Quine, *op. cit.*, p.20 콰인의 자연화된 인식론이 법철학 분야에 미치고 있는 영향에 대해서는 김건우, "라이터(B. Leiter)의 자연화된 법리학의 의의와 사상적 원천", 『법과사회』 제44호(법과사회이론학회, 2013), 156면 이하 참조

11) 이 점은 루이스의 관행 개념과 카르납의 관행 개념이 일치하지 않는다는 증거로 언급되고 있다. 레스콜러(Michael Rescorla)의 지적에 따르면 푸앵카레(Poincaré)나 카르납의 경우 고립된 인식 주체도 원칙적으로는 관행적 규정에 이를 수 있다고 보는 면에서 사회적 요소가 결여된 관행 개념을 전제하고 있다고 한다. Michael Rescorla, *op. cit.*, section 1.2 참조.

12) D. Lewis, *Convention: A Philosophical Study* (Blackwell Publishers, 2002/1969), p.3

13) Ben-Menahem, *op. cit.*, p.2

14) Lewis, *op. cit.*, p.203

은 무엇일까? 주지하듯이 루이스는 언어가 관행에 의해 지배된다는 것을 보이려 하는 과정에서 관행의 개념을 천착하고 있다. 따라서 우선 생각해 볼 수 있는 것은, 우리의 언어 관행이 분석적인 것과 종합적인 것의 완벽한 정의를 제공해 주지 못하고 있다 하더라도 양자의 식별이라는 실천적 과제에 있어서 전혀 문제를 겪지 않고 있음을 이야기하는 방식이다.[15] 그러한 실천적 과제는 공동체 구성원들 사이의 상충하는 이익 실현의 상황이 아니라 호혜적인 이익 실현의 상황을 전제하고 있다는 점에서, (일견) 루이스가 천착하고 있는 관행 개념에 기대되고 있는, '(사회적) **조정 문제**의 해결'이라는 실천적 과제와 그 성격이 같다고 말할 수 있다. 그렇지만 실제로 루이스가 그러한 방식을 채택하고 있는 것인지에 대해서는 좀 더 신중한 검토가 이루어질 필요가 있다.

상대적으로 분명해 보이는 것은 루이스가 이른바 "소급(regression)의 문제"와 "명시성(explicitness)의 문제"를 염두에 두고 있었던 것 같다는 점이다. 이 두 문제는 바로 콰인이 카르납의 기획에 대해 제기하고 있던 것이다.[16] 콰인은 다음과 같이 말하고 있다.

요컨대 곤란한 점은 만일 논리가 간접적으로 관행들에서 기인하는 것이라 한다면, 관행들로부터 논리를 추리해 내기 위한 논리가 필요하다는 것

---

15) 그렇다면 이는 용어 사용의 한결같음에 호소하여 분석/종합 구별을 옹호하려는 시도의 일종으로 이해될 수도 있을 것이다. 한상기(2001), 225면 참조.

16) 이에 대한 지적으로는 Ben-Menahem, *op. cit.*, pp.225–236 참조. 한편 루이스가 분석성 개념을 의미론적으로 해명하는 과정에서 카르납의 "가능세계(possible world)" 개념을 수용하고 있는 점도 언급할 필요가 있다. 라이프니츠(Leibniz)에 기원을 두고 있는 이 개념을 동원하여 분석/종합 구별을 시도하는 것에 대해서도 콰인은 비판을 가하고 있기 때문이다. W.V.O. Quine, *op. cit.*, p.20

이다. … 처음에는 관행들을 말로써 선언하지 않고 행동을 통해 채택할 수 있다고, 그리고 우리가 완전한 언어를 뜻대로 사용할 수 있게 되면 선택하기에 따라 사후에 관행들로 돌아가 언어적인 형태로 정식화할 수 있다고 볼 수도 있을 것이다. 문법책을 집필하는 것이 말을 하기 위한 전제 조건이 아닌 만큼이나 관행들에 대한 언어적인 정식화는 관행들을 채택하기 위한 전제 조건이 아니며, 관행들에 대한 명시적인 해설은 단지 완성된 언어를 사용하는 많은 중요한 용례 중의 하나에 불과하다고 볼 수도 있을 것이다. 그렇게 보면, 관행들은 더 이상 우리에게 불합리한 소급의 문제를 안기지 않을 것이다. 일반적인 관행들로부터 추리하는 것은 최초 단계에서는 요구되지 않으며, 다만 능란한 후속 단계에서 우리가 관행들의 일반적인 명제들을 정립하고 줄곧 사용해 오던 많은 특수한 관행적 진리들이 그렇게 정식화된 일반적 관행들에 얼마나 부합하는지를 보이는 데 남겨지게 된다.[17]

여기서 콰인은 관행 개념에 대한 특정한 이해 방식이 논리를 (이른바) 관행적 진리로 규정하려는 시도가 노정하게 되는 이른바 불합리한 **소급의 문제**를 회피할 수 있는 방편을 제공하는 것으로 보인다는 점을 인정하고 있다. 하지만 그의 결론은 그러한 관행 개념에 대한 이해 방식 자체가 또 다른 문제를 낳게 되기 때문에, 결국 불합리한 소급의 문제는 여전히 남아 있게 된다는 것이다. 그가 말하고 있는 또 다른 문제란 관행들의 정식화에 선행하는 관행들의 채택이라는 것이 과연 어디에 달려 있는지 불분명하다는 점이다(**명시성의 문제**). 비록 '우리는 먼저 관행들을 말로

---

17) W.V.O. Quine, "Truth by convention" in P. Benacerraf & H. Putnam (ed.), *Philosophy of Mathematics: Selected Readings* (Cambridge University Press, 1983/1936), p.353

표현해 두지 않고서도 이야기를 하며, 다만 사후적으로 그것들이 우리의 행동과 부합하게끔 정식화하는 것'이라 보는 설명이 우리의 실제 모습과 잘 어울린다는 점을 인정한다 하더라도, 그러한 경우 관행들에 부합하는 행동이라는 것은 관행들을 고려하지 않고 행해지는 행동과 구별될 수 있을지조차 분명치 않게 된다.[18]

언어 관행이라는 관념으로부터 의도적임과 명시적임이라는 속성을 제거하면서 우리는 언어 관행에게서 모든 설명력을 박탈하고 그것을 의미 없는 표지로 축소해 버리는 위험을 무릅쓰게 된다.[19]

잠시 (흄의 관행론에 관한) 기존 학설의 문제점을 몇 가지 언급하는 것이 이상의 논의를 이해하는 데 도움이 될 듯하다. 첫 번째 문제점은 흄의 관행론에 대한 콜린(Finn Collin)의 비판[20]과 관련이 있다. 콜린이 "공동의 이득에 대한 공동의 인지를 서로 표현한다거나 비공격의 결의를 표현하는 것은 여전히 언어 사용을 요구하는 듯이 보인다는 점"을 지적한 것과 관련하여, 학설은 흄의 관행론이 "어디까지나 우선적으로는 재산권 규칙준수의 관행을 설명하기 위한 것"이어서 "재산권 관행의 성립 이전에 먼저 언어 도입의 관행이 성립해 있을 가능성을 배제할 수 없으므로" 콜린의 지적은 타당하지 않다고 말하고 있다.[21] 하지만 콜린이 염두에 두고 있는 것은 아마도 콰인이 제기하는 소급의 문제인 것으로 보인다. 흄

---

18) *Ibid.*, p.353
19) *Ibid.*, p.353
20) Finn Collin, *Social Reality* (Routledge, 1997), p.198 이하 참조.
21) 양선숙(2012), 53–54면

은 재산권 관행의 설명에 바로 이어서 "이것이 바로 언어가 어떠한 약속도 없이 인간의 관행들에 의해 점진적으로 확립되는 방식이다."라고 적고 있다.[22] 따라서 재산권 관행과 언어 관행은 그 정립되는 구조의 면에서는 동일하다. 콜린이 의문을 제기하는 대상은 바로 이 구조의 신빙성인 것이다. 더 중요한 점은 소급의 문제라는 것이, 학설이 제시하고 있는 "재산권 관행의 성립 이전에 먼저 언어 도입의 관행이 성립해 있을 가능성"이라는 것을 그야말로 배제하는 논리라는 사실이다. 이는 (재산권 관행의 성립 이전이든 아니든) 언어가 관행들에 의해 확립될 수 있기 위해서는 역설적이게도 아무런 약속도 없이 최초의 언어적 표현들을 그것도 일치된 형태로 먼저 가지고 있어야 함을 지적하는 것이기 때문이다.

두 번째 문제점은, 유사한 관점에서, 재산권 관행이 언어 관행보다 흄의 관행론의 특징인 "규범성"을 잘 드러낸다고 말하는 것과 관련이 있다. 학설은 "절[도]행위는 비록 당장 눈앞에서 굶어 죽어가는 가족을 구하기 위한 것이라고 해도 범해서는 안 될 사회적 악덕"이지만, "언어를 사용하는 것에는 이러한 규범성 요소가 없다. 문법에 어긋나게 말하는 것은 무식하다는 말은 들을지언정 무도한 행위는 아니다."라고 말하고 있다.[23] 하지만 공정한 비교를 위해서는 가령 '(언어를 사용하여 작성한) 계약서를 두고 단어와 대상의 일상적 지시 관계나 문법조차 무시해 가며 자기에게 유리한 방식으로 오도하려는 행태'를 생각해야 할 것으로 보인다. 그러한 경우라면 언어 사용의 규범성은 재산권 존중의 규범성에 못지않을 것이다.[24]

---

22) D. Hume, 앞의 책, 70면

23) 양선숙(2012), 50면

24) 비슷한 맥락에서 "정확한 언어 사용의 자연법"을 "관행" 개념을 통해 논하는 견해로는 S. Pufendorf, trans. by Frank Gardner Moore, *The Two Books on the Duty of Man and*

다시 본론으로 돌아가도록 하자. 결국 콰인이 논리실증주의를 비판하는 과정에서 제기하고 있는 이른바 소급의 문제와 명시성의 문제는 한편으로는 서로 구별되는 것이지만 다른 한편으로는 서로 긴밀하게 연계되어 있음을 알 수 있다. 또한 이들 문제의 제기 과정에서 콰인은 관행의 개념 그 자체에 대한 특정한 이해 방식이 '여전히' 논리적으로 심각한 문제를 안고 있음을 보이고 있는 것으로 이해될 수 있다. 따라서 콰인에 의해 관행 개념에 대한 부적절한 이해 방식으로 배척되고 있는 바로 그 이해 방식이 정말로 근본적인 모순을 안고 있는 것인지, 혹은 그러한 이해 방식을 통해서는 정녕 분석성 개념을 구출해 낼 가능성이 전혀 없는 것인지 등에 대한 의문이 루이스에게 작업 동기를 부여하고 있는 것으로 보면, 그의 독특한 이론적 입장을 어느 정도 이해할 수 있게 될 것이다. 이와 관련하여 루이스의 다음과 같은 언급을 상기할 필요가 있다.

콰인과 화이트는 언어 관행이라고들 일컫는 것들이 중심적이고 잘 이해되는 관행의 사례들과는 썩 비슷할 수가 없다고 주장한다. 관행은 합의이다. 하지만, 우리가 언제 언어를 사용함에 있어 정해진 규칙을 준수하기로 서로 합의한 적이 있었던가? 그렇지 않다. … 언어 관행들은 합의에 의해 생겨날 수는 없었을 것이다. 왜냐하면 최초의 합의가 이루어지는 데 필요한 초보적 언어의 제공을 위해서는 그것들 중의 일부가 있었어야 했을 것이

Citizen according to the Natural Law (Oceana Publications Inc., 1964/1682), p.56 참조. 해당 원문의 번역 과정에서 정확히 "관행"이라는 용어 자체를 쓰지는 않는 경우도 있으나, 인간의 언어는 "고안된(invented)" 것이며, 그 사용에 있어서는 이른바 "승인된 용례(the accepted usage)"를 따라야 한다는 (푸펜도르프의 논의의) 핵심을 이해하는 데 문제가 되지는 않는다. S. Pufendorf, edited by James Tully, *On the Duty of Man and Citizen according to Natural Law* (Cambridge University Press, 1991), pp.77-78 참조.

기 때문이다. … 우리는 언어가 관행적임을 허용하는 관행의 개념을 가지고 있지 않은 셈이다. … 하지만 우리 스스로가 말하고 있는 대상에 대해 알게 된다면, 즉 합의에 의해 창안되는 것이 아닌 묵시적 관행을 포함하는 관행 일반에 대한 온전한 분석을 얻게 된다면 얼마나 더 나을 것인가? 이 책은 내가 행한 그러한 분석의 시도이다. … 언어는 우리가 합의함으로써 창안한 것이 아닌, 그리고 우리가 기술할 수도 없는 관행들의 지배를 받는 많은 활동들 가운데 하나일 뿐이다.[25]

루이스는 콰인이 제기했었던 소급의 문제를 일견 의미 있는 지적으로 받아들이고 있으면서도, 역시 콰인이 제기했었던 명시성의 문제에 대해서는 그것이 우리가 전통적으로 가지고 있던, 언어가 관행적이라는 진부하기까지 한 생각(platitude)[26]을 수정해야 할 정도로 강력한 것으로는 생각하지 않는다. 요컨대 관행에 대한 보다 포괄적인 분석을 수행함으로써 명시성의 문제를 해소할 수 있게 되고, 이를 통해 관행에 대한 전통적인 이해 방식이 명시성의 문제로부터 자유롭게 되면, 이는 곧 (콰인 스스로도 예견한 바와 같이) 관행의 개념을 통해 소급의 문제를 우회할 수 있게 됨을 의미한다는 것이 바로 루이스가 콰인의 회의주의적 도전에 답하기 위해 상정하고 있던 논의 방식이었을 수 있다.[27]

---

25) Lewis, *op. cit.*, pp.2-3
26) *Ibid.*, p.1 및 p.203
27) 루이스가 제시하고 있는 관행 개념의 정의는 다음과 같다. "A regularity R in the behavior of members of a population P when they are agents in a recurrent situation S is a convention if and only if it is true that, and it is common knowledge in P that, in almost any instance of S among members of P, (1) almost everyone conforms to R ; (2) almost everyone expects almost everyone else to conform to R ; (3) almost everyone

사실/규범 구별

콰인이 제기하는 소급의 문제는 비트겐슈타인의 "**규칙-따르기** 역설"[28]을 떠올리게 한다. 콰인이 전자를 이야기하면서 루이스 캐럴(Lewis Carroll)이 1895년에 『마인드 *Mind*』지에 발표했던 글[29]을 언급하고 있는 것과 유사하게, 비트겐슈타인 연구자인 윈치는 후자를 설명하면서 동일한 글을 소개하고 있다.[30] 윈치는 그 글에서 제시되고 있는 아킬레스와 거북이의 "슬픈" 토론이 일깨워 주는 바를 "논리의 핵심 부분에 해당하는 실제 추론 과정을 어떤 논리 공식으로 표상할 수는 없다는 것"과 "일단의 전제로부터 어떤 결론을 이끌어내는 추론이 정당한지를 확인하기 위해서는, 그러한 결론이 정말로 도출됨을 확인하는 것으로 충분하다는 것"으로 요약하고 있다.[31] 그에 의하면 이는 규칙-따르기의 역설 구조가 소급의 문제의 그것과 같다는 점과, 그럼에도 불구하고 비트겐슈타인은 회

---

has approximately the same preferences regarding all possible combinations of actions ; (4) almost everyone prefers that any one more conform to R, on condition that almost everyone conform to R ; (5) almost everyone would prefer that any one more conform to R', on condition that almost everyone conform to R', where R' is some possible regularity in the behavior of members of P in S, such that almost no one in almost any instance of S among members of P could conform both to R' and to R." *Ibid.*, p.78

28) 짧게는 예컨대 L. Wittgenstein, 이영철 역, 『철학적 탐구』(책세상, 2006/1953), 149–152면 (§198–§202) 참조. 이에 대한 분석으로는 권경휘, "비트겐슈타인의 규칙-따르기 고찰과 법이론", 『법철학연구』제10권 제1호(한국법철학회, 2007), 343면 이하 참조.

29) "What the Tortoise Said to Achilles"를 말한다. 콰인은 루이스 캐럴의 본명을 써서 글의 저자를 도지슨(Dodgson)으로 적고 있다. W.V.O. Quine, *op. cit.* (*supra* note 17), p.352

30) Peter Winch, *The Idea of a Social Science and Its Relation to Philosophy*, Second edition (Routledge, 1990/1958)[박동천 편역, 『사회과학의 빈곤』(모티브북, 2011)], 123–125면 참조[인용 면수는 번역문의 것임]

31) Winch, 위의 책, 125면

의주의에 머무르지 않는다는 점을 말하고자 하는 입장과 잘 맞아떨어지는 사례인 셈이다. 비트겐슈타인은 규칙-따르기 개념의 고찰을 통해 인간의 합리성이 본질적으로 사회적인 성격을 갖는다는 점을 보여 주고 있다는 것이다.[32]

의미를 가지는 행위와 그렇지 않은 행위를 우리가 구분하는 기준은 무엇일까? … 의미 있는 행위는 상징적이다. 그것은 그 행위자로 하여금 미래에 다른 방식을 다 버리고 오직 특정한 방식의 행동 경로에 **발을 담그게** 한다는 의미에서 여타 여러 행동들과의 연관 안에서 이루어진다. … 내가 현재의 행동으로 인하여 미래의 어떤 행동에 발을 담그게 되는 것은 오로지 현재의 행동이 **어떤 규칙의 적용**일 때뿐이라는 결론이 그로부터 도출된다. … 오로지 행위가 사회적 맥락과 관계되어 있을 때에만 이것이 가능하다. 가장 개인적인 행위조차 의미를 가지려면 사회적 맥락 안에 놓여야 한다.[33]

윈치는 단순히 의미 있는 행태의 분석에 있어 규칙의 개념이 핵심적이라고 말하는 데 그치는 것이 아니라, 모든 의미 있는 행태는 그것이 의미 있다는 바로 그 사실로 인하여(*ipso facto*) 규칙에 따른 행동인 것이라 말하고 있다.[34] 주지하는 바와 같이 비트겐슈타인이 말하는 규칙은 관행을 포괄하는 개념이다.[35] 윈치가 거론하는 관행의 사례들도 "궁정 연애의

---

32) Winch, 위의 책, 81–136면; Peter Winch, "Nature and Convention", *Proceedings of the Aristotelian Society* N/S 60, 1960, p.241

33) Winch, 앞의 책(주 29), 114–116면

34) Winch, 위의 책, 118면

35) 권경휘, 앞의 글, 347–350면 참조.

관행들"[36]에서부터 "전쟁을 규율하는 관행들"[37]에 이르기까지 다양한데, 그는 사실상 모든 인간의 활동들이 관행들에 의해 규율된다고 봄으로써 관행의 개념을 규칙에 대한 통찰의 결과들 즉 행위의 의미, 이해가능성(intelligibility), 그리고 사회적 관계의 내면성과 같은 개념들과 연동시키고 있다. 이러한 의미의 관행은 습관(habit)이나 심지어 관습(custom)과도 구별되어야 할 때가 있다. 이는 후자의 개념들이 오크쇼트(Michael Oakeshott)의 견해에서와 같이 규칙 및 내적 성찰(reflectiveness)의 개념과는 단절된 어떤 것으로서 가정되고 있을 경우가 있기 때문이다.[38] 이러한 배경에서 윈치는 인간의 활동이란 그것을 "외부 자극에 대한 단순한 반응"이나 "일종의 인과적 자연 현상"으로 간주하고서는 제대로 연구될 수 없다는 견해를 분명히 하고 있다.

사실과 규범의 구별은 간혹 자연의 법칙에 의해 규정되는 것과 인간의 결정에 의해 규정되는 것 사이의 구별로 이해되기도 한다. 이 경우 규범 내지 인간의 결정에 의해 규정되는 것의 범주는 다른 말로 관행에 기초를 두고 있는 것이라 설명되기도 한다. 규범이 인간의 결정에 의해 비로소 그렇게 규정되는 것이라는 말은 자연과학적 사실의 고정성과는 구

---

36) Winch, 앞의 책(주 29), 157면 [번역문에는 "관습"으로 되어 있으나, 원문에는 "conventions"로 되어 있다.]

37) Winch, 위의 책, 221면 [번역문에는 "관습"으로 되어 있으나, 원문에는 "conventions"로 되어 있다.]

38) Winch, 위의 책, 125-136면 참조. 윈치의 평가에 따르면 그와 같이 가정된 습관이나 관습과 결부된 행태들은 더 이상 의미 있는 행태일 수 없으며, 자극에 대한 단순한 반응이거나 그야말로 맹목적인 습관의 발현에 불과하다(133면). 따라서 인간에게 특징적인 행태의 서술을 위해서는 규칙과 내적 성찰이 필수적이라고 한다(118면 및 126면). 한편 흄은 다소 상이한 이유에서 관행을 습관이나 관습과 구별하고 있다. 이에 대해서는 D. Bloor, *Wittgenstein, Rules and Institutions* (Routledge, 2002/1997), p.116 참조.

별되는 사회적 규범의 비고정성 내지 변경가능성을 내포하는 것으로 해석되기도 한다. 이러한 문제에 대해 윈치는 자연의 법칙과 구별되는 규범적 범주인 "도덕성"에는 "그것이 전적으로 관행에 기초하고 있다고 말하도록 하는 것이 아니라, 반대로 모든 가능한 관행들이 그것을 전제로 한다고 말할 수밖에 없도록 하는 일정한 측면이 존재한다."[39]고 주장한다. 분명히 자연의 법칙에 대해서와 달리 사회의 규범에 대해서는 그 준수와 위반에 대한 선택가능성이 있는 것으로 보이지만, 이 점으로부터 곧바로 규범 자체의 변경가능성을 단언할 수는 없다는 것이다.

어떤 행위 규범이 한 사회에서 유효하다고 말할 수 있는 가능성과 그 사회의 사람들이 실제로 그 규범을 위반하기보다는 준수하고 있다는 사실, 혹은 최소한 그들이 당해 규범의 위반에 대하여 예컨대 비난이나 자책을 통해 모종의 적대적 반응을 표출하는 경향이 있다는 사실 사이에는 중요한 논리적 관계가 있는 것이 사실이다. 하지만 이 관계를 모든 규범이 원칙적으로 반드시 변경가능하다는 점을 입증하는 데 이용하고자 한다면 추가적으로 다음과 같은 점, 즉 주어진 **어떠한** 규범에 대해서도 한 사회의 사람들이 그것을 위반하기보다는 차라리 애초에 개의치 **않는다는** 것, 혹은 그 규범 위반에 대하여 불승인적 태도를 드러내는 경향이 **없다는** 것을 상상하는 것이 항상 가능하다는 점을 보여야만 할 것이다.[40]

윈치는 이러한 추가적 입증의 요건이 적어도 몇몇 근본적인 규범들과

---

39) Winch (1960), p.232
40) *Ibid.*, pp.232-233 [강조된 부분은 원저자가 이탤릭체로 쓰고 있는 부분임.]

관련해서는 충족될 수 없다고 말하고 있다. 그 이유는 이와 같은 것들을 경우에 따라 위반하기도 한다(breaking or breaching)는 관념과는 구별되는, 아예 규범으로서 개의치 않는다(not adhering to)는 관념이 인간의 사회적 삶의 개념(the concept of the social life of human beings)이 지니고 있는 어떤 특징들로 인하여 이해불가한 것이 되어 버리기 때문이라고 한다.[41] 분명히 우리가 결정을 내렸다고 할 수 있으려면 달리 결정했을 수도 있어야 한다고 말할 수 있지만, 그렇다고 해서 그러한 (가상의) 다른 결정이라는 것도 이해가능한 것이리라는 추론이 성립하지는 않는다.[42] 왜냐하면 이해불가능성이란 일종의 "논리적인 모순(logical absurdity)"[43]을 의미하는데, 하나의 결정을 이해가능한 것으로 만드는 것은 그렇게 결정했다는 사실 자체가 아니라, 그러한 결정과 그것이 이루어지는 상황 내의 사실들 사이에 존재하는 논리적인 관계이기 때문이다.

이러한 윈치의 분석에 따르면, 자연의 법칙에 의해 규정되는 것과 인간의 결정에 의해 규정되는 것을 (피상적으로 인식된) 변경가능성 또는 타결정가능성의 기준으로 구별하고자 하는 포퍼(Karl Popper)의 견해는 주어진 삶의 방식에서 의미 있는 "사실"로 여겨지는 것들이 그러한 삶의 방식에서 타당한 유형의 "결정"과 논리적으로 관련되어 있다는 점을 불분명하게 만들어 버린다.[44]

이것이 가리키는 바는 **결정**이 도덕성에 있어 근본적인 개념은 아니라는

---

41) *Ibid.*, p.233
42) *Ibid.*, p.236
43) *Ibid.*, p.235
44) *Ibid.*, p.236

것이다. 왜냐하면 하나의 결정은 어떤 의미 있는 삶의 방식의 맥락 속에서만 이루어질 수 있으며, 하나의 도덕적 결정은 도덕성의 맥락 속에서만 이루어질 수 있기 때문이다. 도덕성이라는 것은 결정들에 **기초**할 수가 없다. 어떠한 결정들이 가능하고 어떠한 결정들이 가능하지 않은지가 그 속에서 쟁점들이 발생하게 되는 바인 도덕성에 의존하게 될 것이다. 주어진 도덕성 속에서 **어떠한** 쟁점이든 다 발생할 수 있는 것은 아니다. 포퍼의 설명은 하나의 결정이 이해가능한 것인지 여부에 대해 물을 수 있는 여지를 인정하지 않고 있다. 이 점이 중요한데, 그것은 이해가능성에 대한 질문들이 제기될 수 있을 경우에만 결정의 개념도 적용될 수 있기 때문이다.[45)]

원치는 "언어와 합리성이라는 사회적 조건들은 어떤 근본적인 **도덕적** 관념들을 수반할 수밖에 없다."[46)]고 주장한다. 이 말은 다음과 같은 두 가지 의미를 내포하고 있다. 첫째, 우리 사회가 가지고 있는 규범 중에는 지금의 모습과 달리 결정될 수 없을, 즉 그러한 다른 결정이라는 것이 우리 자신에게 이해불가한 것이 되어 버릴, 그러한 규범이 존재한다. 둘째, 그와 같은 규범은 단지 우리 사회에서만 존재하는 것이 아닌, (언어를 가지고 있는) 모든 인간 사회에서 공통적으로 존재하는 것이다.[47)] 이러한 근본적

---

45) *Ibid.*, p.235 [강조된 부분은 원저자가 이탤릭체로 쓰고 있는 부분임.]
46) *Ibid.*, p.241 [강조된 부분은 원저자가 이탤릭체로 쓰고 있는 부분임.] 한편 합리성에 대해서 원치는 다음과 같이 말하고 있다. "합리성의 개념은 모든 언어가 반드시 어떤 방식으로든 보유해야 한다는 점에서 여타 다른 개념들과는 다르다. 그것은 어떠한 언어에서든지 그 언어 자체의 존립을 위해서 필수적인 개념인 것이다." 이에 대해서는 Peter Winch, "Understanding a Primitive Society", *American Philosophical Quarterly* 1, 1964[박동천 편역, 『사회과학의 빈곤』(모티브북, 2011)], 280면[인용 면수는 번역문의 것임]
47) 물론 그러한 규범이 모든 인간 사회에서 정확히 똑같은 도덕적 중요성을 가질 것이라는 의미는 아니다. Winch (1960), p.250

이고, 변경불가능하며, 공통적인 규범의 대표적인 예로서 그가 들고 있는 것은 "**진실-말하기** 규범(the norm of truth-telling)"이다. 언어를 가지고 있으면서 동시에 진실-말하기가 규범으로 여겨지지 않는 사회라는 것은 자기모순적인 관념이라는 것이다.[48] 요컨대 언어 자체는 관행적이지만, 진실-말하기 규범은 조정 문제의 해결책으로서의 관행이라는 개념으로는 설명이 되지 않는다. 그것은 사회적 관행이라고 할 수 없으며,[49] 차라리 "언어가 존재하기 위해 필요한 **도덕적** 조건"[50]인 것이다.

관행 · 법의 지배 · 법철학

관행 개념에 대한 전통적인 논의들은 대체로 일상적인 예의범절에서부터 재산권 질서에 이르기까지 다양한 형태로 존재하는 사회적 관행들을 대상으로 하거나, 혹은 논리적 진리라는 것이 사실은 언어 관행에 불과하다고 보는 관행주의를 둘러싼 논란을 대상으로 하는 양자택일적인

---

48) 윈치는 이 점을 비트겐슈타인의 "삶의 형식에서의 일치(agreement in form of life)"에 관한 논의 특히 "판단들에서의 일치(agreement in judgements)"에 관한 언급에 기초하여 제시하고 있다. 한편 윈치의 해석에 대체로 공감하는 필자로서는 "삶의 형식에서의 일치" 개념을 "인간의 존엄과 가치" 그리고 "법의 지배"의 문제와 연결시키려는 해석이 과연 적절한 것인지에 대해서는 의문을 가지고 있다. 후자에 대해서는 안성조, "삶의 형식과 법의 지배", 『법철학연구』 제16권 제1호(2013), 7면 이하 참조.

49) Winch (1960), p.243 이러한 윈치의 결론은, 언어 관행을 "진실하기 관행(convention of truthfulness)"으로 가장 잘 설명할 수 있다고 보는 루이스의 견해와는 다름을 주의할 필요가 있다. 루이스는 단순히 진실-말하기가 조정 문제에 대한 해결책이 된다고 말하고 있다. Lewis, *op. cit.*, p.177 및 p.194

50) Winch (1960), p.243 [강조된 부분은 원저자가 이탤릭체로 쓰고 있는 부분임.]

것이었으며, 양자에 걸친 관행 개념의 함의를 제대로 아우르고 있는 논의를 찾기는 쉽지가 않다. 예를 들어 포스테마의 논의는 관행주의에 관한 고찰을 포함하지 않으며, 벤-메나헴의 논의는 사회적 관행에 관한 고찰을 포함하지 않고 있다. 레스콜러의 논의는 비록 양자를 모두 포함하는 것이기는 하지만 각각 독립적인 주제로 소개하고 있는 형편이다.

그렇지만 앞에서 살펴 본 바와 같이, 사회적 관행에 대한 핵심적 통찰을 제공하는 것으로 평가되는 흄의 철학이 인식론적 측면에서는 관행주의를 둘러싼 논란의 먼 배경을 제공하고 있는 것이 사실이며, 역으로 관행주의의 기획을 가장 강력하게 비판하고 있는 콰인의 문제 제기가 규칙과 사회적 관행에 대한 비트겐슈타인의 통찰과 유사한 기반을 지니고 있는 것도 사실이다. 심지어 사회적 관행에 대한 흄의 논의를 계승하고 있는 루이스의 분석도 (그에 대한 객관적이고 냉정한 평가야 어떻든지 간에) 본래 관행주의에 대한 콰인의 문제 제기에 답하기 위한 시도였다는 것 역시 사실이다. 요컨대 관행 개념의 탐구에 있어서 일차적 문헌으로서 의의를 갖는 다수의 저술들 속에서 사회적 관행이라는 주제와 관행주의라는 주제는 서로 긴밀하게 연결되어 등장하는 것으로 보인다. 과연 이러한 사실들이 의미하는 것은 무엇일까?

필자의 짧은 소견으로 생각해 보건대, 그것은 관행 개념이 이른바 "규범성(normativity)"의 문제에 대해 가질 수 있는 함의가 복합적이라는 시사를 던져 주는 것 같다. 사회적 관행을 통한 호혜적인 이익 실현이 일정한 규범적 질서의 점진적인 발생 기제를 설명해 준다는 명제(T-1)와 사회적 존재로서 인간의 삶의 형식 자체가 요구하는 변경불가능한 규범적 조건이 사회적 관행에 선행한다는 명제(T-2)는 왜 한갓 "인간의 결정에 의해 규정되는 것"이 단순히 우리의 행위에 대한 타산적 이유의 배경에 머

무르지 않고, 행위의 이유 그 자체의 출처가 되는지를 이해할 수 있게 한다. 사회적 관행이 그저 호혜적인 이익 실현 과정의 결과물인 것은 아니며, 그러한 과정 자체가 가능할 수 있는 모종의 규범적 토양이 전제되지 않을 수 없다고 한다면 사회적 관행이 권리와 의무의 언어로 보다 안전하게 번역될 수 있지 않을까?

논의를 시작하며 언급했던 바와 같이 콜먼이나 포스테마는 하트의 승인율을 흄이나 루이스가 설명하고 있는 조정 관행의 일종으로 이해하려고 한다. 하트가 관행적 규칙으로 묘사하고 있는 승인율 개념이 법체계 전체의 규범성에 대한 자신의 해명 작업에서 차지하는 비중을 고려할 때, 그리고 규칙의 본질을 관행적 실천에 입각해 설명하고 있는 하트의 시도가 불러일으키고 있는 규범성 논쟁을 고려할 때, 콜먼과 포스테마의 입장도 결국 관행 개념이 규범성의 문제에 대해 가지는 함의를 그들이 어떻게 간취하고 있는지를 보여 주는 것이라 할 수 있다. 한편 윈치가 전개하고 있는 비트겐슈타인의 해석이 하트의 방법론적 전환에 기여했던 것으로 보는 힐과 김현철의 견해도 관행 개념이 규범성의 문제에 대해 가지는 함의와 무관하지 않다. 크립키(Saul A. Kripke)나 블로어(David Bloor)가 명시적으로 지적하고 있는 바와 같이 비트겐슈타인의 규칙-따르기는 결국 "규범성"에 관한 우화이고,[51] 비트겐슈타인은 규칙이 가지고 있는 "그래야만 함"이라는, 그것도 "무한히" 그래야만 함이라는 특성이 (미리 존재하는 올바른 답으로서) 규칙의 "의미" 그 자체에서 나온다는, 규범성에 대한 특정한 관념에 반대하는 것이기 때문이다.

---

51) S. Kripke, 남기창 역, 『비트겐슈타인 규칙과 사적 언어』(철학과 현실사, 2008/2003), 70면; Bloor, *op. cit.*, pp.1-8

법과 관행 사이

이상으로 관행 개념이 법철학적 사고와 만나게 되는 지점을 조망하고, 그러한 만남이 이루어지는 경로를 거칠게 그려 보았다. 저 너머에는 이제 본격적인 '법철학'의 주제들이 우리를 기다리고 있다. 그래서 우리가 하트에게 닿아 멈추었다는 점은 꽤나 상징적이다.

다만 아직 우리에게는 관행이라는 것이 (법철학적 사고가 아니라) 실정법 체계와 만나게 되는 경로에 대해 살펴보는 일이 남아 있다. 관행 개념이 법의 규범성 문제와 깊은 관련성을 지닌다고는 하지만, 그렇다고 해서 관행과 법 사이의 틈이 갑자기 메워지는 것은 아니다. (제8장에서 살펴본) 관습법 개념을 이해하는 몇몇 방식들만 하더라도, '법적 확신'이 없거나, '강제 기구'의 보장이 없는 관행을 법이라 부르지는 않는다.[52]

하지만 관행이 실정법 체계 속에서 의의를 지니기 위해 반드시 그 자체 (관습법과 같은) 법이 되어야 하는 것은 아니다. 예컨대, 판례에 따르면, 관행은 **법률행위 또는 조정조항의 해석** 과정에 영향을 미침으로써 법의 영역에 발을 들이기도 한다.

---

52) 본격적인 "법철학"의 주제들로 가는 길목에서 만나게 될 하트의 질문은, 그저 "하나하나의 관행들이 어떻게 법의 지위를 얻게 되는가?"라기보다, "법의 지위 여부가 어떻게 (승인율이라는) 관행에 달려 있는가?"로서, 일견 여느 관습법의 주제와 같지 않다. 하지만 이 질문은 다시 사회적 규칙(social rules)의 본질을 해명하는 데 관행(사회적 실천)이 어떠한 역할을 어느 정도로 수행하는지에 대한 논란을 불러일으킴으로써, 결국 (관습법의 주제를 포함하여) 관행·규칙·법의 관계를 근본적으로 돌아보게 한다. 박준석, "하트(H.L.A. Hart)와 라즈(Joseph Raz)의 법철학", 『법학논집』 제11권 제2호(이화여대 법학연구소, 2007), 51-53면 참조.

당사자가 표시한 문언에 의하여 법률행위의 객관적인 의미가 명확하게 드러나지 않는 경우에는 그 문언의 내용과 법률행위가 이루어진 동기 및 경위, 당사자가 그 법률행위에 의하여 달성하려는 목적과 진정한 의사, 거래의 관행 등을 종합적으로 고려하여 사회정의와 형평의 이념에 맞도록 논리와 경험의 법칙, 그리고 사회 일반의 상식과 거래의 통념에 따라 합리적으로 해석하여야 하고, 이러한 법리는 소송의 당사자 사이에 조정이 성립한 후 그 조정조항의 해석에 관하여 다툼이 있는 경우에도 마찬가지로 적용되어야 할 것이다.[53]

또한 관행이 **법률의 위헌성 여부에 대한 판단** 과정에서 일정한 역할을 담당하게 되는 경우도 있다. 헌법재판소는 민법(1958. 2. 22. 법률 제471호로 제정된 것) 제1066조 제1항[54]이 위헌인지를 판단하면서, 법률의 내용이 관행과 심각하게 어긋나 있을 경우, 그와 같은 사실이 해당 법률의 위헌성을 함축할 수도 있다는 뜻을 내비치고 있다.

서명으로 개인의 인적 동일성을 징표하는 관행이 점차 보편화되어 가고 있는 것은 사실이지만, 청구인이 주장하는 바와 같이 서명의 관행이 날인의 관행을 완전히 대체하였다는 점이 충분히 입증되었다고 하기는 어려우며, 거래계의 일반적 관행상 서명이 의사의 최종성과 문서의 완결성을 표현하는데 충분한 수단으로 인식되거나 사용되고 있다고 할 수는 없다. 이사건 법률조항 부분은 … 동일한 기능을 가진 두 가지 방식을 불필요하게 중복

---

53) 대법원 2013. 11. 14. 선고 2013다60432 판결
54) 제1066조(자필증서에 의한 유언) ①자필증서에 의한 유언은 유언자가 그 전문과 년월일, 주소, 성명을 자서하고 날인하여야 한다.

적으로 요구하는 것으로 볼 수는 없다.[55]

오늘날 의사의 확정방법으로서 날인은 자필에 비해 현저히 그 중요성이 감소되었고, 더구나 날인은 자필에 비해 타인에 의한 날인 가능성과 위조 가능성이 커 의사의 최종적 완결 방법으로는 부적당하게 되었다. 그리하여 각종 법률에서 날인을 요구하는 경향은 점차 줄어들고 있으며 오히려 서명 (성명의 자서)만으로 처리하는 경향이 점차 확대되고 있는 것이다. 따라서 이제 날인은 서명을 넘어서는 가치를 가질 수가 없어졌음은 물론, 서명에 덧붙여 날인을 요구하는 것 자체가 사족처럼 불필요한 의사확정 방법으로 전락하고 말았다. … 이와 같은 문제점은 근본적으로 이 사건 법률조항 부분의 위헌성에 기초하고 있는 것으로서 판례와 같이 무인으로 날인을 대체하는 것을 인정하는 방식의 해석에 의해서는 해결될 수 없다. 따라서 이 사건 법률조항 부분에 내재하는 근본적인 문제를 제거하기 위해서는 위헌으로 선언하여야 할 것이다.[56]

민법이 유언을 엄격한 요식행위로 정함에 따라, 일정한 방식을 갖추지 못한 유언의 경우 그것이 비록 유언자의 진정한 의사와 일치하는 것이어도 무효가 되어 버린다(제1060조).[57] 따라서 유언의 방식을 정하고 있는 민법의 조항들은 (헌법상 '재산권' 및 '일반적 행동의 자유'라는 성질을 동시에 지니고 있는) '유언의 자유'를 제약하는 것인 만큼, 그러한 제약은 헌법상

---

55) 헌법재판소 2008. 3. 27. 2006헌바82 결정
56) 헌법재판소 2008. 3. 27. 2006헌바82 결정("재판관 김종대의 반대의견")
57) 제1060조(유언의 요식성) 유언은 본법의 정한 방식에 의하지 아니하면 효력이 생하지 아니한다.

비례의 원칙(과잉금지원칙)에 어긋나지 않아야 한다. 관행이 등장하는 것은 바로 이 대목이다. 만일 사회의 관행과 동떨어진 (따라서 불편하고, 심지어 불필요한) 행동 양식을 강요하는 것이라면, 그러한 제약은 헌법에 위배되는 지나친 간섭이 될 수 있기 때문이다.

어쩌면 가장 흥미로운 예는 형법 제20조[58]의 **"사회상규"** 개념을 통한 **관행의 정당화적 기능**일지도 모르겠다. 학설에 의하면, "사회상규"를 기초로 하는 위법성조각사유는 우리 형법의 뚜렷한 특징 중 하나로서, 형법 제정 단계에서부터 의도적으로 마련된 것이다.[59] 따라서 해석상으로는, 이른바 구성요건에 해당하는 행위가 "법령"이 아닌 어떤 사회적 규칙에 의하여 위법성이 조각될 수 있는 것 같다. 자연히 특정한 관행(또는 관례[60])이 그에 해당한다는 주장을 (판례 속에서) 곧잘 접하게 된다.[61]

법인의 구성원은 적법한 방법으로 그 법인을 위한 업무를 수행하여야 하므로, 법인의 구성원이 업무수행에 있어 관계 법령을 위반함으로써 형사재판을 받게 되었다면 그의 개인적인 변호사비용을 법인자금으로 지급한다는 것은 횡령에 해당하며, 그 변호사비용을 법인이 부담하는 것이 관례라고 하여도 그러한 행위가 사회상규에 어긋나지 않는다고 할 만큼 사회적으로

---

58) 제20조(정당행위) 법령에 의한 행위 또는 업무로 인한 행위 기타 사회상규에 위배되지 아니하는 행위는 벌하지 아니한다.

59) 입법 과정과 입법 의도에 대한 상세한 설명은 신동운, "형법 제20조 사회상규 규정의 성립경위", 『서울대학교 법학』 제47권 제2호(서울대 법학연구소, 2006), 189면 이하 참조.

60) 판례는 종종 "관례"와 "관행"을 혼용하고 있다. 후자의 용어를 사용하고 있는 예로는 대법원 2007. 4. 27. 선고 2006도7634 판결 참조.

61) 이상용, "형법 제20조 사회상규 관련 판결사안의 유형화의 시도―2002년부터 2007년 6월까지의 판결을 대상으로―", 『형사정책연구』 제18권 제3호(한국형사정책연구원, 2007), 154-160면 참조.

용인되어 보편화된 관례라고 할 수 없다.[62]

행위가 법규정의 문언상 일응 범죄구성요건에 해당된다고 보이는 경우에도 그것이 극히 정상적인 생활형태의 하나로서 역사적으로 생성된 사회생활질서의 범위 안에 있는 것이라고 생각되는 경우에 한하여 그 위법성이 조각되어 처벌할 수 없게 되는 것이며 … 법령에 위반하여 지정판매인 이외의 자에게 판매하고 이를 법령상 허용된 절차와 부합시키기 위하여 매도신청서와 허위의 영수증을 작성케 하였다면, 설사 그것이 … 일반화된 관례였고, 상급관청이 이를 묵인하였다는 사정이 있다 하더라도 … 위법성이 없다고 할 수도 없다.[63]

대법원은 특정한 관행이 형법 제20조의 사회상규에 해당한다는 주장을 사실상 받아들이지 않고 있다.[64] 하지만 대법원이 그와 같은 관행의 존재 가능성마저 부인하는 것은 아니다. 위의 판례들에 따르면, 만약 어떤 관행이 단순히 사회에 만연된 것("일반화된 관례")의 수준을 넘어서, "극히 정상적인 생활형태의 하나로서 역사적으로 생성된 사회생활질서"의 일부로 여겨질 만큼 "사회적으로 용인되고 보편화된" 것이라면, 그러한 관행은 형법 제20조의 사회상규에 해당할 것이다. 이러한 대법원의 견해는 어쩌면 다음과 같이 정리될 수 있을지 모른다: 특정한 관행에 따른 행

---

62) 대법원 2003. 5. 30. 선고 2002도235 판결
63) 대법원 1983. 2. 8. 선고 82도357 판결
64) 실제로 대법원은 그저 몇몇 경미한 침해 행위를, 비례성 심사를 거쳐, 사회상규에 위배되지 않는다고 인정할 뿐이다. 자세한 내용은 김태명, 『판례형법총론』(피앤씨미디어, 2013), 266-274면 참조.

위를 위법하다고 판단하는 것이 우리 자신에게 이해불가한 것이 되어 버
릴 때, 그러한 관행은 형법 제20조의 사회상규에 해당한다.[65]

---

65) 사실 사회상규 개념의 폭에 대해서는 의문이 있다. 형법 제20조의 입법 의도를 고려하면
다분히 우리 민족의 전통적 삶의 방식을 전제로 하는 것 같지만[regional concept], 대법
원이 제시하는 지극히 보편적인 관행의 기준을 밀고 나가면 이른바 인류 공통의 "자연
사(natural history)의 사실들"로 수렴하는 것처럼 느껴지기 때문이다[global concept]. 특
히 후자의 경우라면, 우리가 형법 제20조의 사회상규에서 읽어내야 하는 것은 "삶의 형
식에서의 일치"라고 보게 될 것이다.

법사상의 창으로 본 법

이 책은 물론 놀이에 대한 것이 아니다. 놀이와 같은 것은 오히려 우리의 삶 그 자체이거나 그것을 가지고 노는(!) '법'일 것이다. (그러고 보면 이 책 역시 놀이라는 것과 영 무관하지는 않다고 할 수 있겠다.) 솔직히 말하자면, 이 책은 시각과 시야에 대한 것이다. 제 갈 길 가기에 바빴던, 법에 대한 '꿈'과 법의 '일'이 서로 마주할 수 있게 함으로써, 무언가 깊숙한 것을 길어 올릴 수 있는 힘을 키우게 되면 좋겠다는 생각이었다. 어두운 중에 멀리 보고, 긴 호흡을 두려워하지 않기 위함이었다. 밝고 유쾌한 활동들의 이름이기도 한, 이 책의 은유적인 목차는 바로 이러한 생각 덕에 빛을 보게 되었다.

필자가 의지하고 있는 것은, 하나의 판례를 놓고 들여다볼 때 법철학자의 시각이 여느 (해석)법학자나 실무 법조인의 그것과는 다를 수 있다는 '가설'이다. 따라서 이 책이 다수의 판례를 다루고 있는 방식이 기존의 것들과 같지 않다고 하여 실망하거나 불편해 할 이유는 없을 것이다. 오히려 필자가 걱정해야 할 부분이라면, 뭐 하나 다를 것도 없는 얘기를 주저리주저리 늘어놓는 대목이 있지 않을까 하는 점이다. 자신의 생각이 틀렸음을 입증하는 글을, 깨닫지 못한 채 제 손으로 쓰게 되는 것보다 비극적인 일이 또 있을까?

글머리에서 이미 상세히 밝혔던 것처럼, 법사상적 관점에서 판례를 분석하는 작업은 판례의 논리에 대한 참신한 정당화나 비판만이 아니라, 법사상적 논의 자체의 깊이 있는 이해를 위해서도 필요하다는 것이 얄팍하나마 필자의 소회라 하고 싶다. 이 책을 통해 그와 같은 필요에 공감하는 이들이 생길 것인지는 알 수 없지만, 이 책을 구상하고 세상에 내어놓는 과정에서 필자 스스로는 정말 뼈저리게 느꼈던 점이다. 그 느낌까지 온전히 담겨 전해질 수 있으면 더없이 좋겠지만, 단박에 그렇게 되지는 못한다 해도, 이는 두고두고 도전해 봄 직한 과제로 남을 것 같다. 당장으로서는 그저 이 책을 준비하는 내내 필자의 마음에 머물렀던 약간의 설렘과 즐거움만이라도 가볍게 나눌 수 있었으면 한다.

이래저래 요란한 소리는 내고 다녔지만, 막상 얼마나 내실 있는 이야기였는지 가늠해 보면 살짝 움츠러드는 자신을 발견하게 된다. 보잘것없는 발상에 때깔 고운 장식만 잔뜩 얹은 것은 아니었는지, 아둔한 본인만 모르고 있던 사실을 두고 별것이나 되는 양 법석을 피운 것은 아니었는지, 공연히 멀쩡한 판례에 대고 이러니저러니 사족을 더한 것은 아니었는지 슬슬 걱정도 되기 시작한다. 미리부터 대놓고 면피할 뜻은 전혀 없지만, 미욱한 자신을 위해 기회가 있을 때 변명 한마디 정도는 해 두고 싶다. 티끌만한 글도 힘겹게 쓰는 처지이고 보면, 한 줌 생각도 소중히 느껴지게 마련이다. 하물며 법사상에 관한 책씩이나 내려는 마당에, (사막 같은 사고의 지평 위로) 삶과 법에 대한 단상이 떠오르면 기어이 살리고픈 마음이 오죽했겠는가?

어차피 무슨 결론이 있어야 할 책은 아니었다. 이제 남은 것은 법사상의 창 너머로 본 법의 풍경을 기억하며, 삶과 법의 또 다른 면면을 응시하는 일일 것이다. 다시 새로운 글들을 준비하고, 필자 나름의 서투른 대화 시도를 이어 가는 것, 그 속에서 숱하게 묽어져 간 불면의 밤들이 안식을 얻게 되기를 바라며.

| 참고문헌 |

제1장

A.W. Alschuler, *Law Without Values: The Life, Work, and Legacy of Justice Holmes* (University of Chicago Press, 2002)[최봉철 역, 『미국법의 사이비 영웅 홈즈 평전』(청림출판, 2008)]

A.W.B. Simpson, "Innovation in Nineteenth Century Contract Law", *Law Quarterly Review* 91, 1975

Arthur Kaufmann, 김영환 역, 『법철학』(나남, 2007)

Bruce Watson, 이수영 역, 『사코와 반제티』(삼천리, 2009/2007)

James Gordley, *The Philosophical Origins of Modern Contract Doctrine* (Oxford University Press, 1992)

J.S. Mill, *On Liberty* (Ticknor and Fields, 1863/1859)

Milton K. Munitz, *Contemporary Analytic Philosophy* (Macmillan Publishing Company, 1981)

Oliver Wendell Holmes Jr., "The Path of the Law", *Harvard Law Review* 10, 1897[최봉철 역, "법의 길", 『현대법철학―영어권 법철학을 중심으로―』(법문사, 2007)]

김건우, "라이터(B. Leiter)의 자연화된 법리학의 의의와 사상적 원천", 『법과사회』 제44호

(법과사회이론학회, 2013)

박준석, "토마스 아퀴나스의 교환적 정의론", 『목요철학』 제7호(계명대 논리윤리교육센터, 2010)

최봉철, 『현대법철학―영어권 법철학을 중심으로―』(법문사, 2007)

대법원 2006. 6. 22. 자 2004스42 전원합의체 결정

대법원 2011. 9. 2. 자 2009스117 전원합의체 결정

헌법재판소 1990. 1. 15. 89헌가103 결정

헌법재판소 2003. 10. 30. 2002헌마518 결정

헌법재판소 2007. 1. 17. 2005헌마1111, 2006헌마18(병합) 결정

헌법재판소 2008. 7. 31. 2007헌바90 · 133(병합) 결정

헌법재판소 2010. 12. 28. 2008헌바157, 2009헌바88(병합) 결정

헌법재판소 2011. 11. 24. 2011헌바51 결정

제2장

Arthur Kaufmann, 김영환 역, 『법철학』(나남, 2007)

Frederick Schauer, *Playing by the Rules ― A Philosophical Examination of Rule-Based Decision-Making in Law and in Life* (Clarendon Press, 1991)

H.L.A. Hart, *The Concept of Law* (Oxford University Press, 1961)

Henry Sumner Maine, *Ancient Law* (John Murray, 1908/1861)

Jeffrey Toobin, 강건우 역, 『더 나인(*the nine*), 미국을 움직이는 아홉 법신의 이야기』(라이프맵, 2010)

Lon L. Fuller, *Legal Fictions* (Stanford University Press, 1986/1967)

Roger Cotterrell, 김광수 외 7인 역, 『법사회학입문』(터, 1992)

Ronald Dworkin, *Law's Empire* (Harvard University Press, 1986)

Roscoe Pound, *Interpretations of Legal History* (Cambridge University Press, 2013/1923)

김영환, "법의 계수의 결과현상들: 개념법학적인 사유형태와 일반조항에로의 도피", 『법철학

연구』 제4권 제1호(한국법철학회, 2001)

남궁술, "형평에 대하여─그 역사적 조명과 아리스토텔레스적 정리─", 『법철학연구』 제8권 제2호(한국법철학회, 2005)

박은정, "사법적 법실천과 법개념", 『법철학연구』 제3권 제1호(한국법철학회, 2000)

박준석, "구체적 타당성에 대하여", 『법학논고』 제38집(경북대 법학연구원, 2012)

박철, "법률의 문언을 넘은 해석과 법률의 문언에 반하는 해석", 『법철학연구』 제6권 제1호 (한국법철학회, 2003)

신동운 외 4인, 『법률해석의 한계』(법문사, 2000)

심헌섭, "법적 안정성에 관한 연구", 『서울대학교 법학』 제25권 제2·3호(서울대 법학연구소, 1984)

심헌섭, "정의에 관한 연구", 『서울대학교 법학』 제29권 제2호(서울대 법학연구소, 1988)

양선숙, "법적 허구(Legal Fiction)의 의의─헌법재판소의 5.18특별법 합헌 결정과 관련하 여", 『법학논고』 제34집(경북대 법학연구원, 2010)

이재승, "라드브루흐 공식", 『법철학의 모색과 탐구』(심헌섭 박사 75세 기념논문집)(법문사, 2011)

임건묵, "법률해석에 있어서의 법적 안정성과 구체적 타당성", 『청주대학교 논문집』 제4권 제1호(청주대, 1963)

최명관 역, 『니코마코스 윤리학』(서광사, 1986)

최병조, "로마법률가들의 정의관", 『서울대학교 법학』 제31권 제3·4호(서울대 법학연구소, 1990)

최봉철, 『현대법철학─영어권 법철학을 중심으로─』(법문사, 2007)

대법원 1994. 12. 20. 자 94모32 전원합의체 결정

대법원 2003. 12. 18. 선고 98다43601 전원합의체 판결

대법원 2004. 11. 18. 선고 2002두5771 전원합의체 판결

대법원 2006. 6. 22. 자 2004스42 전원합의체 결정

대법원 2008. 6. 19. 선고 2005다37154 전원합의체 판결

대법원 2008. 11. 20. 선고 2007다27670 전원합의체 판결

대법원 2009. 4. 23. 선고 2006다81035 판결

대법원 2009. 5. 21. 선고 2009다17417 전원합의체 판결

대법원 2010. 4. 30. 자 2010마66 결정

대법원 2010. 10. 14. 선고 2010두11016 판결

대법원 2010. 12. 23. 선고 2010다81254 판결

대법원 2011. 1. 20. 선고 2010두14954 전원합의체 판결

대법원 2011. 4. 14. 선고 2010도5605 판결

대법원 2011. 7. 14. 선고 2011우19 판결

대전고등법원 2006. 11. 1. 선고 2006나1846 판결

제3장

D.G. Ritchie, "Aristotle's Subdivisions of 'Particular Justice'", *The Classical Review* 8(5), 1894

Gabriel Danzig, "The Political Character of Aristotelian Reciprocity", *Classical Philosophy* 95(4), 2000

H.J. van Eikema Hommes, *Major Trends in the History of Legal Philosophy* (North-Holland Publishing Company, 1979)

H. Kelsen, "Aristotle's Doctrine of Justice", *What Is Justice?* (University of California Press, 1957)

H. Rackham, *The Nicomachean Ethics: with an English Translation* (Harvard University Press, 1934)

Sarah Broadie & Christopher Rowe, *Aristotle: Nicomachean Ethics* (Oxford University Press, 2002)

Sententia libri Ethicorum [C.I. Litzinger, O.P., *Commentary on the Nicomachean Ethics* (Henry Regnery Company, 1964)]

W.D. Ross, "Introduction", *The Nicomachean Ethics of Aristotle* (Oxford University Press, 1954)

W.D. Ross, *Ethica Nicomachea in The Works of Aristotle Translated into English* Vol. 9 (Oxford University Press, 1925)

권창은, "아리스토텔레스의 정의관―응징정의관을 중심으로―", 『서양고전학연구』 제10집

(한국서양고전학회, 1996)

박종현, "고대 아테네 후기 민주정의 사법기관—디카스테리아(δικαστὴρια)를 중심으로
—", 『법사학연구』 제30호(한국법사학회, 2004)

손병석, "아리스토텔레스의 정의관—보원·보은정의(to antipeponthos dikaion)를 중심
으로—", 『철학연구』 제15권(고려대 철학연구소, 1991)

손은실, "토마스 아퀴나스의 아리스토텔레스 주석—『니코마코스 윤리학 주석』을 중심으로
—", 『서양고전학연구』 제28집(한국서양고전학회, 2007)

정태욱, "Aristoteles의 정의론에 관한 고찰"(서울대 석사학위 논문, 1989)

정태욱, "아리스토텔레스의 정의에 관한 소고", 『서양고전학연구』 제3집(한국서양고전학회,
1989)

최명관, 『니코마코스 윤리학』(서광사, 1986)

한석환, "법, 정의, 덕—아리스토텔레스의 정의론—", 『서양고전학연구』 제4집(한국서양고전
학회, 1990)

헌법재판소 2001. 6. 28. 99헌바32 결정

헌법재판소 2001. 10. 25. 2000헌마92·240(병합) 결정

제4장

Dudley Knowles, *Hegel and the Philosophy of Right* (Routledge, 2002)

Ernest Barker, *Aristotle: The Politics* (Oxford University Press, 1995)

Gabriel Danzig, "The Political Character of Aristotelian Reciprocity", *Classical
Philosophy* 95(4), 2000

G.W.F. Hegel, 임석진 역, 『법철학』(한길사, 2008)

J. Locke, 강정인·문지영 역, 『통치론』(까치, 1996)

J. Waldron, *The Right to Private Property* (Clarendon Press, 1988)

K. Marx, 김수행 역, 『자본론』 I (하)(비봉출판사, 1994)

Lawrence M. Friedman, 안경환 역, 『미국법의 역사』(청림출판, 2006)

R. Nozick, 남경희 역, 『아나키에서 유토피아로』(문학과지성사, 2000)

김남두 편역, 『재산권 사상의 흐름』(천지, 1993)

김남두, "사유재산권과 삶의 평등한 기회—로크를 중심으로—", 『철학연구』 제27권(철학연구회, 1990)

김문현, "재산권의 보장과 한계—헌법재판소판례에 대한 평가를 중심으로—", 『헌법논총』 제19집(헌법재판소, 2008)

나종석, "헤겔의 소유이론과 그 몇 가지 문제에 대하여", 『사회와 철학』 제11호(사회와철학연구회, 2006)

박준석, "아리스토텔레스의 호혜성(ἀντιπεπονθὸς)에 대하여", 『법사학연구』 제41호(한국법사학회, 2010)

박준석, "토마스 아퀴나스의 교환적 정의론", 『목요철학』 제7호(계명대 논리윤리교육센터, 2010)

이명웅, "헌법 제23조의 구조", 『헌법논총』 제11집(헌법재판소, 2000)

정태욱, "근대 소유권사상의 형성—영국의 경우를 중심으로—", 『법철학연구』 제3권 제1호(한국법철학회, 2000)

정태욱, "로크(John Locke) 사상의 재조명—혁명론, 소유권론, 관용론을 중심으로—", 『법철학의 모색과 탐구』(심헌섭 박사 75세 기념논문집)(법문사, 2011)

정태호, "헌법 제23조 제2항의 해석론적 의의", 『토지공법연구』 제25집(한국토지공법학회, 2005)

정혜영, "한국 헌법 제23조와 독일 분리이론에 의한 그 해석가능성", 『공법연구』 제33집 제4호(한국공법학회, 2005)

최명관, 『니코마코스 윤리학』(서광사, 1986)

헌법재판소 1989. 12. 22. 88헌가13 결정

헌법재판소 1998. 12. 24. 89헌마214, 90헌바16, 97헌바78(병합) 결정

제5장

D.G. Ritchie, "Aristotle's Subdivisions of 'Particular Justice'", *The Classical Review* 8(5), 1894

Gabriel Danzig, "The Political Character of Aristotelian Reciprocity", *Classical Philosophy* 95(4), 2000

Helmut Coing, "유럽에 있어서 로마법과 카논법의 계수", 『법사학연구』 제6호(한국법사학회, 1981)

H.J. van Eikema Hommes, *Major Trends in the History of Legal Philosophy* (North-Holland Publishing Company, 1979)

James Gordley, *The Philosophical Origins of Modern Contract Doctrine* (Clarendon Press, 1991)

Nicolai Rubinstein, "Political Ideas in Sienese Art: The Frescoes by Ambrogio Lorenzetti and Taddeo di Bartolo in the Palazzo Pubblico", *Journal of the Warburg and Courtauld Institues* 21(3), 1958

Sarah Broadie & Christopher Rowe, *Aristotle: Nicomachean Ethics* (Oxford University Press, 2002)

Sententia libri Ethicorum [C.I. Litzinger, O.P., *Commentary on the Nicomachean Ethics* (Henry Regnery Company, 1964)]

Summa Theologiae [Fathers of the English Dominican Province, *The Summa Theologica of St. Thomas Aquinas* (Benziger Bros., 1947)]

권창은, "아리스토텔레스의 정의관―응징정의관을 중심으로―", 『서양고전학연구』 제10집 (한국서양고전학회, 1996)

박준석, "아리스토텔레스의 호혜성(ἀντιπεπονθòς)에 대하여", 『법사학연구』 제41호(한국 법사학회, 2010)

손병석, "아리스토텔레스의 정의관―보원 · 보은정의(to antipeponthos dikaion)를 중심 으로―", 『철학연구』 제15권(고려대 철학연구소, 1991)

손은실, "토마스 아퀴나스의 아리스토텔레스 주석―『니코마코스 윤리학 주석』을 중심으로", 『서양고전학연구』 제28집(한국서양고전학회, 2007)

정병호, "로마법의 유럽 전승과 유럽 통합", 『서양고전학연구』 제16집(한국서양고전학회, 2001)

정태욱, "Aristoteles의 정의론에 관한 고찰"(서울대 석사학위 논문, 1989)

최명관, 『니코마코스 윤리학』(서광사, 1986)

대법원 1992. 2. 11. 선고 91도2797 판결
대법원 1997. 4. 17. 선고 96도3376 전원합의체 판결
대법원 1999. 1. 26. 선고 98도3029 판결
대법원 2011. 5. 26. 선고 2011도3682 판결
서울고등법원 1996. 12. 16. 선고 96노1892 판결

제6장

Alison McIntyre, "Doctrine of Double Effect", *The Stanford Encyclopedia of Philosophy* (Fall 2009 Edition), E.N. Zalta (ed.), URL = 〈http://plato.stanford. edu/archives/fall2009/entries/double-effect/〉

Alison McIntyre, "Doing Away with Double Effect", *Ethics* 111, 2001

Christopher Kaczor, "Double-Effect Reasoning from Jean Pierre Gury to Peter Knauer", *Theological Studies* 59, 1998

Edward C. Lyons, "In Incognito—The Principle of Double Effect in American Constitutional Law", *Florida Law Review* 57, 2005

Ioannes Paulus PP. II, *Veritatis Splendor* (Libreria Editrice Vaticana, 1993)[정승현 역, 『진리의 광채』(한국천주교중앙협의회, 2009)]

John Finnis, *Intention & Identity Collected Essays* Volume II (Oxford University Press, 2011)

Joseph Delany, "Accomplice", *The Catholic Encyclopedia* Vol. 1 (New York: Robert Appleton Company, 1907), URL = 〈http://www.newadvent.org/ cathen/01100a.htm〉

Joseph M. Boyle, "Toward Understanding the Principle of Double Effect", *Ethics* 90, 1980

Joseph T. Mangan, "An Historical Analysis of the Principle of Double Effect", *Theological Studies* 10, 1949

Peter Knauer, "The Hermeneutic Function of the Principle of Double Effect", *Natural Law Forum* 12, 1967

Sententia libri Ethicorum [C.I. Litzinger, O.P., *Commentary on the Nicomachean Ethics* (Henry Regnery Company, 1964)]

Summa contra Gentiles [Anton C. Pegis, James F. Anderson, Vernon J. Bourke, Charles J. O'Neil, *On the Truth of the Catholic Faith: Summa contra Gentiles* (Hanover House, 1955-57)]

Summa Theologiae [Fathers of the English Dominican Province, *The Summa Theologica of St. Thomas Aquinas* (Benziger Bros., 1947)]

Thomas A. Cavanaugh, "Aquinas and the Historical Roots of Proportionalism", *Aquinas Review* 1, 1995

Um Sung-Woo, "Intending as a Means and Foreseeing with Certainty", 『철학사상』 제34권(서울대 철학사상연구소, 2009)

Warren S. Quinn, "Actions, Intentions, and Consequences: The Doctrine of Double Effect", *Philosophy & Public Affairs* 18(4), 1989

강철, "트롤리문제와 도덕판단의 세 가지 근거들", 『윤리연구』 제90호.(한국윤리학회, 2013)

김성룡, "객관적 귀속이론의 발전사—의사(Wille)의 귀속을 중심으로", 『법사학연구』 제42호(한국법사학회, 2010)

김현철 · 고봉진 · 박준석 · 최경석, 『생명윤리법론』(박영사, 2014)

박승찬, "유비 개념의 다양한 분류에 대한 비판적 성찰—토마스 아퀴나스에 대한 카예타누스의 해석을 중심으로", 『중세철학』 제11집(한국중세철학회, 2005)

서병창, "『신학대전』에 나타난 토마스 아퀴나스의 의지 개념", 『철학과 현상학연구』 제34집(한국현상학회, 2007)

유지황, "인식과 자유 선택: 토마스 아퀴나스의 이성과 의지 관계 이해", 『한국교회사학회지』 제17권(한국교회사학회, 2005)

이재경, "아랍철학자 아비첸나와 지향성이론", 『서양고전학연구』 제23집(한국서양고전학회, 2005)

임종식, "이중결과원리, 그 기본 전제들에 대한 옹호", 『철학』 제55집(한국철학회, 1998)

채이병, "정의로운 전쟁은 어떻게 가능한가?—성 토마스 아퀴나스의 이론을 중심으로", 『중세철학』 제9집(한국중세철학회, 2003)

황치연, 『헌법재판의 심사척도로서의 과잉금지원칙에 관한 연구』(연세대 박사학위논문, 1995)

Vacco v. Quill 521 U.S. 793 (1997)

대법원 2012. 7. 12. 선고 2009도7435 판결

제7장

Alison McIntyre, "Doing Away with Double Effect", *Ethics* 111, 2001

Bernard Hoose, *Proportionalism: The American Debate and its European Roots* (Georgetown University Press, 1987)

Christopher Kaczor, "Double-Effect Reasoning from Jean Pierre Gury to Peter Knauer", *Theological Studies* 59, 1998

Christopher Kaczor, *Proportionalism and the Natural Law Tradition* (The Catholic University of America Press, 2002)

D. Lewis, *Convention: A Philosophical Study* (Blackwell Publishers, 2007/1969)

Edward C. Lyons, "In Incognito—The Principle of Double Effect in American Constitutional Law", *Florida Law Review* 57, 2005

I. Kant, 백종현 역,『윤리형이상학』(아카넷, 2012)

I. Kant, 이충진 역,『법이론』(이학사, 2013)

John Finnis, *Natural Law and Natural Rights* (Oxford University Press, 1980)

Joseph T. Mangan, "An Historical Analysis of the Principle of Double Effect", *Theological Studies* 10, 1949

Peter Knauer, "The Hermeneutic Function of the Principle of Double Effect", *Natural Law Forum* 12, 1967

Peter Winch, *The Idea of a Social Science and Its Relation to Philosophy*, Second edition (Routledge, 1990/1958)[박동천 편역,『사회과학의 빈곤』(모티브북, 2011)]

Ronald Dworkin, Thomas Nagel, Robert Nozick, John Rawls, Judith Jarvis Thomson, et al., "Assisted Suicide: The Philosophers' Brief", *The New York Review of Books* March 27, 1997

Ronald Dworkin, 장영민 역,『법의 제국』(아카넷, 2004)

Summa Theologiae [Fathers of the English Dominican Province, *The Summa*

Theologica of St. Thomas Aquinas (Benziger Bros., 1947)]

김도균, "우리 대법원 법해석론의 전환: 로널드 드워킨의 눈으로 읽기—법의 통일성(Law's Integrity)을 향하여—",『법철학연구』, 제13권 제1호(한국법철학회, 2010)

김정오 외 4인,『법철학: 이론과 쟁점』(박영사, 2012)

박준석, "토마스 아퀴나스의 이중 효과 논증",『법사학연구』제45호(한국법사학회, 2012)

최병조, "17세기 카톨릭倫理神學의 契約槪念 및 契約分類에 관한 小攷",『서울대학교 법학』, 제34권 제2호(서울대 법학연구소, 1993)

대법원 1996. 4. 9. 선고 95누11405 판결

대법원 2013. 3. 28. 선고 2012재두299 판결

헌법재판소 1995. 11. 30. 94헌바40, 95헌바13(병합) 결정

헌법재판소 1997. 12. 24. 96헌마172 · 173(병합) 결정

헌법재판소 1998. 4. 30. 92헌마239 결정

헌법재판소 2001. 2. 22. 99헌마461, 2000헌마258(병합) 결정

제8장

Anthony D'Amato, "New Approaches to Customary International Law", *The American Journal of International Law* 105, 2011

C.D. Yonge, *The Orations of Marcus Tullius Cicero* Vol. IV (G. Bell and Sons Ltd., 1913)

John Tasioulas, "Customary International Law and the Quest for Global Justice" in Amanda Perreau-Saussine & James Bernard Murphy (ed.), *The Nature of Customary Law* (Cambridge University Press, 2007)

Marcus Tullius Cicero, 성염 역,『법률론』(한길사, 2007)

Marie Seong-Hak Kim, "Customary Law in Korean and World History"(제6회 세계한국학대회 발표문, 2012)

Max Weber, edited by Guenther Roth and Claus Wittich, *Economy and Society: An Outline of Interpretive Sociology* (University of California Press, 1978)

김경제, "신행정수도건설을위한특별조치법 위헌결정(2004 헌마 554, 566 병합)의 헌법적 문제점-본안판단과 관련하여-", 『공법연구』 제33집 제4호(한국공법학회, 2005)

김경제, "신행정수도건설을위한특별조치법 위헌결정(2004 헌마 554, 566 병합)의 헌법적 문제점-적법성요건 판단과 관련하여", 『헌법학연구』 제11권 제1호(한국헌법학회, 2005)

김기창, "성문헌법과 '관습헌법'", 『공법연구』 제33집 제3호(한국공법학회, 2005)

김명재, "관습헌법의 성립가능성과 한계", 『토지공법연구』 제30집(한국토지공법학회, 2006)

김배원, "국가정책, 관습헌법과 입법권에 대한 헌법적 고찰-신행정수도건설특별법 위헌확인결정 2004헌마554·566(병합)사건을 중심으로-", 『공법학연구』 제5권 제3호(한국비교공법학회, 2004)

김상겸, "성문헌법국가에 있어서 관습헌법의 의미에 관한 연구-헌재 2004. 10. 22. 2004헌마554·566과 관련하여-", 『헌법학연구』 제11권 제1호(한국헌법학회, 2005)

김승대, "憲法慣習의 法規範性에 대한 考察", 『헌법논총』 제15집(헌법재판소, 2004)

방승주, "수도가 서울이라는 사실이 과연 관습헌법인가?: 헌법재판소 2004. 10. 21. 2004헌마554·566(병합) 신행정수도의건설을위한특별조치법 위헌결정에 대한 비판", 『공법학연구』 제6권 제1호(한국비교공법학회, 2005)

서경석, "신행정수도의건설을위한특별조치법 위헌결정에 대하여-헌법재판소 2004. 10. 21. 선고, 2004헌마554·566(병합) 결정-", 『민주법학』 제27호(민주주의법학연구회, 2005)

심희기, "동아시아 전통사회의 관습법 개념에 대한 비판적 검토-일본식민지 당국에 의한 관습조사를 중심으로-", 『법사학연구』 제46호(한국법사학회, 2012)

양선숙, "수도-서울 명제의 '관습헌법' 성립에 대한 비판적 검토", 『법철학연구』 제9권 제2호(한국법철학회, 2006)

오세혁, "관습법의 본질과 성립요건에 관한 고찰-관련 판례에 나타난 논증에 대한 분석 및 비판-", 『홍익법학』 제8권 제2호(홍익대 법학연구소, 2007)

오세혁, "관습법의 현대적 의미", 『법철학연구』 제9권 제2호(한국법철학회, 2006)

이부하, "헌법의 개념과 관습헌법-헌재 2004. 10. 21. 2004헌마554·566(병합) 결정을 평석하며-", 『한양법학』 제20권 제2집(한양법학회, 2009)

이승환, "유교적 이념에서 바라본 행정수도 이전 논의", 『철학논총』 제42호(새한철학회, 2005)

이영록, "수도(首都) 및 국기(國旗)에 관한 관습헌법론 검토", 『세계헌법연구』 제11권 제1호 (세계헌법학회 한국학회, 2005)

이종수, "관습헌법이 제기하는 헌법이론적 문제점─신행정수도의건설을위한특별조치법 위헌결정(헌재결 2004.10.21, 2004헌마554 · 566(병합))에 대한 평석─", 한국헌법판례연구학회 편, 『헌법판례연구』 제6권 (박영사, 2004)

임지봉, "제3기 헌법재판소와 정치적 사건, 그리고 소수자의 인권", 『서강법학』 제10권 제1호(서강대 법학연구소, 2008)

전광석, "수도이전특별법 위헌결정에 대한 헌법이론적 검토", 『공법연구』 제33집 제2호(한국공법학회, 2005)

정연주, "신행정수도의건설을위한특별조치법 위헌결정에 대한 헌법적 검토─헌재결 2004. 10. 21, 2004헌마554 · 566병합─", 『공법학연구』 제7권 제1호(한국비교공법학회, 2006)

정태호, "성문헌법국가에서의 不文憲法規範과 慣習憲法", 『경희법학』 제45권 제3호(경희법학연구소, 2010)

최병조, "로마법상의 慣習과 慣習法─고전 법률가들의 사례를 중심으로─", 『서울대학교 법학』 제47권 제2호(서울대 법학연구소, 2006)

대법원 1983. 6. 14. 선고 80다3231 판결

대법원 2005. 7. 21. 선고 2002다1178 전원합의체 판결

헌법재판소 2004. 10. 21. 2004헌마554 · 566(병합) 결정

제9장

Frederick Schauer, *Thinking like a Lawyer: A New Introduction to Legal Reasoning* (Harvard University Press, 2009)

J. Feinberg, "The Nature and Value of Rights", *The Journal of Value Inquiry* 4, 1970

J.L. Austin, 김영진 역, 『말과 행위』(서광사, 1992)

Jeremy Waldron, *The Right to Private Property* (Clarendon Press, 1990)

Mathilde Cohen, "The rule of law as the rule of reasons", *Proceedings of IVR 24th*

World Congress (International Association for Philosophy of Law and Social Philosophy, 2009)

Neil MacCormick, *Legal Reasoning and Legal Theory* (Clarendon Press, 1995)

Robert Alexy, trans. by Ruth Adler and Neil MacCormick, *A Theory of Legal Argumentation* (Clarendon Press, 1989)[변종필 · 최희수 · 박달현 역, 『법적 논증 이론』(고려대출판부, 2007)]

김도균, 『권리의 문법』(박영사, 2008)

김상겸, "법치국가의 요소로서 절차적 기본권-재판청구권과 관련하여-", 『아 · 태공법연구』제7집(아세아태평양공법학회, 2000)

김성룡, "유추의 구조와 유추금지", 『법철학연구』제12권 제2호(한국법철학회, 2009)

김성룡, 『법적 논증론 (I)-발전사와 유형』(준커뮤니케이션즈, 2009)

김영진, "비트겐슈타인의 언어놀이와 오스틴의 화행", 『철학연구』제34권(철학연구회, 1994)

김영환, "법적 논증이론의 전개과정과 그 실천적 의의", 한국법철학회 편, 『현대법철학의 흐름』(법문사, 1996)

민영성, "공정한 재판을 받을 권리와 방어권 강화", 『법학연구』제49권 제2호(부산대 법학연구소, 2009)

민영성, "공판중심주의와 공정한 재판", 『법조』통권 제593호(법조협회, 2006)

송기춘, "헌법 판례와 법학전문대학원의 헌법교육", 『세계헌법연구』제16권 제4호(세계헌법학회 한국학회, 2010)

심헌섭, "법획득방법의 기본구조에서 본 법학과 법실무", 『분석과 비판의 법철학』(법문사, 2001)

오정진, "법의 공정성: 허구적 당위에서 실천으로", 『법학연구』제51권 제2호(부산대 법학연구소, 2010)

이상돈, "법인식론의 실천적 과제와 대화이론-법인식론의 하버마스적 이해-", 한국법철학회 편, 『현대법철학의 흐름』(법문사, 1996)

장석조, "사법행위청구권-재판을 받을 권리-", 『안암법학』제6권(안암법학회, 1997)

정종섭, "현행 헌법은 대법원의 재판을 받을 권리를 기본권으로 보장하고 있는가?", 『일감법학』제2권(건국대 법학연구소, 1997)

최봉철, "대법원의 법해석론", 『법학연구』제8권(연세대 법학연구소, 1998)

한상희, "신속한 재판을 받을 권리-유럽인권재판소의 결정례를 중심으로", 『공법학연구』

제10권 제3호(한국비교공법학회, 2009)

황승흠, "크레인 게임기는 게임물인가?: 대법원 2010.6.24. 선고 2010도3358 판결의 게임물 정의 조항에 대한 문리해석과 그것에 대한 비판적 검토", 『법학논총』 제24권 제2호(국민대 법학연구소, 2011)

대법원 1997. 3. 20. 선고 96도1179 전원합의체 판결

대법원 2002. 2. 21. 선고 2001도2819 전원합의체 판결

대법원 2010. 6. 24. 선고 2010도3358 판결

전주지방법원 2009. 8. 11. 선고 2009고정434 판결

전주지방법원 2010. 2. 11. 선고 2009노890 판결

헌법재판소 1997. 12. 24. 96헌마172 · 173(병합) 결정

헌법재판소 2001. 2. 22. 99헌마461, 2000헌마258(병합) 결정

제10장

B. Bix, "H.L.A. Hart and the Hermeneutic Turn in Legal Theory", *SMU Law Review* 52, 1999

D. Bloor, *Wittgenstein, Rules and Institutions* (Routledge, 2002/1997)

D. Hume, 이준호 역, 『인간 본성에 관한 논고: 제3권 도덕에 관하여』(서광사, 2008/1739-40)

D. Lewis, *Convention: A Philosophical Study* (Blackwell Publishers, 2002/1969)

J. Postema, *Legal Philosophy in the Twentieth Century: The Common Law World* (Springer, 2011)

L. Wittgenstein, 이영철 역, 『철학적 탐구』(책세상, 2006/1953)

Lewis Carroll, "What the Tortoise Said to Achilles", *Mind* 4(14), 1895

Michael Rescorla, "Convention", *The Stanford Encyclopedia of Philosophy* (Spring 2011 Edition), Edward N. Zalta (ed.), URL = ⟨http://plato.stanford.edu/archives/spr2011/entries/convention/⟩

Peter Winch, "Nature and Convention", *Proceedings of the Aristotelian Society* N/S

60, 1960

Peter Winch, "Understanding a Primitive Society", *American Philosophical Quarterly* 1, 1964[박동천 편역, 『사회과학의 빈곤』(모티브북, 2011)]

Peter Winch, *The Idea of a Social Science and Its Relation to Philosophy*, Second edition (Routledge, 1990/1958)[박동천 편역, 『사회과학의 빈곤』(모티브북, 2011)]

S. Kripke, 남기창 역, 『비트겐슈타인 규칙과 사적 언어』(철학과 현실사, 2008/2003)

S. Pufendorf, trans. by Frank Gardner Moore, *The Two Books on the Duty of Man and Citizen according to the Natural Law* (Oceana Publications Inc., 1964/1682)

S. Pufendorf, edited by James Tully, *On the Duty of Man and Citizen according to Natural Law* (Cambridge University Press, 1991)

W.V.O. Quine, "Truth by convention" in P. Benacerraf & H. Putnam (ed.), *Philosophy of Mathematics: Selected Readings* (Cambridge University Press, 1983/1936)

W.V.O. Quine, "Two Dogmas of Empiricism", *From a Logical Point of View* (Harvard University Press, 1961/1953)

Y. Ben-Menahem, *Conventionalism* (Cambridge University Press, 2006)

권경휘, "비트겐슈타인의 규칙-따르기 고찰과 법이론", 『법철학연구』제10권 제1호(한국법철학회, 2007)

김건우, "라이터(B. Leiter)의 자연화된 법리학의 의의와 사상적 원천", 『법과사회』제44호(법과사회이론학회, 2013)

김건우, "하트의 내적 관점이란 무엇인가?", 『법철학연구』제16권 제1호(한국법철학회, 2013)

김태명, 『판례형법총론』(피앤씨미디어, 2013)

김현철, "하트 법이론의 철학적 의의에 대한 비판적 고찰", 『법학논집』제11권 제2호(이화여대 법학연구소, 2007)

민찬홍, "월라드 반 콰인", 『현대 철학의 흐름』(동녘, 1996)

박준석, "하트(H.L.A. Hart)와 라즈(Joseph Raz)의 법철학", 『법학논집』제11권 제2호(이화여대 법학연구소, 2007)

신동운, "형법 제20조 사회상규 규정의 성립경위", 『서울대학교 법학』제47권 제2호(서울대

법학연구소, 2006)

안성조, "삶의 형식과 법의 지배", 『법철학연구』 제16권 제1호(2013)

양선숙, "법, 규범성, 그리고 규칙 준수의 동기에 대한 관행론적 이해", 『법철학연구』 제15권
　　제3호(한국법철학회, 2012)

양선숙, "수도-서울 명제의 관습헌법 성립에 대한 비판적 검토", 『법철학연구』 제9권 제2호
　　(한국법철학회, 2006)

양선숙, "흄의 정의론 연구―재산권 규칙의 정립과 관련한 묵계(Convention)를 중심으로
　　―", 『법학연구』 제51권 제4호(부산대 법학연구소, 2010)

이상용, "형법 제20조 사회상규 관련 판결사안의 유형화의 시도―2002년부터 2007년 6
　　월까지의 판결을 대상으로―", 『형사정책연구』 제18권 제3호(한국형사정책연구원,
　　2007)

한상기, "분석성 개념과 철학의 임무", 『범한철학』 제57집(범한철학회, 2010)

한상기, "콰인과 분석/종합 구별", 『범한철학』 제24집(범한철학회, 2001)

대법원 1983. 2. 8. 선고 82도357 판결

대법원 2003. 5. 30. 선고 2002도235 판결

대법원 2007. 4. 27. 선고 2006도7634 판결

대법원 2013. 11. 14. 선고 2013다60432 판결

헌법재판소 2008. 3. 27. 2006헌바82 결정

| 찾아보기 |

박준석

제주에서 태어났다. 서울대학교 법과대학과 동 대학원에서 공부를 했다. 분석적 법철학이 가리키는 명료함의 길을 따르고 싶어 하며, 최근에는 법의 사상(ideas)과 실무(practice)를 잇는 작업에 흥미를 느끼고 있다. 현재 전북대학교 법학전문대학원에서 법철학, 법사상, 생명윤리법 등을 가르치고 있다. 지은 책으로는 *The Concept of Authority* (2007), 『한국 현대법철학의 형성과 전개』(2010, 공저), 『생명윤리법론』(2014, 공저) 등이 있다.

법사상, **생각할 의무에 대하여**

대우학술총서 614

1판 1쇄 펴냄 2015년 11월 16일
1판 2쇄 펴냄 2016년 8월 15일

지은이 ｜ 박준석
펴낸이 ｜ 김정호
펴낸곳 ｜ 아카넷

출판등록 ｜ 2000년 1월 24일(제406-2000-000012호)
주소 ｜ 10881 경기도 파주시 회동길 445-3
전화 ｜ 031-955-9511(편집) · 031-955-9514(주문)
팩시밀리 ｜ 031-955-9519
책임편집 ｜ 이경열
www.acanet.co.kr

ⓒ 박준석, 2015

Printed in Seoul, Korea.

ISBN 978-89-5733-466-9 94360
ISBN 978-89-89103-00-4 (세트)

이 도서의 국립중앙도서관 출판예정도서목록(CIP)은
서지정보유통지원시스템 홈페이지(http://seoji.nl.go.kr)와
국가자료공동목록시스템(http://www.nl.go.kr/kolisnet)에서 이용하실 수 있습니다.
(CIP제어번호: CIP2015028115)